유네스코 선정

한국의 세계문화유산

2

유네스코 선정

한국의 세계문화유산 2

이종호 글 · 사진

북카라반
CARAVAN

머리말

유네스코가 세계유산World Heritage을 지정하게 된 동기는 1960년 이집트 정부
가 나일강에 댐을 건설하기로 결정해 세계적으로 유명한 아부심벨 신전 등 이
집트의 고대 유적들이 물에 잠기게 되었을 때로 거슬러 올라간다. 1950년대
이집트의 대통령 나세르는 국토 최남단의 아스완에 있는 기존의 댐을 새로운
아스완하이댐으로 대체하는 대담한 계획을 실천에 옮기고 있었다. 이 댐이 완
성되면 나일강의 수위를 일정하게 유지하고 수십 개의 새로운 산업에 전력을
공급할 수 있었다. 그러나 아스완댐은 매우 심각한 문제점을 포함하고 있었다.

아스완댐이 예정대로 완성되면 세계적인 유산인 아부심벨 신전 등 많은
고대 이집트 유적이 수몰된다는 것이다. 이에 전 세계의 학자들이 들고 일어
났다. 세계사적으로 매우 중요한 의미를 갖고 있는 아부심벨 신전을 어떠한
방법을 동원해서라도 물속에 들어가지 않게 해야 한다는 것이다.

고대 이집트의 영광을 상징하는 제19왕조의 람세스 2세는 '건축 대왕'이란 이름으로도 잘 알려져 있는데, 그가 건설한 기념물 중에서 가장 유명한 것이 아스완 남쪽 320킬로미터 지점 돌산의 벽면을 깎아 만든 아부심벨 신전이다. 아부심벨 신전은 정면이 람세스 2세의 모습을 닮은 4개의 거상으로 만들어져 있는데, 각 조상은 높이가 20미터, 얼굴의 귀에서 귀까지의 거리가 4미터, 입술의 폭이 1미터에 달하는 엄청난 규모의 크기를 자랑한다. 정면 조각 뒤에는 돌산을 파서 만든 신전이 있는데, 매년 춘분과 추분에 아침 햇빛이 신전의 가장 깊숙한 곳에 있는 태양의 신과 람세스 2세의 조상을 환하게 비추도록 설계되어 있다.

아부심벨 신전을 구제하는 방법은 두 가지로 좁혀졌다. 신전 주위에 제방을 구축하자는 안과 신전을 콘크리트 상자로 싸서 수압 잭jack(작은 기중기)으로 들어올리자는 것이다. 그러나 최종적으로 결정된 방법은 생각보다 단순했다. 아부심벨 신전 자체를 아스완댐이 건설되더라도 수몰되지 않는 65미터 상류로 옮기기로 한 것이다. 따라서 람세스 2세의 좌상과 강 양쪽에 있는 2개의 사원을 고지대로 옮겨 원형대로 복원하면 되었다. '단순한 것이 아름답다'는 설명처럼 유적을 이전시킬 대상 지역 또한 원래 유적이 있던 곳과 비슷하게 조성하기로 한 것은 두말할 나위가 없었다.

1963년부터 아부심벨 신전 이전 공사에 착수했다. 공사팀은 제일 먼저 바위 절벽을 깎아 만든 신전에 모두 1만 7,000개의 구멍을 뚫고, 그 안에 33톤에 달하는 송진 덩어리를 밀어 넣어 신전의 바윗돌들을 단단하게 굳혔다. 그러고는 거대한 쇠줄 톱을 동원해 신전을 모두 1,036개의 블록으로 잘랐다.

블록 하나의 무게가 30톤에 달했으며 신전 주위의 바위들도 1,112부분으로 나뉘어졌다.

신전을 옮길 절벽 위쪽의 바위에는 거대한 콘크리트 돔 2개를 만들어 덮어 단단한 인공 산을 만들었다. 계획대로 모든 돌이 상부로 옮겨진 후 재조립 작업이 시작되었고 공사는 순조롭게 이어졌다. 그런데 이집트가 담수 수면을 더 올리기로 결정하는 바람에 이미 재건해놓았던 소신전을 다시 해체하여 약 2미터 더 높은 곳으로 앉혀야 했다. 공사의 마지막 작업은 신전을 토막으로 자를 때 생긴 자국을 위장하는 일이다. 이러한 작업을 거쳐 1969년 2월 마침내 3,200년 전에 탄생한 신전이 다시 완벽한 제 모습을 갖춘 채 외부에 모습을 드러냈다. 1969년 3월 춘분에 정확히 람세스 2세가 설계한 '태양의 기적'이 일어났다. 3,200년 전처럼 햇빛이 성역에 있는 동상들을 비춘 것이다. 4년이라는 기간에 4,200만 달러의 공사비가 들어간 세계적인 문화유적 보존사업이었는데 한국도 50여 만 달러를 지원했다.

수몰 위기에 몰렸던 다른 유적들은 다른 섬으로 이축되어 재건되었다. 이는 이집트가 각국에 지원을 요청하면서 수몰 위험에 있는 작은 신전을 기증하겠다고 약속했기 때문이다. 스페인에 기증한 데보드 신전은 지금 마드리드에 있고, 덴두르 신전은 뉴욕 메트로폴리탄박물관에 소장되어 있다. 엘레시아 신전은 이탈리아 토리노에 있는 이집트박물관, 칼라브샤 신전의 관문은 베를린 이집트박물관, 타파 신전은 네덜란드 라이텐에 있는 국립고대유물박물관에 보관되어 있다.

이 사건은 국제사회가 인류 문화재를 공동으로 지켜낸 좋은 사례가 되었는데, 1972년 11월 유네스코 총회에서 문화유산의 파괴를 막고 보호하는 '세계 문화 및 자연유산 보호협약The Convention Concerning the Protection of the World Cultural and Natural Heritage'을 만든 후 인류문명과 자연사에서 중요한 문화유산을 유네스코 세계문화유산에 등록하기 시작했다.

지구가 생성된 이래 지구상에 존재하는 것은 모두 세계유산의 대상이 될 수 있으므로 유네스코는 문화유산, 자연유산, 복합유산으로 이를 구분하여 선정한다. 큰 틀에서 인류가 태어난 이후 즉 인간의 손길이 배어 있는 것을 문화유산으로 분류하고 인간의 힘이 미치지 않는 것을 자연유산으로 분류하며 이들이 연계되어 있는 것을 복합유산으로 분류한다.

문화유산은 유적(역사와 예술, 과학적인 관점에서 세계적인 가치를 지닌 비명碑銘, 동굴 생활의 흔적, 고고학적 특징을 지닌 건축물, 조각, 그림이나 이들의 복합물), 건축물(건축술이나 그 동질성, 주변 경관으로 역사·과학·예술적 관점에서 세계적 가치를 지닌 독립적 건물이나 연속된 건물), 장소(인간 작업의 소산물이나 인간과 자연의 공동 노력의 소산물, 역사적·심미적·민족학적·인류학적 관점에서 세계적 가치를 지닌 고고학적 장소를 포함한 지역)를 말한다.

자연유산은 무기적 또는 생물학적 생성물로 이루어진 자연의 형태이거나 그러한 생성물의 일군으로 이루어진 미적 또는 과학적 관점에서 탁월한 가치를 지닌 것, 과학적 보존의 관점에서 탁월한 세계적 가치를 지닌 지질학적·지문학地文學적 생성물과 멸종위기에 처한 동식물 서식지, 과학, 보존 또는 자연미의 관점에서 탁월한 세계적 가치를 지닌 지점이나 구체적으로 지어진 자연 지역을 말한다. 복합유산은 문화유산과 자연유산의 특징을 동시에 충족하는 유산을 의미한다.

2015년 7월 현재 세계유산협약 가입국은 191개국이며 세계유산은 전 세계 163개국에 분포되어 있다. 등록건수는 총 1,031점(2015년 7월 기준) 가운데 문화유산이 802점, 자연유산이 197점, 복합유산이 32점이다. 한편 위험에 처한 세계유산목록에는 총 48점(2015년 7월 기준)이 등재되어 있다.

한국은 문화유산 11건, 자연유산 1건으로 문화유산은 불국사·석굴암(1995), 종묘(1995), 해인사 장경판전(1995), 창덕궁(1997), 수원 화성(1997), 경주역사유적지구(2000), 고창·화순·강화 고인돌 유적(2000), 조선 왕릉(2009), 하회·양동마을(2010), 남한산성(2014)이 등재되었고 백제역사유적지구가 2015년 등재되었다. 한국은 자연유산으로 제주 화산섬과 용암동굴(2007)이 등재되어 총 12곳의 세계유산을 갖고 있다. 그러나 북한의 고구려 고분군과 개성역사유적지구, 중국 동북지방 일대의 고구려 유적을 합치면 한민족 관련 세계유산은 모두 15건에 달하게 된다. 현재 두 자릿수 세계유산을 갖고 있는 나라는 24개국에 불과하다.

한국의 건축물을 대변하는 왕궁만 해도 경복궁, 덕수궁, 창경궁 등이 있지만 유일하게 세계문화유산에 지명된 창덕궁은 그만큼 남다른 특이성을 갖고 있는 것은 물론 한국의 건축을 대표한다. 또한 세계에서 단일 목조 건물로 가장 규모가 큰 종묘, 남한산성 등을 통해 한국의 자랑스런 유산을 단번에 이해할 수 있을 것이다. 충청남도와 전라북도의 백제역사유적지구와 하회마을, 양동마을을 거쳐 해인사 장경판전, 수원 화성도 둘러볼 것이다.

한국은 '고인돌의 나라'로 불러도 좋을 만큼 많은 고인돌이 전국에 산재해 있다. 한반도 전역의 고인돌은 북한 지역의 황해도 은율과 평양 등 북한에 약 1만 4,000기가 있고 강화도와 전남 화순, 전북 고창 등지를 중심으로 남한에 약 2만 4,000기가 있다고 알려졌지만 유네스코 세계문화유산에 지정된 것은 고창, 화순, 강화에 있는 고인돌에 한정된다. 그렇지만 세계유산에 지정된 숫자를 보면 고창 고인돌은 고창읍 죽림리 · 도산리, 아산면 상갑리 · 봉덕리 일대 등 447기, 화순 고인돌은 도곡면 대신리와 춘양면 효산리 일대 고인돌 306기, 강화 고인돌은 하점면 부근리 고인돌 등 70기로 810여 기나 된다.

세계에 유례가 없는 조선시대의 왕릉은 북한에 있는 왕릉을 제외하고 거의 전부 한양을 중심으로 100리 안에 있다. 경주 지역은 2건으로 세계문화유산에 지정되었는데, 1995년 한국 유산의 간판스타라 볼 수 있는 불국사와 석굴암이 최초로 지정되었고, 2000년 '경주역사유적지구'라는 명칭으로 범위를 경주시 거의 전부를 포괄해 지정되었다. 한국에서 유일하게 유네스코 세계자연유산으로 지정된 '제주 화산섬과 용암동굴'인 한라산천연보호구역, 성산일출봉, 거문오름 용암동굴 등도 살펴볼 것이다.

유네스코 세계문화유산은 기본적으로 인간의 숨결이 들어 있는 것을 대상으로 하며, 유네스코 세계자연유산은 인간의 힘이 미치지 않은 지구의 유산을 의미한다. 『유네스코 선정 한국의 세계문화유산』은 문화유산을 의미한다. 그러나 '제주 화산섬과 용암동굴'은 한국의 유일한 유네스코 세계자연유산인데다 한국의 문화유산과 불가분 많은 관련이 있으므로 이 책에 포함시켰다. 유네스코 세계자연유산으로 지정된 한라산천연보호구역, 성산일출봉, 거문오름 용암동굴계를 살펴보면서 남다른 감흥을 느낄 것이다.

한국의 세계문화유산

강화 고인돌 유적

조선왕릉
종묘
남한산성
강 화
창덕궁
서 울
광 주
수 원
수원 화성

하회마을

양동마을

백제역사유적지구
공 주
부 여
익 산
안 동

석굴암

화순 고인돌 유적
고 창
고창 고인돌 유적
해인사 장경판전
합 천

불국사
경 주
경주역사유적지구

화 순

제 주
제주 화산섬과 용암동굴

차례

제 8 장

강 화 · 고 창 · 화 순 고 인 돌 유 적

현재 고인돌로 유네스코 세계문화유산에 지정된 것은 고창·화순·강화에 있는 고인돌인데 놀랍게도 고창 고인돌은 전북 고창읍 죽림리와 도산리, 아산면 상갑리와 봉덕리 일대 등 447기, 화순 고인돌은 도곡면 대신리와 춘양면 효산리 일대 고인돌 306기, 강화도 고인돌은 하점면 부근리 고인돌 70기 등 810여 기나 된다.

　세계의 고인돌 중 세계문화유산으로 등재된 것은 한국 고인돌이 유일하다고 볼 수 있는데, 고창·화순·강화 지역의 고인돌이 세계문화유산으로 등록된 것은 세계에서 가장 밀집도가 높고 다양한 형식의 고인돌이 한 지역에 분포하고 있으며, 이 유적들을 통해 한국 고인돌의 기원과 성격뿐만 아니라 동북아시아 고인돌의 변천사를 규명하는 열쇠가 되기 때문이다. 이 때문에 유네스코 세계유산위원회에서 등록 기준 제III항인 '독특하거나 지극히 희귀하거나 혹은 아주 오래된 유산'의 내용을 적용해 "고창, 화순, 강화의 고인돌 유적은 기원전 1000년에 된 것으로, 장례와 제례를 위한 거석문화 유산이다. 이 세 지역의 고인돌은 세계의 다른 어떤 유적보다 선사시대의 기술과 사회상을 생생하게 보여준다"로 고창·화순·강화의 고인돌 유적을 인류가 보존해야 할 세계문화유산으로 인정한 것이다.

고인돌만 보면 세계문화유산은 인류 전체가 보호해야 할 보편적 가치를 지닌 세계문화유산을 지칭하는데, 한국 고인돌이 과연 유네스코의 까다로운 선정 기준을 너끈히 통과할 만큼 가치 있는 유산일까 하는 의문이 들 것이다. 물론 그 질문에 대한 답은 명확하다. 그 이상의 가치가 있다고 해도 전혀 무리가 없다. 하지만 세계가 오랫동안 주목하고 인정한 세계문화유산을 한국이 그 가치를 제대로 모른 채 방치하고 있었을 뿐이다.

한국 고인돌이 남다른 중요성을 부여받는 것은 고인돌이야말로 우리의 고대문화를 밝히는 유력한 증거이자, 우리 문화의 뿌리를 찾는 결정적인 단서가 되기 때문이다. 나아가 한반도를 둘러싼 고대사를 다시 써야 할 정도로 강력한 뇌관을 지닌 유산이다. 한국 전역에서 속속 확인되고 있는 고인돌 중 가장 오래된 것은 무려 5,000년 가까이 거슬러 올라간다.

고인돌의 나라

한국은 '고인돌의 나라'로 불러도 좋을 만큼 많은 고인돌이 전국에 산재해 있다. 한반도 전역의 고인돌은 북한 지역의 황해도 은율과 평양 등 북한에 1만 4,000기 정도 있고 강화도와 전남 화순·전북 고창 등지를 중심으로 남한에 2만 4,000기 정도 있다고 알려졌지만, 수몰지구를 발굴하면서 바깥으로 옮겨 놓은 고인돌 등 모두 계산하면 남북한 합쳐서 5만 기 이상으로 추정된다. 전 세계에 산재한 고인돌은 약 8만 기로 추정되며 거석유물이 많다고 알려진 아일랜드에 고인돌이 1,500기에 지나지 않는다는 것을 보면 5만 기가 얼마나 많은 숫자임을 알 수 있다. 그런데 한국의 5만 기도 일본의 고모토 마사유키甲元眞之가 1960년대 한반도에는 고인돌이 8만 개 이상 있었다고 지적한 것을 볼 때 한국에 얼마나 많은 고인돌이 있었는지를 알 수 있다.

여하튼 전남 지역에서는 2,200여 곳에서 무려 2만여 기가 발견되어 세계적으로 단일면적 밀집도가 가장 높다는 연구 결과도 나왔다. 소위 '고인돌 문화지대' 또는 '동북아 고대 무덤의 야외박물관'이라고 불러도 될 만큼 풍부한 자료가 산재해 있는 것이다.

세계문화유산으로 지정된 화순 지역에는 사적 제410호인 화순 고인돌 유적을 중심으로 한 반경 5킬로미터 주변 일대에 50개군 400여 기의 고인돌이 밀집분포하고 있다. 화순군에는 160개군에 1,323기가 분포하고 있다. 전남 내륙 지역에서 가장 밀집도가 높으며 또 많은 분포수를 보인다. 이것은 다른 지역보다 월등한 숫자다. 즉, 전북 고창 지역이 약 1,200여 기, 강화도가 80여 기인 점과 비교해볼 때 단위면적의 밀집도가 가장 높다.

1960년대 초까지만 해도 사람들은 고인돌이 무엇인지를 몰랐다. 구한말과 일제강점기만 해도 마을 앞에 신작로를 내거나 심지어 저수지를 만드

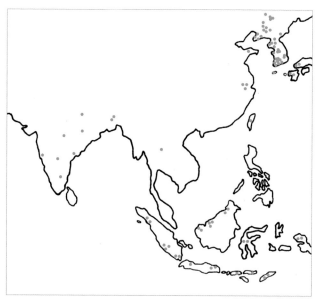

■ 한국은 '고인돌의 나라'로 불러도 좋을 만큼 많은 고인돌이 전국에 있는데, 남북한 합쳐서 5만 기 이상으로 추정된다. 아시아의 고인돌 분포 지역.

는데도 고인돌을 마구 옮겨다 사용했다. 집 마당에 있는 고인돌은 장독대로 쓰기도 했고 마당 앞에 그대로 두었다가 댓돌이나 담으로도 활용했다. 아예 고인돌을 집안에 들여놓은 채로 집을 짓거나 부엌을 만들 때 부뚜막으로 쓰기도 했다. 그런데 고인돌 뚜껑돌 밑에서 인골과 부장품을 발견하고 그것이 무덤이라는 것을 알게 되었다.

고인돌이 다른 무덤과 구별되는 가장 큰 특징은 무덤에 뚜껑돌을 덮고 그 밑에 매장부를 두고 뚜껑돌을 받치는 고임돌(지석)을 매장 주체부 위에 둔다는 점이다. 특히 랴오둥 지역과 한반도 서북 지방에서 발견되는 탁자식(북방식) 고인돌은 얇게 잘 다음은 판돌로 상자 모양의 벽체를 쌓고 그 위에 넓은 뚜껑돌을 덮어 하나의 거대한 조형물이나 제단 같은 형태를 갖고 있다. 한마디로 고인돌은 겉으로는 단순해 보이지만 매우 치밀한 기초공사가 필요한 구조물이다.

북방식 고인돌은 주로 한국 북부에 분포하고 탁자 모양을 하고 있는데 강화, 인천, 수원, 이천을 연결하는 선을 한계로 분포한다. 남방식 고인돌은 큰 굄돌로 괸 바둑판식(지하에 판석이나 할석 등을 이용해 돌방을 만들고 그 위에 낮은 받침돌로 뚜껑돌을 올려놓은 것)과 개석식(받침돌 없이 뚜껑이 직접 지하 돌방을 덮고 있는 것)으로 나누어진다고 볼 수 있는데, 이들은 한강 이남에 주로 분포하며 대부분 땅 밑에 판돌을 맞춰 넣어 만들거나 깬돌이나 냇돌 등을 쌓아 돌널을 만들고 그 안에 시신을 묻었다.

바둑판식 고인돌은 발굴 사례가 증가함에 따라 석실이 단석실만 존재한 것이 아니라 2중석실 또는 다석실 등 다양하게 나타나고 있다. 무덤 위에는 큰 뚜껑돌을 얹으므로 일반적으로 뚜껑돌만 보이므로 특별하게 보이지 않는다. 물론 남부에도 북방식 고인돌이 발견되고 북부에도 남방식이 발견되기도 하지만 이는 특별한 예에 속한다.

한국에서 고인돌이란 용어는 고려시대 이규보의 『동국이상국집』에서 처음으로 나온다. 이규보는 1200년 11월 말에 전라도를 여행하던 중 금마군에 이르러 지석묘支石墓를 관찰할 수 있었다. "다음날 금마군으로 향하려 할 때, 이른바 '지석支石'을 구경했다. 지석이란 것은 세속에서 전해지기를 옛날 성인聖人이 고여 놓은 것이라 하는데 과연 기이했다." 이규보가 본 고인돌은 전북 지방에서 몇 안 되는 탁상식 고인돌로 추정된다. 여기에서 이규보는 지석支石이란 용어를 처음으로 사용하고 있다.

고인돌은 거석문화의 발자취

고인돌에 대한 연구는 한국과 마찬가지로 외국에서도 매우 늦게 시작되었다. 고인돌을 선사시대의 중요한 유물이라고 여기지 않았고, 고인돌이 처음 발견되었을 때 학자들은 원시인들이 커다란 돌들을 편의에 따라 적당히 늘어놓은 것이라고 생각했다.

먼저 고인돌의 기능에 대한 연구가 집중적으로 이루어졌다. 고인돌의 정확한 기능에 대해서는 아직도 많은 학설이 있으나, 19세기 말까지는 대체적으로 제단의 기능을 갖는 것으로 보는 시각이 우세했다. 사람들이 쉽게 바라볼 수 있는 주변보다 높은 곳에 있어 외형적으로 웅장함을 드러내는 대형 거석일 경우가 많았기 때문이다.

학자들은 고인돌에 죽은 사람이 저승에 가서 잘 살기를 비는 마음과 남은 후손을 위한 기도의 마음이 함께 깃들여 있는 것이 분명하다고 설명한다. 그러므로 무덤이 아니고 제단이라는 주장이 제기되는 이유다. 한편 고인돌은 처음에는 무덤으로 만들어졌지만 고대인들의 조상 숭배와 조상에 대한 종교적 제사 활동을 진행하던 성지로 활용되었다는 주장도 있다.

사실 랴오둥 반도에 있는 북방식 고인돌에는 최근까지도 마을 사람들이 기도하는 대상으로 사용했음을 볼 수 있다. 중국 최대 고인돌로 알려진 랴오

강화 · 고창 · 화순 고인돌 유적

닝성 가이핑蓋平 스펑산石棚山 고인돌에 많은 사람이 제물을 바치며 기도하기도 한다. 그래서 고인돌이 마을을 보호하고 잡귀의 출입을 예방하는 수호신으로 만들었다는 주장도 있다.

묘표석으로 고인돌을 만들었다는 주장도 있다. 이는 받침돌 등의 원위치가 분명하고 정식 발굴이 이루어졌으나 덮개돌 아래 아무런 유구遺構가 확인되지 않기 때문이다. 묘표석의 기능에는 묘역을 상징하는 기념물 혹은 묘역 조성 집단의 권위와 위엄을 드러내기 위한 것, 묘역을 표시하는 단순한 기능 등을 거론하는데 학자들에 따라 원래 매장시설이 없는 고인돌의 존재를 엿보이게 한다.

그러나 현대에는 고인돌을 선사시대의 돌무덤, 즉 지석묘와 같은 개념으로 이해하며 거석문화의 한 자취로 간주한다. 고인돌의 주요 기능을 무덤으로 해석하는 근거로는 고인돌이 한곳에 무리를 지어 분포하고 있고, 결정적인 증거로 사람뼈와 함께 부장품이 발견된다는 점을 들 수 있다. 2003년을 기준으로 조사가 이루어진 고인돌의 경우 76곳에서 인골人骨이 출토되었다. 학자들은 한국의 토양 대부분이 산성이라는 지질적인 특성 때문에 모든 고인돌에서 인골이 발견되지 않지만, 인골은 매우 중요한 정보를 제공한다.

인골은 평안도에서 가장 많이 나왔고 황해도, 강원도, 경북 대구, 충청도에서 발굴되었다. 평안남도 성천군 용산무덤 5호 고인돌에서는 38명에 해당하는 인골이 나왔다. 강원도 춘천시 중도 1호 고인돌에서 4~8세가량의 여아 인골이 발굴되었으며 경북 대구시 진천동 3호 B관에서 20대의 여자 인골이 발굴되었다. 출토된 인골 가운데 남자로 밝혀진 곳은 충청북도 제천시 황석리 고인돌이다. 황석리 충7호 고인돌에서는 나이 20~30세 정도의 남자 두개골과 정강이뼈 등이 출토되었고, 황석리 충17호 지석묘에서 30세 전후의 남자 두개골이 거의 온전한 상태로 발굴되었으며, 황석리 충13호 고인돌에서는 어린아이의 머리뼈까지 나왔다. 충청북도 제천시 양평리 1호 고인돌에서 출토된 인골은 성별 확인이 되지 않았으나 나이는 18~35세가량이다.

고인돌에서 나타난 인골의 특징은 대체로 뼈가 튼튼하다는 것이다. 체질인류학의 해석에 의하면 그들은 생전에 충분한 영양을 섭취하면서 살았으며 이들이 사회를 지배한 상층계급이었음을 알려준다. 고인돌에 묻힌 어린아이 인골을 통해서도 당시 사회상을 읽을 수 있다. 비록 어린아이였을지라도 보호받는 신분이었기 때문에 그만한 혜택을 누렸던 것으로 해석할 수 있다.

고인돌에서 발굴되는 옥기의 종류도 다양하다. 곡옥曲玉·관옥管玉·소옥小玉·백옥白玉·환옥丸玉 등이 발견되는데 이들의 재료는 점판암·곱돌·대리석은 물론 뼈나 토기도 있어 신석기시대의 한정된 재료와 수량에 국한되지 않는다. 곡옥은 보통 'C' 자형으로 구부러져 있는데 한국의 전유물로도 알려져 있으며, 관옥은 대롱옥으로도 불리는데 고인돌에서 가장 많은 출토 비율을 나타낸다. 관옥은 평안북도, 강원도 등지에서 발견되지만 대부분 전라도와 경상도의 고인돌에서 출토되며 재질은 대체로 벽옥碧玉이다. 환옥은 소옥과 형태가 비슷하지만 직경이 3센티미터를 넘는 것을 말한다.

고인돌은 마을에서 비교적 전망이 좋은 구릉이나 마을 어귀에 있다. 이것은 고인돌이 피장자의 후손들에 의해 무덤으로서뿐만 아니라 피장자가 생전에 누렸던 사회적 위치도 받아지기를 바라는 마음의 발로로 인식된다. 진주시 대평면 옥방 1지구의 고인돌은 석실의 주변을 둥글게 큰 돌을 돌리고 내부에는 강돌을 깔아 묘역을 조성했다. 전면에는 강돌을 방형으로 깔아 제례시 사용할 수 있는 단을 조성했다. 강원도 춘천시 천전리 A호 고인돌, 진안군 여의실 4호와 5호 고인돌은 물론 전라남도 무안군 성동리 안골 고인돌의 묘역도 같은 형식으로 의례성이 강조된다.

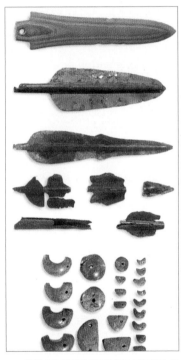

■ 고인돌에서 발굴된 부장품들은 피장자의 생전의 사회적 신분을 유추할 수 있게 한다. 또한 석기루, 비파형동검, 청동촉 등은 주로 전투나 사냥에 쓰이던 무기류다.

부장품으로도 의례성을 감지할 수 있다. 우선 부장품으로 피장자의 생전의 사회적 신분을 유추할 수 있다. 고인돌에서 부장된 유물 가운데 석촉이나 석검 같은 석기루, 비파형동검이나 비파형 동모 또는 청동촉 같은 청동제품들은 주로 전투나 사냥에 쓰이던 무기류다. 김해시 무계리의 고인돌에서 출토된 마제석검은 실용성이 전혀 없음을 볼 때 피장자를 위한 순수 부장품용으로 제작된 것으로 볼 수 있는데, 이는 마제석검이 완전히 의기화儀器化된 것임을 의미한다.

의례용으로 대표적인 부장품은 홍도紅陶다. 홍도는 고인돌이 제작될 당시의 토기들 가운데 정성을 많이 들여서 만든 토기로 겉 표면에 붉은 흙물이 칠해져 있다. 붉은색은 샤머니즘 사고 체계에서는 부활과 희생의 피를 상징하는 생명의 영원성을 의미하는데, 고인돌의 석실에서 붉은 흙이 종종 출토되는 것도 이를 증빙한다.

한국 고인돌의 차별성

한국 고인돌은 다른 나라의 고인돌과 차별되는 몇 가지 특징이 있는데, 그 가운데 하나가 다른 나라의 고인돌과 달리 사람뼈와 함께 부장품이 출토된다는 사실이다. 부장품으로는 여러 가지 토기와 화살촉 같은 석기들뿐만 아니라 청동검, 옥, 석검 등도 발견된다. 부장품이 있다는 것은 고인돌의 연대 측정이 가능하다는 의미로, 이를 근거로 그 시대의 문화와 생활상을 살펴볼 수 있다.

　매장 방식을 보면 북방식 고인돌은 주검을 안치하는 곳, 즉 주검 칸이 지상에 드러나 있으며 남방식 고인돌은 주검 칸이 지하에 설치되어 있다. 특히 북방식 고인돌은 비교적 넓고 편평한 땅 위에 세워 네모난 상자 모양의 방을 만든 다음 바닥에 시체를 안치하고 그 위에 뚜껑돌을 덮은 것이다.

　한국 고인돌은 남방식이든 북방식이든 무리 중에서 유달리 큰 고인돌이 하나씩 있다는 점이 특징이다. 이는 한국 고인돌이 세계적인 주목을 받고 있는 이유이기도 하다. 한국의 고인돌은 1~2기가 독립적으로 발굴되는 경우도 있으나, 대부분 10여 기를 중심으로 한 지역에 100~200여 기씩 무리를 지어 있는 채로 발견된다. 물론 그중에서 유달리 큰 고인돌은 촌락 공동체의 우두

머리가 있었음을 보여주는 증거로 해석된다.

뚜껑돌의 재료는 화강암과 편마암이 주류를 이룬다. 때로는 응회암 같은 돌도 사용했다. 현재 고인돌의 미스터리 중 하나는 한국에서 발견되는 고인돌의 크기가 너무나 거대하다는 점이다. 커다란 돌의 운반에는 그 무게에 따라 동원되는 인력이 달라지지만 콜스와 장피에르 모헨Jean-Pierre Mohen 등 고고학자들의 실험에 의하면 1톤의 무게를 둥근 나무 위에 올려놓고 150미터 옮길 때 대략 10명 정도의 장정이 필요하다고 한다. 또한 약 6.8톤의 고인돌 뚜껑돌을 만들어 옮기는 데 약 70명이 필요하다고 한다. 40~50톤 무게의 뚜껑돌을 옮기려면 400~500명가량이 동원되어야 한다는 뜻이다.

그런데 이들 숫자를 한국 고인돌에 적용하면 화순의 핑매바위 고인돌을 300톤으로 추정할 때 장정 3,000명이 필요했다는 계산이 된다. 이들이 성인 남자일 것으로 추정한다면, 가구당 5명이 거주하고 있다고 추정해도 1만 5,000명이란 수치가 나온다. 당시 화순 지역의 사회 규모가 적어도 1만 5,000명이나 된다는 것으로 이 정도면 거의 국가 단계 정확히 말하면 소국 단계다. 1만 5,000명의 생존을 책임지고 사회적으로 통제할 수 있는 인물로 본다면 이를 현대의 관점에서 평민 청장년들의 노동력을 동원할 수 있는 권력과 재부를 독점하고 있는 권력자나 지배자의 무덤이라고 추정해도 무리가 없다는 뜻이다.

그러나 이들 숫자에 다소 문제가 있는 것은 사실이다. 우선 고인돌을 채석장에서 잘라 설치되어 있는 현장까지 옮기려면 많은 사람이 밧줄 등으로 끌어야 하는데, 그 많은 사람이 움직일 수 있는 절대공간이 부족하기 때문이

■ 북방식은 비교적 넓고 편평한 땅 위에 세워 네모난 상자 모양의 방을 만든 다음 바닥에 시체를 안치하고 그 위에 뚜껑돌을 덮은 것이다. 중국 랴오닝성 가이핑의 스펑산 고인돌.

다. 고인돌을 설치할 당시와 현재의 지형이 바뀌었다고 가정한다고 해도 이 질문은 유효하다. 고대인들이 고인돌을 움직이는 또 다른 방법이 있을 가능성이 있어야 한다는 의미다.

강화도 고인돌을 보면 이들의 성격이 분명해진다. 강화도에는 10여 개의 고인돌군이 있는데, 고인돌의 무게와 개수 사이에 특정한 상관관계가 있음을 알 수 있다. 고인돌 무게가 커질수록 고인돌의 개수가 줄어드는 것이다. 이는 작은 마을 단위로 독립된 정치 공동체가 생긴 후 시간이 지나면서 하나의 커다란 정치 단위로 통합되어 갔음을 보여준다. 소위 마을마다 우두머리(씨족장)를 위한 고인돌을 만들다가 여러 마을을 통합한 더 큰 정치 단위가 출현하면서 그 우두머리를 위해 훨씬 더 큰 규모의 고인돌을 만든 것이다.

강화 고인돌 유적

강화도는 지리상 한반도의 중앙부 서단에 있으며 지역상으로는 수도 서울을 기점으로 서북쪽의 북한과 접하고 한강, 예성강, 임진강 등 3개의 큰 물길이 합류해 바다로 흘러드는 경기만의 하구에 있는 도서 지역이다.

서기 400년 고구려 광개토대왕 때 혈구군, 724년 신라 경덕왕 때 해구군, 939년 고려 태조 때 강화현, 1414년 조선 태종 때 강화도호부가 설치되었으며 1895년 조선 고종 때 강화군으로 개칭되었고 1995년 경기도에서 인천광역시로 통합되었다. 해양성 기후로 온화해 기온차가 적고 강우량이 많아 일찍부터 농경이 발달했으며 사면이 바다와 갯벌로 둘러싸여 해산물도 풍부하다.

원래 섬이란 곳은 뭍과는 자연환경과 생활여건이 달라 여러 가지 제한요건이 있음에도 강화도에는 150여 기에 달하는 고인돌이 분포하고 있다. 강화의 탁자식 고인돌이 한반도에서 남다른 것은 한반도의 서북부인 황해도, 평안도 지방과 만주, 랴오둥 반도 일대에 연결되고 있어 동북아시아 무덤 문화에서 중요한 한 축을 차지하고 있기 때문이다. 등재 당시에는 보호구역에 총 67기가 확인되었으나 그동안 보호구역 내에서 고인돌이 추가로 발견된 5기와 고인돌이 아닌 것으로 확인된 강화 고인돌 공원 내 2기를 제외한 70기의 고인돌이 세계문화유산에 등록되었다.

강화 고인돌이라면 제일 먼저 방문할 곳이 하점면 부근리의 '강화지석묘(사적 제137호)'다. 우표는 물론 교과서에도 삽입되어 우리에게 가장 친근하게 다가와 있는 고인돌로 한국 북방식 고인돌의 상징적인 유적이라고 할 수 있다. 남한에서 발견된 북방식 고인돌 중에서는 가장 큰 규모로 알려져 있으며, '강화고인돌공원' 내에 있는데 비교적 이른 시기인 1964년에 사적으로 지정될 정도로 중요성을 부여받았으며 입구에 고구려 연개소문의 유허비가 있다.

강화지석묘는 고려산 북쪽의 시루메산 아래의 완만한 언덕 끝자락의 해발 20~30미터 높이의 대지상에 있으며, 고인돌의 북쪽 옆으로는 서해로 흘러드는 금곡천이 있다. 두꺼운 판석 받침이 동북-서남향을 장축으로 나란하게 세워져 '이ㄷ'자 평면을 이루고 있으며, 그 위에 부정 타원형의 덮개돌이 올려져 있는데, 20도 정도 남쪽으로 기울어진 상태다.

양쪽 막음돌이 없는 상태에서 무덤방 크기는 452×100센티미터이며, 덮개돌을 포함한 전체 높이는 2.454미터다. 학자들은 받침돌을 좌우에 세우고 한쪽 끝에 판석을 세워 무덤방을 만든 뒤 시신을 안치하고 다른 한쪽을 마감했을 것으로 추정한다. 현재 양끝의 마감돌은 없어지고 좌우의 받침돌만 남아 있어 석실 내부가 긴 통로처럼 되어 있다. 받침돌의 크기는 길이 450센티미터와 464센티미터, 두께 60센티미터와 80센티미터, 높이 140센티미터이며 기울기가 70도, 장축 방향이 동북 69도다.

무덤방 입구는 덮개돌이 튀어나와 있는 서남쪽이었던 것으로 보이며, 서북쪽에는 넓은 공간이 마련되어 있어, 고인돌 측면의 마당에서 장례와 제

■ 강화도 하점면 부근리의 강화지석묘는 북방식 고인돌의 상징적인 유적이다. 남한에서 발견된 북방식 고인돌 중에서는 가장 큰 규모다.

의를 치렀을 것으로 추정된다. 고인돌의 석재는 부위마다 다른데 덮개돌은 미그마타이트질 편마암, 좌측 받침돌은 운모편암, 우측 받침돌은 화강암질 편마암이다. 남한에서 가장 큰 북방식 고인돌이므로 무게가 관건이었는데 덮개돌의 무게는 53톤, 좌측 받침돌의 무게는 13톤, 우측 받침돌의 무게는 약 9톤으로 강화지석묘의 총 하중은 75톤에 달한다.

한편 이 고인돌은 거대한 덮개돌이 받침돌에 의해 웅장한 모습을 띠고 있고 주위에서 쉽게 관망할 수 있는 위치에 있는 것 등을 볼 때 무덤의 기능보다는 축조 집단들을 상징하는 기념물이거나 제단의 기능을 갖고 있을 것으로 추정하기도 한다.

부근리 고인돌군은 사적 제137호로 지정된 북방식 고인돌을 중심으로 주변에 13기가 분포한다. 부근리 고인돌에서 잘 알려진 것은 사적 제137호 고인돌의 남서쪽인 고인돌공원 입구에서 약 150미터 떨어진 곳에 있는 15호 고인돌이다. 이것은 30도 정도 기울어진 채 비스듬히 서 있으며 석질은 흑운모편암이고, 전체적으로 편평한 편인데 평면 생김새는 타원형에 가깝다. 장축은 강화지석묘와 같은 남북 방향으로 크기는 길이 326센티미터, 높이 200센티미터, 두께 40~60센티미터인데 이들의 용도는 받침돌로 추정된다. 이 구조물은 강화지석묘에 버금가는 대형 고인돌로 축조된 것으로 보이며 1930년대까지만 하더라도 동쪽에 같은 구조물이 있었다고 한다.

점골 고인돌로 알려진 것은 인근에 그릇을 굽는 가마가 있어 부쳐진 지명이다. 이 고인돌은 고려산 북쪽 주능선의 끝자락에 형성된 해발 20미터의 낮은 대지상에 있는 전형적인 북방식 고인돌이다. 현재 동쪽 받침돌과 북쪽 막음돌이 쓰러져 있으며 남쪽 막음돌은 덮개돌 아래에 깔려 있고, 서쪽 받침돌은 동쪽으로 기울어져 있다. 그리고 덮개돌 아래로 20~30센티미터의 할석과 흙으로 채워져 있다.

흑운모화강암으로 된 덮개돌은 타원형의 판석으로 크기는 약 394×366×30~60센티미터, 장축은 남북향이다. 덮개돌 아래 깔려 있는 동쪽 받침돌은 270×120×20센티미터, 서쪽 굄돌은 304×132×40센티미터인데 평면 생김새가 사다리꼴에 가깝고, 아래에서 위로 갈수록 두께가 얇아지며 덮개돌과 받침돌에 그렝이질 흔적이 완연하다. 덮개돌 위에는 강화 고인돌에서는 거의 보이지 않는 성혈이 2개 보인다. 2009년 국립문화재연구소가 발굴

조사할 때 석촉 등 소수의 유물이 수습되었다.

성혈은 고인돌 덮개돌의 표면을 돌로 갈면서 파들어가 생긴 반란형半卵形의 홈으로 민간에서는 알구멍·알바위·바위구멍·홈구멍·성혈 등 다양한 이름으로 불린다. 성혈은 여러 가지 견해가 제시되는데 대표적인 것은 난생 신화설·풍요·다산 기원설, 별자리 기원설이다. 별자리 기원설은 당대에 상당한 과학적 지식과 체계가 있었다는 것을 의미한다. 특히 북한에서 200여 개의 별자리 고인돌이 발견되는 것을 감안할 때 고인돌 축조 집단의 경제적 기반이었던 도작 농경과 관련이 있다고 추정된다. 남한에서 조사된 성혈 가운데 별자리 구멍으로 분류되는 고인돌은 충북 청원의 아득이 1호 고인돌이 있다.

하점면 일대의 평야가 한눈에 조망이 되는 샘말 뒤편의 고려산 정상 북서사면으로 뻗은 능선(해발 200~250미터)과 일치되게 9기가 분포하고 있다. 이 중 가장 크고 상태가 양호한 고인돌이 41호 고인돌로 2매의 받침돌, 1매의 막음돌이 남아 있는 북방식 고인돌이다. 덮개돌 아래의 받침돌은 서쪽으로 기울어져 있으며, 덮개돌은 옆으로 쓰러져 동쪽 받침돌에 기댄 채 비스듬히 놓여 있다. 덮개돌이 장축은 남북향이며 크기는 320×230×35센티미터, 암질은 화강편마암이다. 받침돌은 동쪽과 서쪽의 것이 210×40×32센티미터, 북쪽의 막음돌이 30×60×30센티미터다. 이곳 덮개돌에도 성혈이 8개가 새겨져 있는데 크기는 길이 4센티미터, 깊이 1~2센티미터다. 41호 고인돌을 중심으로 산능선 위쪽(4기)과 아래쪽에 4기의 고인돌이 있는데 47·48호 고인돌 아래쪽에 채석의 흔적이 보인다.

고천리 고인돌군은 고천4리 마을 뒤편에 있는 고려산 정상에서 적석사 낙조봉으로 이어지는 능선 서쪽 정상부에 있으며 현재까지 확인된 고인돌 중에서도 가장 높은 지점에 있다. 고천리 고인돌군은 20기의 고인돌이 있으며 인근에 채석의 흔적도 보인다.

고천리 고인돌군 중에서 비교적 상태가 양호한 것은 내가면 고천리 산 115번지에 있는 1군의 69호 고인돌이다. 69호 고인돌은 전형적인 북방식 고인돌로 받침돌 2기, 막음돌 1기가 있는데 북쪽과 서쪽은 상당 부분이 흙으로 덮여 있으며 덮개돌은 남쪽으로 양쪽 받침돌은 동쪽으로 약간 기울어져 있다. 덮개돌은 네모꼴에 가깝고, 크기는 324×250×70센티미터 정도이며, 가장자리 부분을 따라 다듬었는데 동쪽과 남쪽은 수직에 가깝다. 장축은 남북이며, 무덤방 내부의 크기는 210×80센티미터다.

강화도 내가면 오상리 고인돌군으로 향한다. 고려산은 사면 경사가 다소 가파른데 고려산 북쪽으로 삼거리 고인돌군, 서남쪽 하단에는 오상리 고인돌군이 자리한다. 고려산 서쪽 낙조봉 아래에 있는 오상리 지역에는 고인돌 12기가 모여 있는데, 전형적인 북방식 고인돌로 부근리 고인돌을 축소한 듯한 모습이다.

이곳 고인돌의 특징은 받침돌의 높이가 50센티미터 안팎으로 덮개돌의 크기에 비해 고인돌의 전체 높이가 비교적 낮은 모습이며 막음돌이 온존하다는 점이다. 고인돌의 장축 방향은 대부분 북동-남서로 하부구조는 소형의 석관처럼 설치되어 있다. 무덤방의 바닥은 대부분 맨바닥을 그대로 사용했으나 3기는 판돌이나 깬돌이 깔려 있다. 선문대학교에서 2000년에 발굴한

■ 강화도 고려산 북쪽으로 삼거리 고인돌군(위), 서남쪽 하단에는 오상리 고인돌군이 있다. 오상리
지역에는 고인돌 12기가 모여 있다.

결과, 뗀석기를 비롯해 청동기시대의 간돌검, 돌화살촉, 바퀴날도끼, 반달돌칼, 갈판 등의 석기와 민무늬토기, 붉은간토기 등이 출토되었다.

　오상리 고인돌은 능선과는 직각을 이루고 있는데 덮개돌의 크기도 다른 것과 비교하면 월등히 큰 것으로 보아 일반 고인돌이 무덤의 역할을 했다면, 이 고인돌은 묘표석의 역할을 한 것으로 추정된다. 흑운모편마암으로 만든 덮개돌은 370×335×50센티미터, 남쪽 받침돌은 205×50×10센티미터, 북쪽은 210×40×15센티미터, 서쪽의 막음돌은 50×50×5센티미터다. 동쪽의 것은 상부가 절단된 채 사라져 밑부분만 남아 있다. 고인돌의 크기가 남다르게 작은 것이 있는데 이들은 가족묘로 고대 한국인들의 기본 장례법으로도 알려진 세골장洗骨葬을 한 흔적으로 추정하기도 한다. 강화 고인돌이 모두 고려산 북쪽에 분포하는 반면 오상리 고인돌은 유일하게 고려산 남쪽에 입지하고 있는 점이 특징이라면 특징이다.

　강화도에서 가장 북쪽으로 예성강 건너편에서 불과 2.3킬로미터 지점에 있는 양사면 교산리 고인돌군으로 향한다. 양사면은 해발 400미터 정도로 별립산과 봉천산을 축으로 서북쪽은 서해이고, 남쪽은 하점면, 동쪽은 송해면과 경계를 이룬다.

　교산리 지역에는 모두 28기의 고인돌이 분포하는 것으로 알려지지만, 이 중 서남쪽에 별립산과 동쪽 봉천산이 만나 형성된 구릉의 능선에 있는 13기가 세계문화유산으로 지정되었다. 정부에서는 13기를 4개소의 군집으로 나누어 관리하는데 1군으로 분리된 교산리 산108번지에 5기(111~113호, 115호, 123호)는 고인돌 원형이 비교적 잘 남아 있으나 인적이 드문 야산에 축조되어 있어 도굴의 흔적으로 보이는 덮개돌 대부분이 비스듬히 비껴져 있다. 특히 무덤방은 긴 방향이 능선의 방향과 대각선으로 만들어졌다는 것이 특징이다. 특히 1군의 고인돌 중 115호는 강화 연해와 북한의 개풍군을 조망할 수 있는 구릉에 있어 북방식 고인돌의 맥을 잇는 상징적인 고인돌로 추정된다. 1군과 2군의 고인돌은 교산리 고인돌 주차장에 들어서면 쉽게 찾을 수 있다.

강화읍에도 고인돌이 있다. 강화도의 고인돌 탐사를 마무리하는 의미에서 강화읍 대산리 1189번지에 있으며 강화읍에 있는 유일한 고인돌(인천광역시기념물 제31호)을 찾는다. 덮개돌 크기는 388×260×50센티미터고, 3매의 받침돌이 있는 북방식 고인돌로 하부의 받침돌은 쓰러져 있다. 받침돌의 크기는 동쪽 160×130×130센티미터, 서쪽 240×150×45센티미터이며 막음돌로 추정되는 것은 70×60×14센티미터다. 덮개돌의 장축은 북동-남서이고, 암질은 흑운모편마암이며 주변에는 안내판과 함께 철책을 둘러 고인돌을 보호하고 있다. 고려산의 동쪽 봉우리인 북산의 북쪽 가지산 능선의 맨 마지막 자락인 해발 약 20미터에 있으며, 주변의 납성개 들판이 한눈에 들어오는 곳에 자리한다.

강화 고인돌의 특징은 강이나 하천 주변의 평지, 구릉지에 주로 밀집한 타 지역의 고인돌과는 달리 산 정상의 능선을 따라 북방식 고인돌이 분포한다는 점이다. 당시 강화에 살던 부족들이 공들여 높은 구릉지에 올라 고인돌을 만들었다는 것은 바로 그곳이 하늘로 올라가는 입구라고 생각했기 때문이라는 설도 있다. 특히 강화 고인돌은 삼랑성三郎城, 참성단塹星壇과 더불어 단군과 고조선의 역사를 짐작하게 하는 중요한 유적으로 평가된다.

고창 고인돌 유적

세계 최대의 고인돌 집단 군락지라 할 수 있는 고창 고인돌로 향한다. 이들 고인돌은 기본적으로 기원전 4~5세기경에 조성된 것으로 추정되는데, 고창읍 죽림리 일대, 아산면 상갑리·봉덕리와 고창읍 도산리에 자리잡고 있다.

고인돌군은 고창읍에서 서북쪽으로 6.5킬로미터 남짓한 지점에 있는데 앞에는 인천강의 지류인 고창천이 흐르고 있으며 고인돌 군락지에는 서쪽의 상갑리와 봉덕리에 성틀봉(158미터), 동쪽의 죽림리에 중봉(199미터)이 있으며 죽림리에 속하는 중앙의 말발굽형의 곡간지谷間地를 중심으로 1.8킬로미터 범위에 분포되어 있다. 이 지역은 1994년 12월 사적 제391호로 지정되었으며 인근의 도산리 고인돌과 함께 사적 보호구역은 636필지 1,01만 1,220제곱미터에 이른다. 세계문화유산으로 지정된 유적지의 규모는 중심지가 8만 2,800제곱미터이고 완충지대가 8만 700제곱미터인데, 이러한 분포는 단위 면적으로 보아 한국뿐만 아니라 세계적으로도 가장 조밀한 분포 지대에 속한다.

고인돌군은 1지구와 2지구와 도산지구 등 3개소로 분류된다. 1지구는 아산면 상갑리와 봉덕리, 2지구는 고창읍 죽림리, 도산지구는 고창읍 도산리에 속한다. 세계문화유산으로 지정된 것은 모두 447기로 도산리에 5기를 제외하면 모두 죽림리, 예전의 매산마을을 중심으로 분포하고 있다.

고창 고인돌의 특징은 탁자식, 바둑판식, 개석식 등 다양한 형식의 고인돌이 혼재하고 있다는 점이다. 물론 대부분 받침돌이 고인 남방식 고인돌인데 고창에서만 볼 수 있는 지상석곽식(여러 개의 받침돌을 지상 위에서 짜맞춘 형태)이 45기나 있다. 이와 같이 여러 가지 고인돌 형태가 한 지역에서 발견되어 동북아 거석문화의 중심이라고 평가되는 것은 물론 고인돌의 발생과 전개, 성격 등을 파악하는 데 중요한 자료를 제공한다.

한편 고창 지역 고인돌군에서 채석장은 보이지만 부장품이 발견되지 않는 것도 하나의 특징이다. 아직 고인돌에서 출토된 유물은 발견되지 않았으며 인근 구릉의 지표에서 간돌검의 손잡이파편 1점이 채집되어 다른 지역과 성격이 다소 다름을 알 수 있다.

고창고인돌박물관에서는 죽림리, 상갑리, 봉덕리 고인돌군 전체를 조망할 수 있으며 고인돌군쪽에서는 도산리 고인돌군도 볼 수 있으므로 한국이 갖고 있는 고인돌의 위용은 물론 지천에 있는 고인돌 숫자에 기가 질릴 것이다. 한편 고창군에서는 탐방객들의 편의를 위해 고인돌 탐방길을 죽림리 고인돌을 제1코스와 제2코스와 제3코스로 나누고, 채석장을 제4코스, 상갑리와 봉덕리 고인돌을 제5코스, 도산리 고인돌을 제6코스로 나눈다.

우선 제1코스에서 제3코스로 분리된 죽림리 고인돌군을 향한다. 죽림리 고인돌군은 군집하고 있는 고창 고인돌의 백미라 할 수 있다. 세계문화유산으로 지정되기 전, 죽림리 고인돌군을 방문한 장피에르 모헨 루브르박물관장은 '세계에서 발견된 거석문화 지역 중 가장 아름다운 지역'이라고 격찬하기도 했다. 죽림리에서 많은 고인돌을 축조할 수 있었던 것은 다른 지역에 비해 주변에 많은 채석장을 갖추고 있고 북쪽으로는 성틀봉, 중봉의 능선이 동서로 길게 뻗어 북풍을 막아주는 천혜의 자연환경을 갖고 있기 때문이다. 또

■ 고창 고인돌의 특징은 탁자식, 바둑판식, 개석식 등 다양한 형식의 고인돌이 혼재하고 있다는 점이다. 특히 지상석곽식이 45기나 있다. 고창 고산리 고인돌.

한 전면에는 고창천 주변에 잘 발달된 충적평야가 펼쳐져 있어 최상의 생활 거주 여건을 갖추고 있다.

　유물번호 2,509호는 탁자식 고인돌로 2미터 이상 되는 판석 2매를 나란히 세우고 그 위에 덮개돌을 올려놓았는데, 판석은 덮개돌과 맞닿는 윗부분을 V자형 홈을 내어 정면이 덮개돌과 닿지 않게 했으며 덮개돌은 밑변의 형태를 정교하게 다듬어 균형을 맞출 수 있게 했다. 2,513호 고인돌은 5개의 받침돌이 나타나고 있는 전형적인 바둑판식 고인돌로 받침돌은 덮개돌을 직접 받치고 있으면서 무덤방의 파괴를 막아주고 덮개돌을 더욱 웅장하게 보이는 역할을 한다. 2,514호는 지하에 무덤방을 만들고 그 위에 바로 덮개돌을 얹은 개석식 고인돌이다. 특히 고인돌군을 분리한 2지구 5군은 탁자식, 바둑판식, 개석식 등 다양한 고인돌의 형식을 한곳에서 볼 수 있다.

2지구 4군은 죽림리 536-3번지 일원에 해당되는데, 입체형의 거대한 고인돌이 여러 기가 집중되어 있어 고인돌 왕국에 들어선 듯한 느낌을 준다. 2,406호는 622×542×250센티미터의 덮개돌과 93~115센티미터에 달하는 대형 받침돌을 가진 바둑판식 고인돌로 무게 150톤이 넘는 거대한 고인돌이다. 인근의 수많은 고인돌과 다소 떨어진 거리를 유지하고 있는 점으로 볼 때 제단이나 묘표석 고인돌로 추정된다. 2,428호는 고창에는 다소 드문 변형탁자식 고인돌로 볼 수 있는데, 덮개돌은 370×228×82센티미터 크기의 타원형으로 이루어진 거북등 모양이다. 무덤방은 180×85×70센티미터의 크기로 동쪽에는 마감돌이 보인다.

2,433호는 510×350×176센티미터의 덮개돌과 두께가 1미터가 넘는 주형 받침돌의 위용을 갖추고 있으며 덮개돌은 두꺼비 형상을 하고 있다. 2,433호 받침돌 사이에서는 민무늬토기편과 붉은간토기편이 출토되었으며, 2,433호에서 떨어진 무덤방의 남쪽 단벽 서쪽에 치우친 곳에서 아가리에 점토띠를 붙여 만든 원형점토대토기 1점이 출토되었다. 상한연대는 기원전 4~5세기로 이들 고인돌이 청동기 후기에 조성된 것으로 추정된다.

3코스는 2지구 2~3군으로 분류되는데 2지구 2군은 죽림리 산58-4번지 일원에 해당되어 봉덕리의 성틀봉과 죽림리의 중봉 사이의 곡간지로 고창 고인돌군의 중앙부에 있으며 북쪽으로 3군이 보인다. 이곳에는 과거에 매산

마을이 있었으며 66기의 고인돌이 보인다. 대체로 동서로 열을 짓고 있는데 다른 군에 비해 규모가 큰 4미터 이상 되는 덮개돌을 갖춘 고인돌이 6기가 자리하고 있어 눈에 확연히 들어온다.

2,214호의 덮개돌은 549×214×190센티미터이며 2,216호는 남면에 3개의 벽석을 한 줄로 세우고 서단에 짧은 벽석 1개를 맞춰 세웠다. 2,213호는 다소 특이한 형태를 갖고 있는데 5개의 장방형 받침돌이, 7개의 받침돌로 된 다지석식多支石式으로 이는 지상석곽형에서 변이된 것으로 추정된다. 2,201호부터 2,227호까지는 등고선 북동 45도 방향으로 열을 지은 것이 특징이다. 2지구 3군은 죽림리 665-13번지 일원으로 전체 고인돌군 중 가장 높은 지점에 있는데, 총 62기가 분포하고 있으며 동쪽으로 고인돌의 석재를 한곳에 모아놓은 곳이 보인다.

2,308호는 지상석곽형으로 덮개돌이 410×222×168센티미터로 3군에서 가장 큰 덮개돌과 4개의 받침돌을 갖고 있는 중심 고인돌이다. 과거에 주위의 8기의 입석立石이 방사성으로 세워져 있었으나 1988년에 훼손되어 지금은 흔적을 찾을 수 없다. 2,318호에서 2,333호에 이르는 16기가 대략 2열로 뻗어 있는데 서쪽열과 동쪽열이 각각 8기다. 1991년 마한백제문화연구소는 발굴조사를 거쳐 탁자식에서 바둑판식으로 변이해가는 과정을 엿볼 수 있는 고인돌군으로 판명되었다.

3군 옆으로는 고창고인돌박물관을 기점으로 하는 질마재길(43.7킬로미터)의 고인돌길이 나 있는데, 고인돌길을 지나면 전라도 방언으로 방향을 나타내는 '베이'와 다섯 오五가 합친 오베이골과 운곡리 고인돌군에 닿는다. 이 중에서 운곡리 24호 고인돌은 길이 6미터, 너비 4.5미터, 높이 3.5미터로 추정 무게 297톤인 국내 최대의 고인돌이 있다. 입구에 규모가 작은 운곡서원이 있는데 다른 곳과는 달리 현대식 건물 2채만 있는 것이 특징이다.

제4코스는 성틀봉 채석장이다. 강화나 화순에도 고인돌 채석장이 있지만 고창은 고창 고인돌 채석장 전체를 탐방코스로 개발해놓았기 때문에 쉽게 찾을 수 있다. 이곳이 남다른 고인돌 학습장이 된 것은 고인돌 군집 지역의 뒷산인 성틀봉과 중봉의 7~8부 능선을 중심으로 분포하고 있는데 무려 23곳에서 채석장의 흔적이 발견되기 때문이다. 소위 채석장의 박물관이나 마찬가지다. 이 중 잘 알려진 것이 K지점으로 표고 80~85미터 지점에 있는데 암석의 노출된 부위는 동서 40미터, 남북 20미터의 범위에 이른다.

고인돌처럼 거대한 암석을 잘라내는 방법은 매우 단순하다. 암석의 절리면을 이용해 V자형의 홈을 깊게 만들어 절리면에 쐐기를 박고 물을 뿌리면 나무가 불어날 때 상부의 제2 절리면을 타격하는 방법을 이용한 것이다. 이 방법은 고대 이집트에서 피라미드를 건설하기 위해 돌을 잘라내던 바로 그 방법이다. 이를 증빙하듯 구멍을 뚫어 쐐기를 박은 흔적이 4~5군데 남아 있다. A지점은 탐방코스 채석장에 들어서면 제일 먼저 접하는 지점으로 암석의 주축은 남북 방향으로 존재하며 노출된 부위는 40미터, 남북 15미터 정도의 범위에 4~5개의 큰 암석이 존재한다.

고인돌을 축조하는 방법은 대체로 ① 산 정상에서 덮개돌을 아래로 굴린 후 축조하는 방법, ② 다른 지역에서 덮개돌을 이용해 축조하는 방법, ③ 기존 암석이 있는 지역에서 바로 고인돌을 축조하는 방법을 사용했을 것으

■ 운곡리 24호 고인돌은 길이 6미터, 너비 4.5미터, 높이 3.5미터로 추정 무게 297톤인 국내 최대의 고인돌이다.

로 추정된다.

　고창 고인돌은 대체로 돌감이 되는 덮개돌을 채석장에서 채석한 다음 산 밑으로 굴린 후 굴린 암석돌이 경사가 완만한 지역에 멈추면 그곳에서 고인돌을 조성하는 지역까지 이동했을 것으로 추정된다. 암석의 재질은 대부분 화산재나 먼지가 고온인 채로 두껍게 응결해 생긴 퇴적암이다.

　채석장에 이어 제5코스로 발을 옮긴다. 상갑리 · 봉덕리 고인돌군은 1지구 4개군으로 분류된다. 상갑리 · 봉덕리 고인돌군은 중앙에서 좌측인 예전의 석치마을에서부터 시작된다. 고인돌군 앞으로는 인천강의 지류인 고창천이 흐르고 있으며 군집 고인돌들은 대부분은 열을 지어 있다. 고유번호는 1군은 1100번대, 2군은 1200번대 등으로 붙여졌다. 총 42기 중 무덤방이 노출되어 있는 고인돌 2기, 받침돌이 노출되어 있는 고인돌 15기, 덮개돌만 노출되어 있는 고인돌 22기 등으로 구성되어 있다. 바둑판식과 개석식이 반반씩으로 고루 형성되어 있다.

2군은 1군에서 동쪽으로 20미터 미만 떨어진 곳에 있으며, 소나무 숲이 우거진 숲 사이에 분포하고 있어 고인돌의 상태가 비교적 양호하다. 고창에서 주변의 소나무와 잡목을 제거하고 탐방로를 설치해 운치도 그만이다. 총 43기의 고인돌이 발견되었는데, 표고 25~29미터 사이에 집중적으로 분포한다.

1,217호는 바둑판식으로 덮개돌이 405×404×278센티미터로 2군에서 가장 크며 5개의 받침돌이 덮개돌을 지탱하는데, 70~87센티미터의 주형 받침돌로 받치고 있다. 1,203호는 지상석곽형으로 무덤방의 일부가 노출되어 있으며 덮개돌 아래 받침돌이나 뚜껑돌이 없이 바로 벽석이 받침돌을 받치고 있다. 무덤방의 크기는 157×70×50센티미터이고, 벽은 동쪽 부분이 유실되었는데 판석 3매를 2단으로 쌓아 올렸다.

제6코스는 다소 고인돌군에서 떨어진 도산리 고인돌군이다. 도산리 고인돌군은 고창고인돌박물관 옆쪽의 표지판을 따라가면 지동마을에 있다. 평지로 보이지만 표고 43미터 구릉에 탁자식 고인돌 1기, 바둑판식 고인돌 2기, 개석식 고인돌 2기가 분포하고 있다.

일반적으로 한강 이남에서 북방식 고인돌이 발견되지 않는다고 알려졌는데, 2,443호는 탁자식 고인돌로 높이 약 190센티미터, 너비 250센티미터에 25센티미터 정도의 균일한 두께의 오각형과 장방형 굄돌 2장을 65센티미터 정도의 간격을 두고 수직으로 세웠다. 받침돌과 받침돌 사이의 내부에는 약간의 소형 할석이 박혀 있다. 그 위에 가로 344센티미터, 세로 290센티미터, 두께 60센티미터 정도의 판석을 얹었다. 전체 높이는 2.5미터로 좁은 폭을 가진 길쭉한 무덤방을 만들었다. 고인돌의 재질은 미세한 퇴적암이 광역 변성작용을 받아 생성된 변성암인 점판암이다. 고창에서는 이 고인돌만 유독 이름이 있는데 '망북단' 또는 '망곡단'이라고 부른다. 병자호란 때 이 마을에서 출생한 어느 의병장이 출병하다가 '삼전도 굴욕' 소리를 듣고 이 고인돌 위에 올라가 북쪽을 향해 울며 절을 했다는 데서 유래한다.

과거에는 개인 소유 집안에 있었는데, 현재는 주변을 정비했고 남부 지역에서는 가장 전형적인 북방식 고인돌인데다 보존 상태도 좋아 우표에도 나올 정도로 한국 고인돌의 간판스타로 대접받고 있다.

화순 고인돌 유적

화순군은 전남의 중앙부에 있으며 지형상 나주평야의 동쪽 산지에 해당된다. 삼한시대에 이 지역은 마한에 속했으며 '여래비리국如來卑離國'으로 추정된다. 옛 화순현은 냇가에 자리 잡았다 하여 백제시대에 잉리아현仍利阿縣으로 불렸다. 임야가 74퍼센트로 산지가 많은 편이며 연평균 기온은 12.6도, 연강우량은 1,198밀리미터, 기후는 일반적으로 온난하고 습기가 많은 온대 기후권에 속한다.

화순 고인돌군은 영산강의 3대 지류인 지석강 유역에 자리 잡고 있다. 지석강은 대초천, 화순천, 지석천 등 3개의 물길이 모여 나주 남평에서 영산강 본류와 합류한다. 또한 지석강으로 화순천이 합류하는 이곳 일대에 넓은 충적평지를 형성하므로 선사시대부터 독자적인 문화를 발전시켜왔으므로 고인돌과 같은 거석문화를 꽃피워왔던 것으로 이해된다.

춘양면 대신리와 도곡면 효산리에 널리 분포하는 암석은 유문암질응회암으로 불리는 용암으로 구성되어 있으며 절리가 많이 나 있다. 응회암은 화산재가 퇴적해 형성된 화산쇄설암火山碎屑岩으로 지름 2밀리밀리 이하의 화산 방출물을 말한다. 이곳에서 집단적으로 고인돌이 분포하고 있는 이유는 바로 석재가 판상절리板狀節理의 구조가 잘 발달되어 있는 용암이므로 제작하기가 용이하다는 점도 큰 역할을 했을 것으로 본다.

고인돌의 분포는 대부분 산기슭을 따라 군집되어 있는데, 문화재보호구역은 250만 4,800제곱미터다. 대산지구와 효산지구의 고인돌은 다소 차이점이 있는데 대신지구는 좁은 계곡의 산등성이에 고인돌이 빼곡하게 차 있는 것처럼 보인다. 반면에 효산지구는 널찍한 산등성이에 크고 작은 고인돌이 열을 지어 늘어서 있는 것처럼 보인다. 2008년 문화재청 모니터보고서에는 306기의 고인돌과 309기의 추정 고인돌을 포함해 총 615기로 집계되었다.

화순 고인돌군은 방대한 지역에 걸쳐 있다. 우선 지동마을 대산지구 고인돌군부터 시작하는데, 이들은 크게 A군과 B군 고인돌군으로 분류한다. 지동마을은 과거에 마을 앞에 큰 연못이 있어 못골이라 불렸으므로 한자로 지동池洞이라 일컫는다. 지동마을은 남향인 배산임수의 형상으로 능주면에서 가장 먼저 마을이 형성된 곳답게 고인돌이 집중 분포하고 있다.

대신지구 A군의 고인돌은 40기로 A1호(괸돌바위)는 마을 입구 도로변에 소재하는데 350×160×30센티미터의 장타원형 덮개돌, 2개의 받침돌을 갖고 있다. 예전에는 이곳에 주막이 있었다고 전한다. 고인돌의 보호와 탐방객의 편의를 제공하기 위해 설치된 보호각이 방문의 중심을 이루는데, 8기가 보호각 앞에 복원되어 있고 14기가 보호각 안에 하부구조가 전시되어 있으며 나머지는 야외에 덮개돌이 전시되어 있다. 이곳에서 다양한 무덤방의 하부구조를 살펴볼 수 있어 전체적으로 계획된 묘역을 조성한 것으로 볼 수 있다.

남쪽 묘역은 받침돌이 받치고 있는 바둑판식 고인돌과 받침돌로 구획된 위석형圍石形 무덤방이 보이며 북쪽 묘역은 부석(깐돌)을 한 하부구조와 돌로 쌓아서 만든 석곽형, 얇은 판석을 짜서 맞춘 석관형 무덤방, 묘역 중앙에 기반식 고인돌 등 다양한 구조를 한번에 볼 수 있다.

하부구조의 무덤방은 3가지로 분류된다. 첫째는 받침돌과 그 사이를 할석으로 보강한 위석형 무덤방이며, 둘째는 할석과 자연석을 이용해 축조한 석곽형 무덤방, 셋째는 판석을 세워 만든 석관형 무덤방이다. 무덤방의 배치는 계곡 방향으로 대체로 4열을 이루고 있는데 2호와 23호는 바둑판식 고인돌로 묘역의 중심에 자리 잡고 있어 지동A군 고인돌군의 상징적인 기념물 역할을 한다. 무덤방이 근접하거나 형태상에서 쌍을 이룬 것이 많은 것은 부부나 부자 사이 등 혈연적으로 밀접한 관계가 있는 무덤방으로 분석된다.

화순 고인돌 중 가장 많이 알려진 곳은 감태바위채석장이 있는 곳이다. 감태바위란 말은 바위가 갓을 쓴 사람의 모습이라고 붙여진 것인데 감태바위 고인돌군과 감태바위 채석장은 화순 고인돌군 중 가장 아름다운 풍광을 유지하고 있는 대표적인 고인돌 군락지다. 이곳에는 탁자식 고인돌, 바둑판식 고인돌, 개석식 고인돌 등 다양한 형태의 고인돌이 군집을 이루고 있으며 거대한 채석장을 한곳에서 볼 수 있어 고인돌의 산교육장이라 불리기도 한다. 1999년 목포대학교박물관의 이영문 교수는 『화순지석묘군』을 통해 받침돌이 노출된 고인돌 8기, 덮개돌만 볼 수 있는 고인돌 29기, 무덤방만 있는 2기 등 39기의 고인돌을 소개했다.

고인돌 중 4미터가 넘는 것은 대체로 받침돌이 괴어 있는 바둑판식 고인돌로 이곳에서 가장 큰 고인돌은 춘C31호로 450×210×110센티미터의 덮개돌 아래에 길이 35~80센티미터 되는 받침돌 4개가 받치고 있다. 춘C24호는 덮개돌 크기가 450×310×70센티미터로 매우 큰 규모인데 무덤방은 길이 130센티미터, 폭 50센티미터, 깊이가 40센티미터나 되는 개석식 고인돌이다. 춘C28호는 화순에서는 보기 힘든 탁자식 고인돌이지만 현재 덮개돌이 없다. 노출된 무덤방은 판석 5매로 만들었는데 무덤방의 크기는 160×60×50센티미터이며 동쪽 벽만 2매로 형성되어 있고 나머지는 1매로 되어 있다.

채석장은 가장 위쪽 산등성이에 있는데 채석장의 암벽은 길이 6미터, 높이 2.5미터 정도로 암벽에는 60센티미터 내외로 결이 나 있으며 채석흔採石痕이 보인다. 재질은 화산암 계통의 응회암으로 고인돌의 재질과 같다. 한편 채석장 위로 올라서면 고인돌로 보이는 돌감들이 일렬로 놓여져 있는데 이는 고인돌이 아니다. 이들은 고인돌 덮개돌을 이용하기 위한 석재들로 추정된다.

한편 채석장 바로 위에서 통일신라시대 토기와 분청사기와 상평통보 등

■ 감태바위 고인돌군과 감태바위 채석장은 화순 고인돌군 중 가장 아름다운 풍광을 유지하고 있는 대표적인 고인돌 군락지다.

이 출토되었고, 하부에서는 아가리 부분에 삼각무늬와 점열무늬가 있는 토기들이 출토되었는데 이들은 약 3,000년 전의 전기 청동기시대로 올라간다. 이것은 화순 고인돌이 기원전 10세기 이전부터 축조되었다는 것을 말해준다.

　　화순 고인돌의 간판이라고 볼 수 있는 대신지구 F군의 '핑매바위 고인돌(사적 제410호)'로 향한다. 고인돌 자체는 7기에 불과해 대신리 고인돌군 군락 중 가장 적은 숫자이지만, 춘F7호로 명명된 핑매바위 고인돌과 춘F5호,

도로 아래쪽의 춘F6호가 있어 화순에서는 반드시 들러야 할 곳이다.

평매는 돌팔매질을 말하는데 평매바위 고인돌 위에는 여성 생식기 모양
의 구멍이 나 있는데 나무꾼들이 지나가다 왼손으로 구멍에 돌을 던져 구멍
속으로 들어가면 아들을 낳는다는 속설이 전해진다. 춘F7호는 730×500×
400센티미터의 평면, 장방형, 단면 괴석형의 덮개돌을 가지고 서쪽과 남쪽
에 걸쳐 'ㄴ'자형으로 총 7개의 괴석형 받침돌을 갖고 있다. 추정 무게 280~
300톤으로 비공식적으로 고성 운곡리 24호 고인돌과 함께 국내 최대로 추정
된다.

2000년과 2003년 발굴조사 결과 덮개돌의 아랫면을 오목하게 인위적
으로 깎고 경사진 아래쪽으로 받침돌 3개를 촘촘히 배치해 덮개돌을 지탱하
도록 만들었음이 밝혀졌다. 토층상으로 볼 때 받침돌을 놓고 거대한 덮개돌
을 올려놓은 것으로 확인되어 자연암반을 이용한 것이 아니라 사전에 계획
을 갖고 만든 바둑판식 고인돌임이 판명되었다. 그러므로 학자들은 평매바
위의 규모가 크고 잘 다듬어진 점과 대신지구에 마지막으로 있는 것 등을 감
안할 때 지역적 경계를 보여주는 경계석境界石 또는 묘표석 역할을 한 것으로
보인다. 덮개돌 동쪽 앞면 중앙에는 위패 모양으로 파놓은 테두리 안에는
'여흥민씨 세장산驪興閔氏世葬山'이라고 새겨져 있는데, 보검재 부근의 민지미
마을에 터를 삼았던 여흥민씨 가문이 대대로 무덤을 쓴 선산이라는 의미로
근대에 새긴 것이다.

춘F5호는 210×80×70센티미터의 덮개돌과 2매의 괴석형 받침돌을 갖
고 있으며 춘F6호도 받침돌 1개를 갖고 있다. 한편 평매바위 고인돌 위쪽으

■ 핑매바위 고인돌은 고인돌 자체는 7기에 불과해 가장 적지만, 춘F7호로 명명된 핑매바위 고인돌
과 춘F5호, 도로 아래쪽의 춘F6호가 있다.

로 표고 150미터 지점에 거대한 암반석이 있는데, 고인돌의 덮개돌과 비슷한 큰 암석들이 산재한 곳으로 각씨바위채석장으로 불린다.

평매바위 고인돌과 채석장을 들른 후 모산茅山 마을에서 시작되는 효산지구(1) 고인돌군으로 향한다. 모산은 산에 띠풀이 많아 붙여진 땅이름으로 '띠뫼'라는 뜻이다. 동쪽으로 곤지산(221미터), 남쪽으로 성곡저수지, 북쪽으로 수박등산이 자리 잡고 있는데 7개 군집에 158기가 분포되어 있다.

효산리에서는 비교적 많은 출토유물이 발견되는데 간돌검, 간돌화살촉, 석제 가락바퀴, 턱자귀, 갈판돌, 갈돌 등이 수습되었으며 문토기편과 붉은간토기편도 출토되었다. 이러한 유물들은 이곳 지역에서 당시 활발한 농경활동이 이루어졌음을 반증한다. 이 중 가장 큰 고인돌은 도A5호로 400×330×70센티미터의 평면 장타원 형식의 덮개돌을 갖고 있는데, 모두 하부구조는 땅에 밀착되거나 묻힌 상태로 있다. 논둑 고인돌 중 도B2호는 장방형의 받침돌이 받쳐진 바둑판식 고인돌로 고인돌 남쪽에서 타날문토기打捺文土器와 경질토기편이 발견되었다. 이것은 고인돌을 만든 사람들이 거주하면서 영농생활을 했음을 말해준다.

효산리 산74번지 일원으로 B군과 계곡을 사이에 두고 있는 C군에 일명 '괴바위' 또는 '고양이바위'로 불리는 고인돌이 있는데, 괴바위 고인돌 '도C2호'는 530×360×300센티미터인 장방형의 초대형 덮개돌을 가진 바둑판식 고인돌이다. 주변의 고인돌과 비교할 때 규모가 크고 잘 다듬어져 있는데다 약간 높은 대지 위에 조성된 것으로 보아 제단의 기능을 했을 것으로 추정된다. 특히 묘역을 이룬 구획석 4매를 장타원형으로 조성하고 덮개돌 아래

■ 화순 고인돌의 가장 큰 특징은 뚜껑돌이 100~200톤을 상회하는 대형 고인돌 수십 기가 존재한다는 것
이다.

중앙에 가장 넓은 받침돌을 하나 더 괴인 점이 특징이며 주변에서는 민무늬
토기와 석촉이 출토되었다.

효산지구(1) 구역을 답사하고 효산지구(2) 구역으로 향한다. 이곳은 효
산리 산81번지 일원으로 효산지구에서 가장 대표적인 고인돌군이다. 화순
고인돌군 중에서 가장 많은 52기의 고인돌이 군집하고 있으며, '관청바위 고
인돌'을 중심으로 대형 고인돌이 있으며 산 위에는 관청바위채석장이 소재
한다. 관청바위란 보성고을 사또가 이곳에서 쉬면서 관청일을 보았다 하여
붙여졌다고 한다.

이 중 가장 규모가 큰 고인돌은 '도F43호'로 600×420×210센티미터

의 덮개돌과 덮개돌을 받치고 있는 받침돌과 남쪽에서 돌을 구획해 간 구획석(50×100센티미터 규모)이 확인되었다. 도F41호는 420×400×160센티미터의 덮개돌과 남쪽에 2개, 북쪽에 2개의 받침돌이 있다. 4개의 받침돌 중 남쪽 왼쪽의 것은 장방형으로 잘 다듬어져 있다. 도F52호는 530×440×360센티미터의 덮개돌을 가진 대형 고인돌로 고인돌을 축조하기 전에 대형 덮개돌 밑을 돌아가면서 받침돌로 배치하고 토층을 평탄하게 조성한 점이 특징이다. 관청바위 고인돌군의 뒷산인 건지산에 있는 관청바위채석장은 대단위 채석장으로 이곳에서 내려다보이는 도곡평야의 풍광이 한눈에 들어와 장관을 이룬다.

화순 고인돌의 마무리는 효산G군에 있는 22기의 고인돌군이다. 효산리 산79번지 일원으로 월곡저수지를 지나서 도로 아래에 조성되어 있는데 달바위 고인돌이 유명하다. 사람들이 옛길을 통해 보검재를 지나갈 때 산능선에 있는 고인돌이 보름달처럼 둥근 큰 바위로 보여 달바위 고인돌이란 이름이 붙여졌다고 한다. 가장 큰 달바위 고인돌이 맨 앞에 서 있고 작은 고인돌들이 그 옆에 산비탈을 가로질러 열을 지은 듯이 자리하고 있다.

화순 고인돌에서 2킬로미터 떨어진 곳에 국보 제143호인 청동기 일괄 유물이 출토된 화순 대곡리 적석목관묘 유적이 있다. 이 유적은 이 지역에서 제사와 정치를 관장하던 지배자의 무덤으로 추정되는데, 이 무덤은 고인돌 사회 이후에도 이 지역을 현지인들이 중요하게 생각하던 장소임을 의미한다. 학자들은 이 지역을 다스리던 '여래비리국'이라는 마한 소국의 지배자의 무덤으로 추정한다.

제 9 장

조 선 왕 릉

2009년 6월 동구릉 · 광릉 · 태릉 등 조선시대 왕릉 40기가 일괄적으로 세계문화유산으로 등재된 것은 한국의 조선 왕릉이 얼마나 세계적으로 중요성을 인정받고 있는지를 알려주는 증거이기도 하다. 500년 이상 이어진 한 왕조의 왕릉들이 거의 훼손없이 온전히 남아 있는 예는 세계적으로 조선 왕릉이 유일하다.

조선 왕릉은 무려 42기나 된다. 태조 이래 왕위를 공식적으로 이어받은 사람은 27명에 불과하지만, 42릉이나 되는 것은 왕후와 왕위에 오르지 못하고 사망했지만 사후 추존追尊된 왕과 왕비의 무덤도 왕릉이라고 인정되기 때문이다. 수도권 일대 조선 왕릉의 녹지를 모두 합친 면적은 무려 1,935만 3,067제곱미터에 이른다.

문화재청은 총 42기의 조선시대 왕릉 중 북한 개성에 있는 제릉齊陵(태조 원비 신의왕후의 능)과 후릉厚陵(제2대 정종과 정안왕후의 능)을 제외한 40기를 2008년 유네스코 세계문화유산으로 등재 신청했는데, 단 1년 만에 유네스코의 엄격한 심사를 통과한 것이다.

조선 왕릉이 세계문화유산으로 인정받은 근본적인 요인은 왕릉이 단순한 왕의 주검이 묻혀 있는 무덤이 아니라 조선시대(1392~1910) 519년의 역사를 포함해 당대의 건축 양식과 미의식, 철학이 고스란히 담겨 있는 문화의 결정체이기 때문이다.

조선 왕릉을 실사한 유네스코 심사위원은 "한 왕조가 500년 이상 지속된 것도 놀랍지만 재위한 모든 왕의 무덤이 남아 있는 경우는 중국·일본 등 동아시아는 물론 세계적으로도 유례를 찾을 수 없다"고 경탄했다. 일본은 3세기 이래 7세기에 이르기까지 다양한 형태의 능침이 조성되기는 했지만, 이후 왕릉은 눈에 띄게 규모가 작아지고 불교가 성행함에 따라 왕릉 대신 석탑이 조성되었다. 베트남에는 중국 왕릉과 비슷한 부분이 많아 조선 왕릉에 비하면 독자성이 떨어지며 중국 명·청 시대의 황릉皇陵은 자연미를 엿볼 수 없는데다 더는 제례가 행해지지 않는다는 지적을 받았다. 과거와 현재를 이어 살아 숨 쉬게 만든 유산은 조선 왕릉뿐이라는 설명이다.

특이한 것은 조선 왕릉의 세계문화유산 등재는 민간 차원에서 먼저 시작되었다는 점이다. 동구릉이 소재한 경기도 구리시에서 지역 사회와 일부 역사문화학계 인사들이 왕릉 관광지 개발을 위해 동구릉의 세계문화유산 등재를 추진하자, 2004년에 문화재청이 이를 발전시켜 각지에 분산된 조선 왕

조선 왕릉

릉 40기를 일괄 신청한 것이다.

조선 왕릉은 철저한 규범에 의해 조성되었다고 하지만 사전에 이들에 대한 정보로 무장하지 않으면 1~2개소의 왕릉만 보아도 지치기 마련이다. 더구나 모든 왕릉이 똑같이 보이는 것은 물론 일반적으로 잘 사용하지 않는 전문 용어와 한자들이 빈번하게 사용되기 때문에 왕릉에 대한 전문학자나 유산에 대한 남다른 애정을 갖고 있는 사람이 아니라면 내용은 고사하고 읽는 것조차 간단한 일이 아니다.

조선의 500년이란 긴 역사 동안 왕릉이 42기나 되므로 왕릉을 둘러싼 수많은 사건이 일어났다. 서울시 강남구에 있는 선릉宣陵과 정릉靖陵처럼 임진왜란 때 일본군에 의해 파헤쳐 다시 만든 곳도 있고, 천장遷葬 또는 후일 왕으로 추숭追崇되면서 본 모습이 바뀐 경우도 없지 않다. 그러나 기본적으로 조선 왕릉은 조성될 때의 모습을 간직한 채 오늘날까지 전해지고 있으므로 각각 그 능이 만들어지던 시대를 정확히 반영하고 있다는 점에서 남달리 높은 가치를 지닌다.

동구릉

동구릉東九陵은 경기도 구리시 인창동 검암산儉岩山 자락에 자리 잡고 있는데, 9개의 능에 17위에 달하는 조선의 왕과 왕비 유택이 있는 조선 왕조의 가장 큰 가족묘로 총 면적 191만 5,890제곱미터나 된다. 1408년, 조선을 창건한 태조 이성계가 사망하자 태종의 명으로 능지가 정해진 곳이지만 이후 16명이나 되는 유택이 추가되었으므로 조선왕조 전 시기에 걸쳐 조성되었다고 볼 수 있다. 사료를 보면 9기의 능이 각각 여러 곳으로 길지를 물색하다가 이곳에 정착하게 되었다고 적혀 있기 때문이다. 동구릉이라는 이름 또한 문조文祖의 수릉이 아홉 번째로 들어앉은 이후이므로 이전에는 동오릉, 동칠릉으로 불렸다.

조선왕조 500년의 부침을 한눈에 볼 수 있는 중요한 문화유산인데다 교통이 편리해 가족 단위의 소풍객은 물론 수학여행지로 더할 나위없는 적격으로 많은 사람이 찾는다. 동구릉 정문을 들어가면 곧바로 다른 왕릉과는 다르다는 것을 알 수 있다. 정문에서 몇 걸음 걷지 않아도 홍살문紅箭門이 보이기 때문이다. 홍살문은 왕릉의 들머리임을 알려주는 건축적 장치로 이곳을 지날 때는 몸과 마음가짐을 엄숙히 하고 여기에 모셔진 분들에게 경건한 예를 갖추라는 뜻으로 세워진 것이다. 동구릉에는 입구의 것 외에 9개의 왕릉마다 약간 작은 규모의 홍살문이 별도로 설치되어 있다.

동구릉은 큰 틀에서 한국의 명당 중 명당으로 알려진다. 한마디로 한국을 대표하는 음택이다. 한 골짜기에 이같이 많은 왕의 무덤을 사용한 예는 이집트 왕의 계곡과 왕비의 계곡 등 몇몇 예를 제외하면 거의 없다고 해도 과언이 아니다. 조선 태종 때 건원릉을 돌아본 명나라 사신은 "어찌 하늘이 이 같은 땅을 빚을 수 있는가. 필시 인간이 만든 조산造山일 것이다"라고 말했다.

건원릉

조선 왕릉에서 가장 중요한 왕릉은 태조 이성계의 건원릉이다. 이성계가 조선을 창건하지 않았다면 조선왕조가 태어나지 않았고 조선 왕릉 자체도 존재하지 않을 것이기 때문이다. 더구나 조선 왕릉 동부지구관리소 조인제 소장은 건원릉이 동구릉의 여러 왕릉 중에서 가장 묏자리가 좋다고 한다. 조선왕조를 세운 태조가 좋은 묏자리에 있기 때문에 조선왕조가 500년이나 지속할 수 있었는지 모른다는 설명이기도 하다. 건원릉은 태조가 사망한 뒤 태종의 명을 받아 한양 가까운 곳에 길지를 물색하던 검교참찬의정부사 김인귀가 추천해 하윤이 현장을 확인한 후 능지로 택했다고 알려진다. 또한 동구릉의 자리에 대해서는 태조가 생전에 무학대사를 시켜 자신과 후손이 함께 묻힐 장소를 택정한 결과라는 설도 있다.

이성계는 생전에 고려 왕릉이 대체로 개경 부근의 산악지대 여러 곳에 흩어져 있어 참배도 불편하고 왕릉 수호에 드는 비용도 만만치 않다는 것을 잘 알고 있었다. 그러므로 한양으로 천도하자 이성계는 자신과 후손들의 유택을 한양 가까운 곳에 정하는 것을 생각했다. 어느 날 망우리 고개에 올라 동구릉을 바라보니 왕릉의 군락지로 더없는 길지였다고 한다. 이때 이성계 옆에 무학대사가 있었을 법하다. 일반적으로 이런 설명은 무학대사의 신통함을 접합시킨 것으로 추정된다.

건원릉은 고려 왕릉 가운데 가장 잘 정비된 공민왕과 노국공주의 헌정릉 제도를 기본으로 조성되었다고 본다. 신라 왕릉의 병풍석은 고려왕조를 거쳐 조선으로 이어졌고 고려 왕릉의 호석護石(둘레돌)제도도 그대로 이어받는다. 다만 돌의 모양, 조각의 흐름 등이 장인의 솜씨와 안목 등에 따라 바뀌고 변형되면서 이어졌다.

건원릉은 기본적으로 조선 왕릉의 교과서나 마찬가지다. 홍살문에서 직

■ 건원릉은 고려 왕릉 가운데 가장 잘 정비된 공민왕과 노국공주의 헌정릉 제도를 기본으로 조성 되었기 때문에 조선 왕릉의 교과서다.

조선 왕릉

선으로 보물 제1741호인 정자각이 보인다. 정자각은 1408년(태종 8)에 건원
릉과 같이 건립되었고, 그 후 몇 차례의 중수가 있었지만 『국조오례의』 길례
단묘도설과 비교해볼 때 건립 시의 기본적 틀을 그대로 유지하고 있는데다
조선 태조의 능인 건원릉의 정자각이라는 상징적 의미와 조선 왕릉 조성제
도에서 정자각의 표준이 된 건물로서 가치를 인정해 보물로 지정되었다.

건원릉은 특이하게도 봉분에 잔디가 아닌 억새풀이 심어져 있다. 원래
태조는 고향 함경도 영흥에 묻히기를 원했으나 태종 이방원이 아버지를 먼
이북 땅에 모실 수 없으므로 고향에서 흙과 억새풀을 갖고 와 봉문을 만들었
다고 한다. 봉분 위 억새풀은 특성상 자주 깎으면 죽게 되므로 4월 5일 한식
때만 한 차례 벌초한다.

건원릉을 만들면서 원찰願刹로 개경사開慶寺를 축조했다고 알려지나 지
금은 건물의 흔적조차 찾아볼 수 없다. 능의 관리를 위해 영 1인, 참봉 1인을
두었으며, 참봉은 종친부宗親府에서 대군이나 왕자군의 봉사손奉祀孫(제사를 받
들 수 있는 후손)을 자유로이 임용하도록 했다. 이후 다른 왕릉도 같은 예를 따
랐다.

현릉

제5대 문종과 현덕왕후 권씨의 능이다. 문종은 세종의 장자이며 어머니
는 소헌왕후이다. 1421년(세종 3) 8세의 나이로 왕세자로 책봉되었는데 막상
왕위에 오른 것은 1450년으로 그의 나이 37세였다. 세종은 1442년 군신의
반대를 무릅쓰고 세자가 섭정을 하는 데 필요한 기관인 첨사원詹事院을 설치,

첨사詹事·동첨사同詹事 등의 관원을 두었다. 또한 세자로 하여금 왕처럼 남쪽을 향해 앉아서 조회를 받게 했고, 모든 관원은 뜰 아래에서 신하로 칭하도록 했다. 더불어 국가의 중대사를 제외한 서무는 모두 세자의 결재를 받으라는 명을 내리기도 했고 1445년부터 본격적인 섭정을 시작했다.

세자로 있었던 기간이 무려 30년이나 정작 재위 기간은 2년 3개월밖에 안 되었다. 긴 준비 기간에 비해 매우 아쉬운 집권이지만 문종은 즉위하기 전부터 실질적인 정치 경험을 쌓을 수 있었다. 물론 세자의 섭정이 국정 전반에 걸친 것은 아니었고, 인사·형벌·군사 등 중요한 사무는 그대로 세종이 관장했기 때문에 세종이 이룬 왕정의 틀과 정치 운영체제는 거의 변화가 없었다.

1450년 왕위에 올라 여러 가지 개혁을 했으나 몸이 허약해 재위 2년 3개월 만에 승하했다. 그 뒤를 이어 나이 어린 세자 단종이 즉위함으로써, 계유정난, 세조의 찬위簒位, 사육신死六臣 사건 등 정치적으로 불안한 사건을 초래하는 계기가 되었다. 문종이 일찍 사망한 것은 원래 몸이 허약한데다 과로했기 때문으로 인식하는데, 근래 문종은 몸이 허약해서가 아니라 세조와 연계된 의관인 전순의에 의해 교묘하게 독성이 강한 반하半夏를 즐겨 먹는 꿩고기로 독살되었다는 주장도 제기되었다.

문종의 부왕에 대한 효성이 지극해 생전에 영릉 우측 언덕(본래 세종의 영릉은 지금 헌인릉 우측에 있었다)을 장지로 정했으나 그곳을 파보니 물이 나오고 바위가 있어 취소하고 건원릉 동쪽에 안장했다. 구 영릉이 조성된 후 얼마 되지 않아 옮겨졌으므로 현릉은 『국조오례의』에 따른 가장 오래된 능이다.

조선 왕릉

■ 현릉은 문종과 현덕왕후 권씨의 능이다. 문종은 세자로 있었던 기간이 30년인 반면 재위 기간은 2년 3개
월밖에 되지 않았다.

홍살문부터 정자각, 비각 등 부속 시설은 하나만 만들고 정자각 뒤로 왕
과 왕비의 봉분을 따로 조성했으므로 동원이강 형식이라 부른다. 현릉의 참
도는 굴절되어 궁ㄹ자 형태다. 정자각 뒤의 참도는 왕후의 능침 아래까지 이
어져 있다. 일반적으로 홍살문을 지나 참도와 배위가 있는데 현릉은 홍살문
앞에 있다. 이런 형식은 조선시대의 왕릉으로 유일하다.

정자각 뒤로 나란히 2개의 언덕이 있는데, 그 언덕 위에 왕과 왕비가 각각 단릉單陵처럼 모셔져 있다. 능의 석물은 『국조오례의』의 표본인 구 영릉 제도를 따랐으므로 병풍석의 방울, 방패 무늬가 사라졌고 구름 무늬가 도드라지게 표현되었다. 석상을 받치는 고석鼓石도 5개에서 4개로 줄었다. 특히 장검을 두 손으로 짚고 서 있는 무인석은 머리 부분이 지나치게 크고 주먹만 한 눈과 코로 조각되어 있으며 문인석도 튀어나온 눈과 양쪽으로 깊이 새겨진 콧수염이 이국적인 특징을 갖고 있다. 왕비의 난간석은 중종 때의 양식을 따랐으며 혼유석은 특이하게도 반상 형태다. 또한 망료위(소전대) 대신 제향 후 축문 등을 태우는 '예감'을 마련한 최초의 능이다.

목릉

제14대 선조와 의인왕후 박씨, 계비 인목왕후 김씨 능으로 건원릉 동쪽 언덕에 있다. 제일 좌측이 선조의 능이고, 중앙이 의인왕후, 우측이 인목왕후의 능이다. 선조의 능을 목릉이라고 하는 것은 결과적으로 임진왜란과 정유재란을 승리로 이끌고 이황 등 훌륭한 인재가 많이 나와 '목릉성세'라고 불리는 것에서 유래되었다.

1567년 명종이 후사 없이 사망하자 16세의 어린 나이로 왕위에 올랐고 처음에는 명종의 비 심씨沈氏가 수렴청정을 하다가 이듬해부터 친정을 한다. 일반적으로 수렴청정은 20세까지지만 상황에 따라 이보다 빨리 친정을 했다. 또한 선조가 왕위에 오름에 따라 아버지가 덕흥대원군으로 봉해짐으로써 조선에서 처음으로 대원군 제도가 시행되었다.

중국에서는 수렴청정 결재 때 구중궁궐의 안채에서 대비가 내시를 시켜

조선 왕릉

■ 목릉은 선조와 의인왕후 박씨, 계비 인목왕후 김씨 능으로 건원릉 동쪽 언덕에 있다.

결재하나, 조선 왕실에서는 발 뒤에서 직접 결재를 해 번거로움과 전달상의 오류를 막았다. 수렴 청대請對는 한 달에 6회씩이었고, 병관兵官과 같은 중요한 결재는 왕에게 직접 고하고 대비가 재결했다.

　선조는 후궁에게서 태어난 서자 출신이 즉위한 첫 사례다. 그러므로 아버지 덕흥대원군이 서자라는 점은 평생 그를 따라다니며 일종의 콤플렉스로 작용하게 된다. 선조는 왕에 오른 후 여러 번 생부 덕흥대원군을 왕으로 추존하려고 시도하나 성리학자의 맹렬한 반대에 부딪혀 결국 취소한다. 선조의 재위 중에 일어난 가장 큰 사건은 한국 역사에서 가장 혼란의 시기로 볼 수 있는 임진왜란과 정유재란이다.

본래의 목릉에는 의인왕후의 유릉裕陵이 있었으나 임진왜란 이후 새로 능을 건설할 여력이 없었던 탓으로 정자각을 선조의 능침 쪽으로 옮겨 지금과 같은 형태를 갖추게 되었다. 목릉으로 진입하는 길목에는 짙은 수림의 서어나무 군락지가 자리 잡고 있다. 대체로 왕릉에서는 능 입구의 홍살문에서 가장 먼저 정자각이 눈에 띄는데 목릉은 홍살문 안쪽으로 비각만 조금 보일 뿐 정자각이 보이지 않는다. 홍살문을 지나 서쪽으로 꺾여진 참도를 따라 들어가야 비로소 정자각에 도착한다. 또한 참도는 정자각에서 선조릉, 의인왕후릉, 인목왕후릉으로 각각 뻗으며 꺾이고 층이 생기기도 했는데 이는 지형에 따라 다양한 형태로 조영했기 때문이다. 목릉의 참도는 조선 왕릉 중 가장 길이가 길다. 또한 홍살문에서 정자각까지 직선 참도가 아닌 경우는 공순영릉의 공릉, 신덕왕후의 정릉 등이다.

목릉은 정자각 뒤로 3개의 언덕이 보이는데 이는 동원이강의 변형으로 조선 왕릉 중 잔디정원이 가장 넓은 왕릉이다. 선조의 능침에는 다른 두 왕비 능침에는 보이지 않는 병풍석이 둘러져 있다. 병풍석에 십이지신상과 구름 무늬가 조각되어 있고 연꽃 봉오리로 만든 난간석 기둥은 이성계의 건원릉 못지않은 형식을 갖추었지만 솜씨가 다소 떨어진다. 장명등 대석에 새겨진 연화와 모란의 꽃문양이 독특한데, 이것은 이후에 조성되는 왕릉 석물의 문양에 많은 영향을 끼친 것으로 보이며 조선 말까지 계속 사용되었다.

조선 왕릉

숭릉

제18대 현종과 명성왕후 김씨의 능이다. 동구릉 9개 중 입구에서 볼 때 가장 좌측에 있는데 숭릉 안내판에서 왕릉까지 적어도 10~15분 정도 걸어야 하지만 이 정도의 발품을 팔면 후회하지 않을 것이다.

현종은 효종의 맏아들로 1641년 봉림대군(효종)이 선양에 볼모로 가 있을 때 태어났다. 조선의 역대 왕 중에서 유일하게 외국에서 태어난 것이다. 1644년 귀국했고 아버지 봉림대군이 세자에 책봉됨에 따라 1649년 왕세손으로 책봉되었다가 1659년 그의 나이 19세에 효종의 뒤를 이어 왕위에 올랐는데 조선 역대 왕들 중 유일하게 후궁을 단 한 명도 두지 않았다.

현종이 재위한 15년간 조선은 효종이 활발하게 벌였던 청나라에 대한 군사적 북벌운동에 대한 실현 가능성이 현실적으로 불가능하다는 것을 인식하고 문화적 중화주의의 실현이라는 방향으로 무게 중심을 옮겼다. 한마디로 아버지인 효종이 활발하게 준비했던 북벌운동은 청나라의 국력이 오히려 점점 강성해지면서 군사적·정치적으로 무모하다는 것이 인식되었기 때문이다. 그 대신 중국보다도 훨씬 강력하고 진정한 성리학적 질서가 잡힌 사회를 실현하려는 이른바 조선중화주의를 구현하려고 했다.

장명등, 망주석에는 인조의 장릉처럼 화려한 꽃무늬를 새겨놓았고 문무인석은 옷 주름을 비롯해 얼굴의 이목구비가 입체적이지 않고 선으로 표현되어 있다. 숭릉이 남다른 것은 예감이 3개가 된다는 점이다. 또한 능침을 지키는 석호의 꼬리가 배 아래에 양각으로 조각되어 있어 생동감을 준다. 비각 안의 능표陵表에 각인된 비문은 '조선국현종대왕숭릉명성왕후부좌'라 적혀 있다.

■ 숭릉은 현종과 명성왕후 김씨의 능이다. 동구릉 9개 중 입구에서 볼 때 가장 좌측에 있다.

원릉

조선왕조 왕 중 재위 기간이 가장 긴 영조(52년)와 계비 정순왕후 김씨의 능이다. 1699년 연잉군으로 봉해지고 1704년에 진사 서종제의 딸을 맞아 가례를 올린 후 1712년에 궁궐을 나가 살게 되자 숙종은 연잉군의 집에 '양성養性'이란 당호를 하사했다. 영조는 영명한 군주로 기록되는데 즉위 이전 18세 때부터 왕세제로 책봉된 28세까지 약 10년간 궁궐 밖에서 생활을 하여 서민적이고 절검하는 생활 습성이 배어 있었다. 그러므로 조선 왕 중에서 남다르게 세상 물정도 잘 알고 있었으므로 백성의 고민을 해소시키는 데 누구보다 앞장선 것은 이 때문으로 본다.

조선 왕릉

영조는 52년이라는 오랜 기간 왕위에 재위한데다 비상한 정치 능력도 겸비해 탕평책으로 어느 정도 정치적 안정을 꾀한 후 제도 개편이나 문물의 정비, 민생대책 등 여러 방면에 적지 않은 치적을 쌓았다. 영조는 압슬형壓膝刑을 폐지하고, 사형을 받지 않고 죽은 자에게는 추형秋刑을 금지했으며, 사형수에 대해서는 삼복법三覆法을 엄격히 시행하도록 했다. 또한 남형濫刑과 경자鯨刺 등의 가혹한 형벌을 폐지해 인권존중을 기하고 신문고제도를 부활시켰다.

1760년 2개월간에 걸쳐 청개천을 준설하고 준천사濬川司를 설치해 한양 백성의 골칫거리였던 하수처리 문제를 해결했다. 영조 재위 기간에 시행된 경제정책 중 가장 높이 평가되는 것은 바로 균역법으로 군역의 의무를 대신해 바치는 베를 2필에서 1필로 줄여 양역의 불균형을 바로잡고 양역민의 부담을 크게 줄였다. 반면에 감필로 인한 재정 부족을 보충하는 방안으로 결전結錢을 토지세에 덧붙여서 양반인 지주층이 부담토록 했다.

영조는 신분에 따른 차별에 남다른 관심을 보여 천인들에게도 공사천법公私賤法을 마련하여 양처良妻 소생은 모두 모역母役에 따라 양인이 되게 한 후 다음해에 남자는 부역父役, 여자는 모역에 따르게 하여 양역을 늘리는 방편을 마련했다. 서얼 차별에 따른 사회참여의 불균등에서 오는 불만을 해소하는 방편으로 서자의 관리등용을 허용하는 법을 제정해 서얼들의 오랜 숙원을 풀어주는 등 조선왕조의 오랜 고질병 등을 해결하는 데 앞장서 조선왕조를 번영의 시대로 들어가게 했다는 평가도 받는다.

영조는 정성왕후의 장례가 끝난 후 1759년 66세의 고령이었지만 중전의 자리를 비워두면 안 된다는 의견이 일자 경주김씨 김한구의 딸로 15세의

■ 원릉은 재위 기간이 가장 긴 영조와 계비 정순왕후 김씨의 능이다. 쌍릉으로 조성되었으며 병풍석을 만들지 않고 난간석을 이어 붙였다.

어린 정순왕후를 두 번째 부인으로 맞았다. 손주인 정조는 물론 사도세자의 부인인 경의왕후(혜경궁 홍씨)보다 어린 왕비는 왕실 규범에 따라 모후母后가 되었고, 영조가 서거한 후에는 왕실의 가장 큰 어른이 되었다. 참고적으로 서울 종로구 궁정동에 있는 칠궁七宮에 영조의 생모인 숙빈 최씨의 신위가 모셔져 있다. 칠궁은 숙빈 최씨처럼 조선시대 역대 왕이나 왕으로 추존된 이의 생모인 일곱 후궁의 신위를 봉안한 곳이다.

조선 왕릉

휘릉

제16대 인조 계비 장렬왕후 조씨 능인 휘릉도 동구릉 안에 있다. 장렬왕후는 한원부원군 조창원趙昌遠의 셋째 딸로 인조의 원비 인열왕후仁烈王后 한씨가 세상을 떠나자 1638년(인조 16) 15세의 나이로 인조와 가례를 올려 계비가 되었다. 1649년 인조가 사망하자 26세에 조대비가 되었으며 1651년 효종에게서 존호를 받아 자의대비라 불렸고, 1659년 효종이 세상을 뜨자 대왕대비에 올랐다. 장렬왕후는 1688년(숙종 14)에 사망했는데 인조 계비에 이어 효종, 현종, 숙종 대까지 4대에 걸쳐 왕실의 어른으로 지냈다. 이 시기의 붕당정치는 장렬왕후의 복상 문제를 놓고 예송논쟁이 치열하게 대립한 것으로 유명하다.

휘릉은 병풍석이 없고 십이지신상을 새겨 방위를 표시한 12칸의 난간석을 둘렀고 봉분 뒤로 3면의 곡장이 있다. 현종 비 명성왕후의 숭릉부터 5년 뒤에 조영한 능이므로 석물의 형식과 기법이 거의 비슷하다. 석양과 석호는 각각 2쌍으로 다리가 짧은데 특히 석양은 다리가 너무 짧아 배가 바닥에 거의 닿을 정도다. 봉분 아랫단의 문인석과 무인석은 높이 2.4미터에 이르는데, 문인석은 이목구비가 크고 입가에 부드러운 미소를 머금고 있지만 많이 마멸되어 있고 무인석은 목이 없이 얼굴이 가슴에 붙어 있으며 눈과 코가 크고 입술이 두꺼운 괴이한 용모로 되어 있어 답답하게 보이지만 우직하고 우람한 무인의 모습을 연상시킨다.

혼유석을 받치고 있는 귀면이 새겨져 있는 고석은 5개다. 조선 태조에서 세종에 이르는 왕릉의 고석은 모두 5개였다가 이후 왕릉부터 4개로 줄었는

■ 휘릉은 인조 계비 장렬왕후 조씨의 능이다. 병풍석이 없고 십이지신상을 새겨 방위를 표시한 12칸의 난
간석을 둘렀고 봉분 뒤로 3면의 곡장이 있다.

데 휘릉 때부터 다시 건원릉의 형식을 따라 5개가 되어 단연 형식 파괴다. 귀
면의 기원은 동이족이 건설했다고 알려지는 중국의 은나라까지 거슬러 올라
간다. 한국에서는 고구려 기와에 흔적이 발견되고 고려시대와 조선시대에도
주술적인 제기祭器 장식이나 건축, 고분 등의 상징적인 그림으로 많이 사용했
다. 휘릉의 또 다른 형식 파괴는 휘릉의 정자각이다. 정자각 좌우에 회랑을
마련하듯 1칸씩 더 두고 재실을 세워 전체 5칸이나 되는 등 다른 정자각에 비
해 독특하다.

조선 왕릉

혜릉

제20대 경종의 원비 단의왕후 심씨의 능이다. 청은부원군 심호沈浩의 딸로 1696년 11세에 9세의 세자(경종)와 가례를 올린다. 경종은 사극에서 많이 나와 잘 알려진 장희빈의 아들이다. 단의왕후는 숙종과 장희빈의 며느리인 셈이다. 단의왕후는 어릴 때부터 총명하고 덕을 갖춰 11세에 세자빈에 책봉되어 양전兩殿과 병약한 세자를 섬기는 데 손색이 없었다고 한다.

세자빈 심씨의 왕실 생활은 순탄치 않았다. 조선 궁중사에 한 획을 그은 시어머니 희빈 장씨가 갑술환국으로 왕비에서 빈으로 강등된(1694) 직후였고, '무고의 옥'(1701)으로 시어머니가 사약을 받았는데 이때 세자빈의 나이 16세였다. 이러한 풍파 속에서 심씨는 세자가 왕위에 오르기 2년 전인 1718년(숙종 44) 갑자기 병을 얻어 세상을 떠났다. 이때 조선에는 여역(염병, 장티푸스)이 창궐했고 숙종과 세자가 경덕궁(경희궁)으로 급히 옮긴 기록으로 보아 세자빈의 병은 여역이었던 것으로 추정된다. 1720년 경종이 즉위하자 단의왕후에 추봉되었다.

혜릉의 능원은 동구릉 내 17명의 유택 중 유일한 원園의 형식으로 가장 작은 규모를 갖고 있다. 능이라면 당연히 세워졌어야 할 입구의 홍살문도 없다. 능역이 전반적으로 좁고 길게 자리하고 있으며 석물도 사람의 키 정도로 별로 크지 않다. 곡장 안의 봉분은 병풍석 없이 난간석만 둘려져 있고 난간석에 새겨진 12자가 비교적 또렷하게 남아 있다. 봉분 주위에 4마리의 석호와 4마리의 석양이 교대로 배치되어 능을 보호하고 있다. 망주석은 다른 왕릉보다 작게 만들어졌으며 좌우 세호細虎의 방향이 다르게 조각되어 있다. 한편

■ 혜릉은 경종의 원비 단의왕후 심씨의 능으로 동구릉 내 유택 중 유일한 원 형식이다.

장명등은 현재 터만 남아 있고 사라진 상태로 조선 왕릉 1,600여 개의 석물 중 유일하게 혜릉의 장명등만 멸실된 상태다.

경릉

제24대 헌종과 효현왕후 김씨, 계비 효정왕후 홍씨를 모신 동구릉 중 9번째 능이다. 헌종은 요절해 익종으로 추존된 문조의 아들로 왕가의 정통성을 한 몸에 안고 태어났으며, 4세에 아버지인 효명세자가 급서해 바로 왕세손에 책봉되면서 6세부터 강연講筵을 열어 왕자 수업을 받았다.

그러나 8세 때에 할아버지인 순조가 사망하여 1834년 순조의 뒤를 이어

■ 경릉은 헌종과 효현왕후 김씨, 계비 효정왕후 홍씨를 모신 동구릉 중 9번째 능이다. 왼쪽이 헌종의 능이
고 중앙이 효현왕후의 능, 오른쪽이 효정왕후의 능이다.

왕위에 올라 헌종은 조선의 왕 중 가장 어린 나이에 왕이 된 인물이기도 하
다. 그의 할머니 순원왕후純元王后가 대왕대비로서 수렴청정하면서 안동 김씨
의 세도정치가 시작되었다. 친정에 나선 헌종은 유력한 가문들의 틈바구니
속에서도 그 나름으로 국정운영의 주체가 되려고 노력했다. 『국조보감』의
증수를 위해 정조 · 순조 · 익종에 대한 『삼조보감三朝寶鑑』을 찬집했고 『열성
지장』 · 『동국사략』 · 『문원보불』 · 『동국문헌비고』 등을 편찬하는 등 상당한
문화업적을 이루었다. 무엇보다도 헌종 자신이 문학에 재능이 있었고, 글씨
도 잘 썼는데 특히 예서에 뛰어났다. 헌종의 노력이 유력한 가문들의 이해를
조정하고 견제하는 수준을 넘지 못했지만, 학자들은 헌종에 대해 '미완의 문

화군주'라는 칭호를 부여하기도 한다.

경릉은 동구릉 중에서도 명당 중 명당으로 알려진다. 용세龍勢와 혈증穴證이 확실하고 '열이면 열이 다 좋다+全大吉地'는 곳이다. 국상國喪을 당하자 길지를 13군데나 찾아나선 끝에 이곳을 찾았다고 한다. 그런 연유가 있어서인지 경릉의 전망은 동구릉에서 가장 빼어나다.

조선시대 왕릉에는 고려시대 왕릉과 달리 거의 모든 왕릉에 피장자가 누구인지를 알려주는 표석表石이 건립되어 있다. 능에 세워진 표석을 약칭해 '능표'라고도 부른다. 1393년 조선시대는 정숙왕후(조선 태조의 증조모)의 숙릉에 처음 능표를 세웠다. 그러나 이후에는 극소수의 능에만 표석을 건립했는데, 1674년(현종 15) 우암 송시열의 주장에 따라 효종의 영릉에 표석이 새롭게 세워지면서부터 여타 능에도 차츰 건립되기 시작하고 고종 대에 이르러서 거의 모든 능에 능표가 세워졌다.

수릉

동구릉 중앙 길을 따라 건원릉 방향으로 들어가면 가장 먼저 보이는 능이 수릉으로 추존 익종(문조)과 신정왕후 조씨의 능이다. 일반인들은 익종과 신정왕후의 무덤이라고 하면 누구인지 잘 모르겠지만, 조선 왕실사에서 막강한 위력을 발휘한 '조대비趙大妃'라고 하면 기억이 난다는 사람이 많을 것이다. 흥선대원군의 둘째 아들을 고종으로 즉위케 한 당사자가 바로 조대비 신정왕후다.

문조는 4세부터 왕세자(효명세자)로 책봉되고 19세부터 대리청정하면서

■ 수릉은 추존 익종과 신정왕후 조씨의 능이다. 합장릉이지만 단릉처럼 봉분과 혼유석을 하나만 두었다.

인재를 널리 등용하고 형옥刑獄을 신중하게 하는 등 백성을 위한 정책 구현에
노력했으나 22세에 요절했다. 순조의 뒤를 이어 문조의 아들 헌종이 즉위하
자 헌종은 부왕인 문조를 익종翼宗으로 추존했다. 추존왕이란 생전에는 왕이
아니었으나 죽어서 왕이 된 경우를 말한다.

신정왕후 조씨는 조선 왕조에서 가장 큰 실권을 휘두른 여장부다. 아들
헌종이 왕통을 이어받아 남편이 익종으로 추대되자 왕대비에 올랐고 철종이
후사 없이 사망하자 대왕대비가 되어 왕실의 권한을 한 손에 거머쥐었다. 신
정왕후는 안동 김씨의 세력을 약화시키기 위해 흥선대원군과 손잡고 고종을
즉위시키고 조대비가 되어 수렴청정을 했다. 그녀가 사망한 나이는 83세로

조선의 비妃 중 왕실 생활을 가장 길게 했다.

수릉은 합장릉이지만 단릉처럼 봉분과 혼유석을 하나만 마련했다. 왕릉의 상설물은 대부분 『국조상례보편』에 따랐으며, 능 앞의 3단(초·중·하계) 중 중계와 하계가 합해져 문인석과 무인석이 한 단에 서 있다. 문인석은 금관조복을 입고 있는 것이 특징이며 길쭉한 얼굴에 광대뼈가 나오고 눈이 가늘어 전형적인 북방인을 묘사했다. 또한 어깨를 움츠리고 목을 앞으로 빼고 있는 형태에서 조선시대 후기 인물 조각의 전형을 볼 수 있다. 세호는 좌측 것은 내려오는 반면 우측의 것은 올라가고 있다.

홍유릉

조선 왕릉 중에서 남다른 격식을 갖고 있는 곳이 경기도 남양주시 금곡동에 있는 제26대 고종과 명성황후 민씨의 홍릉과 제27대 순종과 순명황후 민씨, 순정황후 윤씨의 유릉이다. 이는 당대의 품격이 조선의 왕이 아니라 황제였기 때문이다.

많은 사람이 조선시대에 중국보다 한 단계 아래인 왕만 존재했다고 생각하는데, 실상은 전혀 그렇지 않다. 조선시대에도 엄연히 '황제皇帝'가 있었는데, 우선 고종과 순종이 황제였고 더불어 무려 8명이 황제다. 이들 8명은 추존된 황제로 생전에 왕위는 오르지 못했지만 사후 왕으로 추존된 진종(영조의 첫 번째 왕자), 장조(영조의 두 번째 왕자), 문조(순조의 왕자)를 각각 진종소황제, 장조의황제, 문조익황제로 추존했으며 정조, 순조, 헌종, 철종도 각각 정조선황제, 순조숙황제, 헌종성황제, 철종장황제로 추존되었다. 여기에 태조 이성계도 태조고황제에 추존되었다. 이들은 모두 대한제국의 황제가 된 고종과 순종의 세계世系와 직간접적으로 연관이 있어 추존된 것이다.

따라서 조선시대에는 우리가 인식하지 못했던 총 8명의 황제가 있으므로, 이들이 묻힌 능을 왕릉으로 호칭하는 것이 아니라 마땅히 '황릉皇陵'이라고 불러야 한다. '세계문화유산 조선 왕릉'이란 표현도 '조선 황릉과 왕릉'이라고 고쳐 부르는 것이 가장 정확한 표현이라고 말한다. 더불어 고종과 순종은 더 엄밀히 이야기하면 조선의 법통을 계승해 선포한 대한제국의 황제들이지 조선의 황제는 아니므로 '조선 왕릉'이라면 고종과 순종을 제외해야 한다는 지적도 있다.

명칭과 법도에 따르는 이들 이야기는 나름 근거가 있다는 설명도 있지만 여하튼 홍유릉을 방문하면 누구나 단번에 낯설다는 느낌을 받는다. 조선의 왕이 아니라 대한제국의 황제이므로 왕릉이 아니라 명나라 황제릉에 따라 능제를 삼고 능역을 조성했기 때문이다.

여하튼 이들 두 능은 다른 왕릉에 비해 능역이 매우 크고 화려하지만 석물들이 이국풍이고 분위기 전체도 무언가 잘 와닿지 않는다며 툴툴대는 사람들이 있는 것은 사실이다. 그동안 조선 왕릉으로 면면이 이어져 온 전통이 좋은 의미로는 변화하고 나쁜 의미로는 완전히 사라졌다고 볼 수 있지만, 그래도 조선 왕릉의 전통이 남아 있어 색다른 감이 도처에서 보인다.

홍릉

제26대 고종과 명성황후 민씨의 능이다. 고종은 1852년 흥선대원군 이하응의 둘째 아들로 철종이 후사없이 사망하자 익종의 비인 신정왕후 조씨(조대비)의 지명으로 왕위에 올랐다. 고종이 왕위에 오를 때 조대비는 남편인 효명세자(익종)를 고종의 양부로 하고 자신(신정왕후)을 모친으로 입적해 왕위를 이었다. 적통으로 왕위를 받았다는 서류 처리에 완벽을 기한 것이다.

고종은 조대비에게 수렴청정, 흥선대원군에게 국정을 총괄하게 했다. 조선시대 역사상 살아 있는 왕의 생부生父는 흥선대원군이 처음이다. 그전에 있었던 덕흥대원군(선조의 생부)과 전계대원군(철종의 생부)은 모두 사후에 추증된 대원군이었다.

1866년 흥선대원군의 부인 민씨는 민치록의 딸을 고종의 비로 천거했다. 흥선대원군이 8세의 나이에 부모를 여의고 혈혈단신으로 자란 민비를 왕비로 간택한 것은 외척에 의해 국정이 농단된 3대(순조 · 헌종 · 철종) 60여 년의 김씨 세도정치의 폐단을 막기 위해 외척이 적은 민씨 집안에서 왕비를 맞아들인 것이다. 그러나 고종이 친정을 하자 그녀는 민씨 척족들을 활용하여 강력한 쇄국정치를 폈던 흥선대원군에 맞섰다.

고종의 재위 시에는 그야말로 파란만장한 사건들이 연이어 일어난다. 개화파와 수구파 사이가 악화되어 임오군란과 갑신정변, 동학농민전쟁과 청일전쟁이 발발했으며 아관파천 등 근대 한국의 주요 사건들이 연이어 일어났다. 고종은 1897년에는 주변 국제관계의 영향으로 대한제국 수립을 선포하고 황제에 올랐다.

조선 왕릉

■ 홍릉은 고종과 명성황후 민씨의 능이다. 홍릉이 남다른 것은 명 태조의 효릉을 본떠 만들었기 때문이다.

　　고종은 1919년 1월 덕수궁 함녕전에서 쓸쓸히 죽음을 맞이한다. 일제강점기이므로 대한제국 황제였던 고종의 장례는 황제의 국장도 아닌 왕족의 장으로 치러졌는데, 그마저도 7개월도 아닌 3개월 장으로 했다. 처음에는 조선의 국장제인 '상례보편제'를 따랐는데 갑작스럽게 일제가 개입해 장례위원회를 도쿄 국내성에 두고 조선총독부가 '대훈위 이태왕 훙거薨去' 칙령에 따라 일본식으로 치르도록 했다. 국장이 아닌 이왕직제로 이루어져 조선의 상왕제에 일본식이 가미된 특이한 장례였다.

　　경기도 남양주에 있는 고종의 능이 남다른 것은 중국 명나라 태조의 효릉을 본 따 만들었기 때문이다. 정확히 말한다면 홍유릉은 왕릉이 아니라 황제의 능이므로 홍살문으로 들어가는 우측에 조선 왕릉 중 가장 큰 연지蓮池가 있다. 조선의 왕은 천원지방天元地方(밖은 땅을 상징하는 사각형, 안은 하늘을 상징하는 원형)의 연못을 기본으로 했는데, 이곳의 원지원은 연못 전체의 형태도 원형이고 가운데의 섬도 원형이다. 연못에는 부들과 연꽃 등 수생식물이 있으며 원형의 섬에는 향나무, 소나무, 진달래 등이 식재되었다. 금천교 안쪽 좌측에는 일반 재실보다 규모가 큰 재궁이 매우 양호한 상태로 보존되어 있다. 이는 황제릉에만 있는 특이한 형태다.

왕릉에 당연히 설치되는 정자각도 변형되어 중국의 황제릉처럼 '일—' 자 모양의 침전寢殿을 세웠으며 뒤편의 봉분을 완전히 가리고 있다. 침전이란 고종의 신위를 봉안한 제전祭殿이다. 침전의 기단 아래 홍살문까지 참도가 깔려 있는데, 세 부분으로 나눠져 좌우보다 한 단 높게 마련된 중앙 길은 황제와 황후의 영혼이 다니는 길이다. 참도는 어도와 신도의 두 단으로 구분되어 있던 기존 왕릉의 것에 비해 가운데가 높고 양옆이 한 단 낮은 삼단으로 되어 있다.

능 안에 재실이 있는 것은 다른 능과 다름이 없으나 재실의 규모와 구조가 그동안의 조선 왕릉처럼 단순하고 소박하지 않다. 행랑채와 부속 건물들을 사방에 거느리고 제관들의 제사 준비, 휴식을 위한 장소 등으로 사용될 용도의 고급 살림집과 다름없어 특이한 재실 구조가 특징이다.

■ 유릉은 조선왕조의 마지막 황제인 순종의 능이다. 조선 왕릉 중 유일한 동봉삼실의 합장릉이다.

유릉

조선왕조 마지막 왕릉인 제26대 순종의 유릉도 황제릉으로 조성되었다. 순종은 고종과 명성황후 사이에서 태어났고 1897년 대한제국이 수립되면서 황태자가 되었으며, 1907년 일제의 강요와 모략으로 고종이 물러나자 그 뒤를 이어 황제가 되었다.

1907년 황제로 즉위했지만 일본의 꼭두각시로 변한 친일파들에 의해 전혀 힘을 쓰지 못하다가 1910년 8월 22일 총리대신 이완용의 주재로 열린 어전회의에서 한일합병조약 조인을 거쳐 8월 29일 순정왕후의 숙부인 윤덕영이 황제의 옥새를 날인해 조선왕조는 멸망한다. 순종은 '이왕'으로 강등되어 창덕궁에 거처하다가 1926년 53세로 사망했는데, 장례는 도쿄의 국내성에서 주관해 일본 국장으로 치러졌다. 그러나 황제장이 아니라 이 왕가가 진행하는 형식으로 했으며 장례 기간도 한 달 반으로 짧게 하여 6월 11일 아버지 능인 홍릉 발치에 안장되었다.

순종의 장례일인 1926년 6월 10일은 광복을 위한 만세운동이 일어난 것으로 유명하다. 고종의 장례일에 3·1운동이 일어났듯 국부를 잃은 국민의 슬픈 감정이 독립 만세운동으로 결집되어 폭발했지만 대세에는 영향을 미치지 못했다.

조선왕조의 마지막 왕인 순종이 매장되어 있는 유릉은 조선의 마지막 왕릉이기도 하지만 유일한 동봉삼실의 합장릉이다. 유릉은 황제와 황후 2명의 현궁이 함께 있는 합장릉으로 이제까지 지켜졌던 우상좌하의 원칙에 따라 제일 왼편에 황제의 재궁이 있어야 하나, 이곳은 다르다. 중앙 순종, 우측 순정효황후, 좌측 순명효황후의 재궁을 두어 기존의 원칙을 따르지 않았다. 이는 중국 황제릉의 제도를 따른 것으로 추정된다.

유릉은 능침-침전-홍살문 등이 직선형으로 배치된 홍릉과 달리 능침 공간과 제향 공간의 축이 각기 다르게 배치되었다. 그러나 홍릉과 같은 황제릉으로 조성되었으므로 홍릉에 비해 능역의 규모가 다소 좁지만 석물은 홍릉에 비해 오히려 사실적으로 만들었다. 침전 안의 천장에서 2마리의 용이 외호하고 있는 화려한 용상과 문양, 단청 또한 선명하고 세련된 솜씨를 보여준다.

조선 왕릉

사릉

홍유릉 인근에 있는 사릉은 비운의 왕인 제6대 단종의 비 정순왕후 송씨의 능
이다. 사릉은 왕릉보다도 문화재청이 관할하는 궁과 능에 필요한 나무를 기르
는 양묘사업소 묘포장으로 유명하다. 과거에 일반인들에게 공개한 적이 있었
으나 방문객이 없어 비공개 왕릉으로 분리되었다가 2013년 1월 1일부터 태강
릉의 강릉, 동구릉의 숭릉과 함께 일반인들에게 공개하고 있다.

조선 왕릉의 세계문화유산 등재 당시 묘포장에 있는 종자은행과 소나무
등 각종 유전자원들이 궁궐과 능원의 생태문화자원 보존에 의미가 있다며
높은 평가를 받았다고 알려진다. 이곳에 있는 어린 소나무 묘목들은 강원도
삼척의 태백산맥 능선에 있는 태조 이성계의 5대조 묘소인 준경묘와 영경묘
의 낙락장송落落長松 후손들로 숭례문 복원에 사용될 정도로 한국의 대표적인
소나무로 평가받고 있다. 1999년에는 사릉에서 재배된 묘목을 단종의 무덤
인 영월의 장릉에 옮겨 심어 소나무의 기氣만으로도 단종과 정순왕후가 그간
의 아쉬움을 풀고 애틋한 정을 나누도록 했는데 이때 사용된 소나무를 '정령
송精靈松'이라 부른다. 단종이 유배되자 정순왕후는 부인夫人으로 강봉降封되고
심지어는 추후에 관비로까지 곤두박친다.

4년간의 짧고 애틋한 결혼생활을 한 두 사람 사이에는 후손도 없다. 정
순왕후는 단종이 사사된 후 64년 동안 그를 기리다 82세로 정업원에서 생을
마감했다. 자신을 왕비로 간택했다가 결국엔 폐비로 만들고, 남편에게 사약
을 내린 시숙부 세조보다는 53년을 더 살았다. 또 세조의 후손이며 시사촌인

■ 사릉은 단종의 비 정순왕후 송씨의 능이다. 사릉 정자각은 배위청이 짧아서 전체 건물의 모습이 정사각형이라는 느낌을 준다.

덕종과 예종, 시조카 성종, 시손 연산군의 죽음까지 지켜보면서 한 많은 생을 마감했다.

사릉은 대군 부인 예로 장사 지낸 뒤 후에 왕후릉으로 추봉되었으므로 다른 능에 비해 단촐하게 꾸며져 있다. 능원의 좌향은 북북동에서 남남서 방향을 바라보는 계좌정향癸坐丁向 형태다. 능침을 3면 곡장이 둘러싸고 있으나 병풍석과 난간석은 설치하지 않았으며 봉분 앞에 석상 1좌, 석상 양측에 망주석 1쌍을 세웠다. 봉분 주위에 석양·석호 각 1쌍이 배치되어 있다. 아랫단

조선 왕릉

에는 문인석·석마 각 1쌍과 장명등이 있다. 장명등은 숙종 대에 만들어진 것으로 장릉(단종)에 있는 장명등과 더불어 조선시대 최초의 사각 장명등으로 평가된다.

광릉

주엽산 자락에 있는 광릉은 조선 제7대 세조와 정희왕후의 능으로 면적만 무려 249만 4,800제곱미터나 달한다. 풍수가들은 광릉을 쌍룡농주형雙龍弄珠形 (두 마리 용이 여의주를 가지고 노는 형상)이라고 한다. 광릉 자리가 좋아서 이후 400여 년간 세조의 후손이 조선을 통치했다는 설명도 있다.

광릉 숲은 2010년 유네스코 생물권 보전 지역으로 지정되었는데, 식물 865종, 곤충 3,925종, 조류 175종 등 모두 5,710종의 생물이 산다. 여기에는 흰진달래 등 광릉 숲 특산식물과 장수하늘소 등이 포함되어 있다. 단위 면적당 식물 종수는 광릉 숲이 헥타르(ha)당 38.6종으로 설악산 3.2종, 북한산 8.9종을 크게 웃돈다. 곤충도 광릉이 175.2종으로 설악산 4.2종, 주왕산 12.3종보다 많으며 한국에서만 살고 있는 크낙새(천연기념물 제11호)도 이곳에 있다.

이처럼 생물다양성이 풍부한 데는 무엇보다 인간 활동이 집중되는 온대 중부 지역에서 이례적으로 장기간 숲이 보전되었기 때문이다. 조선 제7대 왕 세조의 왕릉인 광릉의 부속림이므로 일반인의 출입을 엄격하게 통제했고 일제강점기에도 임업 시험림 구실을 해왔으므로 개발과 훼손을 피할 수 있었다.

세조는 1417년(세종 17) 세종의 둘째 아들이고 문종의 동생으로 진평대군·함평대군·진양대군에 차례로 봉해졌다가 1445년(세종 27) 수양대군에 봉해졌다. 수양대군은 타고난 재주가 영특하고 학문과 무예도 남다르게 뛰어나 종종 아버지 세종이 하는 일에 협력했다. 세종의 명을 받들어 궁정 안에 불당을 조성하는 데 총대를 메는가 하면 김수온과 함께 불서佛書를 번역·감독하기도 하고 향악의 악보도 감장監掌 정리했으며 1452년(문종 2)에는 관습도감도제조에 임명되어 국가의 실무를 맡기도 했다. 이런 일련의 과정에서 왕권에 대한 야망을 키우지만 정황은 그의 예상대로 흘러가지는 않았다.

세종의 뒤를 이은 병약한 문종은 자신의 단명短命을 예견하고 영의정 황보인, 좌의정 남지, 우의정 김종서 등에게 자기가 죽은 뒤 어린 왕세자(단종)가 등극했을 때, 그를 잘 보필할 것을 부탁했다. 결론을 말한다면 수양대군은 권람·한명회 등 무인세력을 거느리고 야망의 기회를 엿보다가, 1453년(단종 1) 김종서의 집을 불시에 습격해 그와 그의 아들을 죽였다. 이 사변 직후에 수양대군은 "김종서가 모반했으므로 주륙誅戮했는데, 사변이 창졸간에 일어나 상계上啓할 틈이 없었다"고 사후에 상주上奏했으며, 곧이어 단종의 명이라고 속여 중신을 소집한 뒤, 사전에 준비한 생살 계획에 따라 황보인, 이조판서 조극관 등을 궐문에서 죽였다. 이를 '계유정란'이라 한다. 이후 좌의정 정분과 조극관의 동생인 조수량 등을 귀양보냈다가 죽였으며, 수양대군의 친동생인 안평대군도 강화도로 귀양보냈다가 후에 사사賜死했다. 이후 실권을 잡은 수양대군은 1455년 단종으로 하여금 선위禪位하게 하고 왕위에 올랐다.

광릉은 조선 왕릉 중 남다른 것이 많기로 유명하다. 우선 입구로 들어가

조선 왕릉

■ 광릉은 세조와 정희왕후의 능이다. 풍수가들은 광릉을 2마리 용이 여의주를 가지고 노는 형상이라고
한다.

면 다소 이색적인 석비가 보인다. 하마비다. 선왕선비를 모시는 제사를 주관
하기 위해 친행을 한 왕조차도 이곳 하마비에서부터는 말이나 가마에서 내
려야 했다. 조선 왕릉동부지구 광릉관리소 경대수 선생은 다른 왕릉에도 하
마비가 있었을 것으로 생각하지만 현재는 광릉에 유일하게 남아 있다고 설
명한다.

광릉의 배치를 보면 중앙에 정자각이 있고 그 뒤 좌우 언덕에 능이 있는
데 이와 같은 동원이강 형식은 광릉이 최초다. 문종의 현릉도 동원이강 형식
이지만 광릉의 조영 시기가 앞선다.

광릉의 홍살문을 지나면 곧바로 무언가 이상한 점을 느낄 수 있다. 왕릉

에서 당연히 보일 것으로 생각하는 참도와 배위가 없기 때문이다. 참도와 배위가 없는 것은 광릉이 유일하다. 예감은 세조의 능 사초지에 있지만 산신석은 발견되지 않는다. 일반적으로 왕릉에는 소나무가 주류를 이루는데 이곳은 소나무가 왕릉의 능침 배면에만 일부 있고 넓은 광릉 산역에서 소나무가 발견되지 않는다.

세조의 광릉은 이전의 왕릉과는 건축 방법이 다른 것으로도 유명하다. 세조는 "내가 죽으면 속히 썩어야 하니 석실과 석곽을 사용하지 말고 병풍석을 쓰지 마라"고 유명을 내렸다. 그러므로 광릉은 병풍석이 없으며 석실은 회격灰隔으로 바꾸었고 병풍석에 새겼던 십이지신상은 난간 동자석주에 옮겨 새겼다. 이후에 이와 같이 석실이 아닌 회격으로 조성했으며 병풍석을 상설하지 않는 능이 많이 등장한다.

세조가 능을 간략하게 조성해 인력과 비용을 절감하고 민폐를 덜게 만들라고 했지만 능이 갖고 있는 기본 시설이 사라진 것은 아니다. 광릉은 왕릉과 왕후릉 각각 곡장 3면, 난간석 12간, 석상 1, 장명등 1, 망주석 1쌍, 문인석 1쌍, 무인석 1쌍, 석마 2쌍, 석호 2쌍, 석양 2쌍을 두었으며 그 외에도 정자각, 수라청, 능표, 홍살문, 재실로 이루어져 있다.

광릉은 6·25 전쟁의 흔적을 많이 갖고 있는 것으로도 유명하다. 정자각이 올려진 정면 석대를 보면 수많은 총탄자국(비행기에서의 기총소사 자국으로 추정)이 보인다. 배위청의 원형기둥에도 흔적이 보이는데 총탄의 흔적은 고리를 박아 엄폐했다. 영조가 세조 등극 200주년을 기념해 만든 비각 내의 능표에도 총탄 흔적이 보인다. 세조와 정희왕후 능침의 석물에도 총탄자국이 많이 있는데, 정희왕후의 능침에 있는 좌측 석마 1개는 원형을 볼 수 없을 정도로 파괴되었다. 우측 무인석은 두 동강이 난 것을 보수한 흔적이 보인다. 정희왕후의 능침에서 바라보는 경관이 아름다워 왕릉의 신비감과 청량감을 느끼게 한다.

서오릉

서오릉은 세조의 맏아들이자 왕세자였던 의경세자(추존 덕종)가 20세에 요절하자 풍수지리에 따라 길지로 추천된 이곳을 세조가 친히 거동해 경릉의 능지로 정하면서 비롯되었다. 경릉 이후 이곳에는 덕종의 아우 예종과 그의 비 안순왕후가 묻힌 창릉이 조성되고, 200여 년 뒤 조선의 제19대왕 숙종의 원비 인경왕후 김씨의 익릉이 조성되었다. 이후 숙종과 제1계비 인현왕후 민씨와 인원왕후 김씨의 명릉이 조성되고 30여 년 뒤 1757년(영조 33)에 영조의 원비인 정성왕후 서씨의 홍릉이 조성되면서 이곳은 '서오릉'이라 이름 붙여지게 되었다.

　서오릉에는 왕릉만 있는 것은 아니다. 경릉, 창릉, 명릉, 익릉, 홍릉 등 5개의 왕릉과 2원(순창원, 수경원), 1묘(대빈묘)가 있다. 원園은 왕세자와 왕세자비 또는 왕의 사친私親의 무덤을 말하고 그 외 왕족의 무덤은 일반인과 같이 묘墓라 부른다. 순창원은 명종의 맏아들 순화세자와 그의 부인 공회빈 윤씨, 수경원에는 사도세자의 어머니 선희궁 영빈 이씨가 묻혀 있다.

명릉

서오릉은 현재 2구역으로 나뉘어져 있다. 서오릉 입구를 경계로 우측에 명릉이 별도로 있고 좌측에 나머지 4개의 능이 있다. 원래 서오릉이라는 명칭이라면 모든 능이 한 구역 안에 있어야 하는데 명릉은 이런 규범에서 어긋난다. 한마디로 서오릉 4개의 능과 명릉 사이에 군부대가 있기 때문이다. 명릉은 제19대 숙종과 계비 인현왕후 민씨, 인원왕후 김씨의 능이다. 숙종과 인현왕후의 능은 동원 쌍분雙墳으로 조영하고 인원왕후의 능은 오른편 언덕에 단릉으로 모셔 쌍릉과 단릉, 동원이강의 특이한 형식을 볼 수 있는 곳이다.

숙종은 1674년 13세의 나이로 왕에 오른 후 46년 동안 재위했다. 숙종은 전후 3차례에 걸쳐 왕비를 맞이했는데 원비는 인경왕후, 둘째와 셋째 왕비가 인현왕후와 인원왕후다. 그리고 또 한 명의 왕비가 있었는데 바로 영화나 텔레미전 드라마로 자주 제작되어 일반인들에게 매우 잘 알려져 있는 장희빈이다. 장희빈은 역관 출신으로 대부호가 된 장경張烱의 딸로 조선왕조 최초로 역관 출신 왕비가 되었던 여인이다. 그러나 장희빈은 궁에 들어가 숙종의 마음을 사로잡아 왕세자(경종)를 낳고 왕비가 되었지만 결국은 폐출되는 비운을 겪는다.

특이한 것은 능역의 중앙에 세워진 장명등이다. 조선시대의 왕릉에는 태조 건원릉 이래 약 300년 동안 8각 장명등을 설치했는데, 이런 전통이 숙종에 의해서 바뀐 것이다. 숙종은 단종을 복위하고 장릉莊陵을 후릉厚陵(2대 정종의 능)의 예에 따라 간소하게 조성하도록 했는데, 이때 왕릉 역사상 처음으로 4각 장명등이 설치되었고 자신의 능에도 4각 장명등을 세웠다. 이후에도

■ 명릉은 숙종과 계비 인현왕후 민씨, 인원왕후 김씨의 능이다. 숙종과 인현왕후의 능은 동원 쌍분
으로 조영하고, 인원왕후의 능은 오른편 언덕에 단릉(아래)으로 모셨다.

4각 장명등은 경종의 의릉, 영조의 원릉, 정성왕후의 홍릉, 헌종의 경릉 등에도 설치되어 그 전통이 계승되었다.

명릉은 엄밀한 의미에서 조선 왕릉의 동원이강의 원칙에는 부합되지 않는다. 전면에서 보아 좌상우하의 상하 서열에 따라 좌측이 높은 자리이므로 합장릉·쌍릉·삼연릉 모두 좌측에 왕릉을 두고 있는데, 서열이 맨 뒤인 인원왕후가 가장 높은 자리인 좌측에 있기 때문이다. 이것은 생전에 숙종 곁에 묻히기를 원하던 인원왕후가 숙종의 능에서 400보 떨어진 곳에 묏자리를 잡아놓았는데, 영조가 인원왕후의 능을 조성하면서 지금의 자리로 옮겨 별도의 능호 없이 한 정자각의 봉사를 받게 했기 때문이다. 서오릉에는 숙종과 숙종의 정비 인경왕후, 제1계비 인현왕후, 제2계비 인원왕후, 며느리인 영조의 정비 정성왕후, 대빈 장씨(장희빈)의 묘가 있어 숙종의 가족릉과 같다.

경릉

경릉은 추존왕 덕종과 소혜왕후 한씨(성종의 모친)의 묘로 덕종은 세조의 장남이다. 1455년 왕세자(의경세자)에 책봉되었으나 20세에 사망해 대군묘 제도에 따라 장례를 치렀지만, 1471년 둘째 아들인 성종에 의해 덕종으로 추존되었다.

소혜왕후는 정난공신 1등에 오른 한확의 딸로 세조가 왕위에 오르자 1455년 세자빈으로 책봉되었고 아들 성종이 즉위하자 왕대비(인수대비)가 되었다. 각종 드라마에서 단골 주인공으로 나오는 인수대비가 바로 소혜왕후다. 1457년(세조 3) 본래 병약했던 남편이 사망하고, 세조의 법통은 시동생인 예종이 물려받는다. 예종 또한 즉위 1년 2개월 만에 죽자 자신의 아들 성종이 즉위하면서 실권을 장악하며 조선왕조 전 기간을 통해 여인천하의 주역이라고 할 정도로 살아 있을 동안 다방면으로 파란만장한 생애를 살다간 왕실 여성이면서 한편으로는 여성 지식인으로도 잘 알려져 있다.

인수대비는 아들 성종을 둘러싼 큰 분란을 만든 주역이기도 하지만 여성 지식인으로도 한 몫을 한다. 소혜왕후는 독실한 불교신자로 범자梵字와 한자, 한글 등 3자체三字體로 손수 쓴 불경도 전해질 정도다. 그러나 그녀가 남다른 대우를 받는 것은 부녀자들의 예의범절을 가르치는 『내훈內訓』을 39세에 썼다는 점이다. 『내훈』은 비빈妃嬪들의 수신서로 『소학』, 『열녀전』, 『명심보감』 등에서 훈계가 될 만한 것을 모아 한글로 풀어쓴 책이다. 즉, 부녀자의 예의범절을 가르치기 위해 편찬한 것으로 부인들의 모범적인 사례를 들어 이해도를 높이고 부부의 도리, 형제와 친척 간의 화목 등 여성으로서 갖추어야 할 유교 덕목을 실어 여성도 유교적 도리를 알고 실천할 수 있도록 했다.

『내훈』은 이후 조선시대의 남존여비 사상을 형성하는 데 큰 영향을 주었는데 그녀의 지론은 간단하다. 며느리가 잘못하면 이를 가르칠 것이고 가르쳐도 말을 듣지 않으면 때릴 것이고, 때려도 고치지 않으면 쫓아내야 한다는 것이다. 그녀의 이런 강인한 생각은 그녀의 경력이 특이하기 때문이기도 하다. 인수대비의 집안은 왕실에서도 의지하지 않으면 안 될 정도로 위상이 있는 가문에서 태어났지만, 막상 그녀는 왕비를 거치지 않고 대비에 올랐으므로 나름 아쉬움이 남아 있었다. 한마디로 자신의 며느리이자 왕비라면 완벽한 여성상이어야 했다.

■ 경릉은 추존왕 덕종과 소혜왕후 한씨의 능이다. 덕종의 능(위)은 대군 묘로 조성되어 매우 간소한 반면 소혜왕후의 능은 왕릉 형식을 갖추고 있다.

조선 왕릉

그런데 그녀의 며느리이자 연산군의 어머니인 윤비尹妃는 『내훈』의 법도와는 다소 거리가 먼 여인이었다. 사실 시어머니가 남다르게 인텔리라는 것은 며느리로서는 매우 불편하지 않을 수 없는데, 인수대비가 주장하는 여성의 교양은 남성을 우위에 둔 여성의 부덕이었다. 또한 유교적 부덕을 갖추지 못한 여성은 비록 왕비라 해도 내칠 수 있다는 것이 그녀의 생각이었다. 결론은 누구나 잘 아는 일이지만 그녀는 주저하지 않고 자신의 신념대로 실천했다. 한마디로 유학적 소양을 갖춘 엄격한 성격의 인수대비는 윤비의 행동이 자신이 강조하는 『내훈』의 내용에 저촉되는 것을 결코 용납하지 않았다. 이들 내용이 조선 왕실사의 가장 화려한 소재를 제공하므로 인수대비는 사극이나 드라마의 단골 주인공으로 자주 나온다.

조선 왕릉 중 봉분의 지름이 가장 큰 경릉이지만 봉분에 병풍석은 물론 난간석, 망주석, 석수, 무인석도 없어 매우 간소하다. 단지 귀면鬼面이 조각되어 있지 않은 고석이 받치고 있는 석상과 그 앞의 8각 장명등, 시립侍立하고 있는 문인석만 양쪽에 있다. 한명회가 덕종으로 추존되었으니 왕릉으로 변경할 것을 주장했으나 소혜왕후가 목조·익조·환조 등의 능처럼 전례에 따른 것이니 손대지 말라고 명해 그대로 두었다. 이후 이 능은 추존 왕릉으로 조성되는 능의 표본이 된다.

창릉

제8대 예종과 계비 안순왕후 한씨의 능이다. 예종은 세조와 정희왕후의 둘째 아들인데, 의경세자가 요절하는 바람에 세조의 뒤를 이어 왕위에 올랐

■ 창릉은 예종과 계비 안순왕후 한씨의 능이다. 예종은 세조의 뒤를 이어 왕위에 올랐지만 재위 기간은 14개월에 불과했다.

지만 재위 기간은 14개월에 불과하다. 세조는 자신의 병이 위중해지자 예조 판서 임원준을 불러 세자에게 전위하려 한다며 내시로 하여금 면복을 가져 오게 하여 친히 세자에게 내려주었다. 예종의 나이 18세였다.

예종은 즉위 초에 세조의 유명을 받들어 한명회·신숙주 등 대신을 원상院相으로 삼아, 이들이 서무를 의결하게 했다. 원상제도는 신하들에 의한 일종의 섭정 제도였다. 세조가 원상으로 지목한 3명의 신하는 한명회, 신숙주, 구치관 등 측근 세력들이었다. 이들은 승정원에 상시 출근해 모든 국정을 상의·의결했고, 예종은 형식적으로 결재만 했다. 이처럼 국정 처리는 물론 왕실에 관한 일 중 그가 할 수 있는 일은 거의 없었는데 어머니 정희왕후가

조선 왕릉

수렴청정을 하고 있었기 때문이다. 결국 예종이 할 수 있었던 일은 부왕의 능 (광릉) 조성과 이미 부왕 때부터 추진 중이던 세종의 능을 옮기는 것(영릉 천장)이 전부였다.

창릉은 서오릉에 조성된 최초의 왕릉으로 왕과 왕비의 능을 서로 다른 언덕 위에 따로 만든 동원이강릉同原異岡陵 형식이다. 그런데 일부 풍수사들은 지리적으로 볼 때 창릉이 청룡이 높고 백호가 낮은 달리 말하면 청룡의 어깨 부분이 푹 꺼져 '황천살黃泉煞'이라고 부를만큼 매우 꺼림칙한 땅이라고 지적한다고 한다. 황천살이란 죽어나가는 땅으로 속된 표현으로 보면 '골로 가는 땅葬身之地'이라고 해서 풍수에서는 꺼리는 곳이다.

조선 왕릉은 기본적으로 명당 중 명당에 자리 잡고 있는데, 예종의 창릉은 왜 이런 곳에 자리 잡았는지 의문이 들지 않을 수 없다. 이것을 역풍수逆風水라고 하는데, 역풍수라는 말은 풍수를 통해 후손에게 복을 가져다주게도 하지만, 거꾸로 풍수를 통해 특정 후손의 절손이나 멸망을 가져오게 한다는 것이다. 다소 이해되지 않지만 당대의 실력자들이 예종의 무덤을 좋지 않은 곳에 쓰는 것 자체를 반대하지 않았다는 설명이다.

익릉

서오릉에 있는 능 가운데 가장 높은 곳에 있는 익릉은 제19대 숙종의 원비 인경왕후 김씨의 능이다. 숙종과 인경왕후, 제1계비인 인현왕후, 제2계비인 인원왕후, 희빈 장씨의 묘소가 모두 서오릉에 있는데 그 시초를 열어준 인물이기도 하다.

■ 익릉은 숙종의 원비 인경왕후 김씨의 능인데, 서오릉에 있는 능 가운데 가장 높은 곳에 있다.

인경왕후는 1670년 세자빈으로 간택되어 1674년 숙종이 즉위하면서 14세에 왕비로 책봉되었으나 20세 때 천연두를 앓아 발병 8일 만에 경복궁 회상전에서 사망했다. 이때 이미 세 딸을 두었으나 두 공주는 부모의 죽음을 앞질렀으니 인경왕후의 운명도 밝지는 않았다고 볼 수 있다. 인경은 "인덕을 베풀고 정의를 행했으며 자나깨나 항상 조심하고 가다듬는다"라는 뜻을 가지고 있다. 그러나 인경왕후는 남편인 숙종보다는 40년, 아버지인 김만기보다도 7년을 앞서 세상을 떠나 아쉬움을 남긴다. 왕비가 천연두에 걸렸기 때문에 병문안도 하지 못한 숙종은 천연두가 자신에게 전염될 것으로 염려해 창경궁으로 집무실을 옮겼고 그 대신 영의정이 홍화문에 머물면서 양쪽 궁

조선 왕릉

궐의 상황을 보고했다.

정자각으로 가는 참도의 경사가 심해 3단으로 참도 중간에 계단을 두었다. 병풍석을 두르지 않았고 난간석만 봉분 주위에 둘렀는데, 다른 왕릉과 달리 석주가 아닌 동자석 상단에 방위 표시를 위해 십이간지를 글자로 새겨놓았다. 넓적한 아랫단과 네 귀가 둥근 돌로 상석의 굄돌을 삼았고 둥근 굄돌에는 용머리를 정면에서 양각해 사방에 새겼다. 장명등과 망주석에 꽃무늬를 새겨 넣었고, 완벽한 균형감과 정교한 표현이 뛰어난 걸작으로 평가된다. 이전 시기에 망주석의 귀에 뚫었던 구멍이 없어졌으면 하행하던 망주석의 세호가 상행하는 모습으로 새겨 놓았는데 임진왜란 이후의 양식을 보여준다.

홍릉

서오릉 내의 장희빈 묘인 대빈묘를 지나 창릉 방향으로 걷다 우측으로 난 길로 들어가면 제21대 영조의 원비 정성왕후 서씨의 홍릉이 나타난다. 정성왕후는 달성부원군 서종제의 딸로 13세에 1704년 숙종의 둘째 아들 연잉군과 결혼했고, 경종의 뒤를 이어 연잉군이 영조로 등극하자 왕비가 되었으나 후사없이 66세를 일기로 세상을 하직했다. 영조는 왕비의 『행장기行狀記』에서 정성왕후가 43년 동안의 왕궁생활 동안 늘 미소 띤 얼굴로 맞아주고 윗전을 극진히 모시고 게으른 빛이 없었다고 적었다.

영조는 생전에 왕후가 먼저 사망하자 현재의 고양시 덕양구 용두동에 왕후의 장지를 정하면서 장차 자신도 함께 묻히고자 했다. 그는 왕비 능의 오른쪽 정혈正穴에 돌을 십자로 새겨 묻도록 하고 자신의 터를 비워둔 수릉壽陵

■ 홍릉은 영조의 원비 정성왕후 서씨의 능으로 조선 왕릉 42기 중 유일하게 왕의 유택이 지금까지 비어
있다.

(왕이 죽기 전에 미리 만들어두는 왕의 무덤)을 조성했다. 그런데 영조가 자신의
수릉을 정성왕후 우측에 만들어놓았지만, 현재는 동구릉 내에 있는 원릉에
계비인 정순왕후와 함께 잠들어 있다.

　　사람이 죽은 뒤의 일이란 무릇 뒷사람의 차지여서 손자인 정조가 장릉長陵
의 동구洞口 자리 또한 먼저 정해놓은 곳이니 굳이 홍릉만을 고집할 까닭이 없
다며 지금의 영조릉에 모셨다고 한다. 일설에 의하면 정조가 자신의 아버지
사도세자를 뒤주에 가두어 죽게 한 할아버지에 대한 미움으로, 영조가 수릉
으로 만든 현재의 홍릉에 함께 모시지 않고 동구릉 내 효종의 영릉터에 그를

안장했다는 일화가 전해진다. 또 다른 일화는 영조의 계비 정순왕후가 자신의 정치적 입지를 이용해 영조와 함께 묻히길 원해 서오릉에 있는 영조의 유택을 선택하지 않고 비워놓았다는 일화가 전해지기도 한다. 어찌되었든 홍릉에서는 조선 왕릉 42기 중 유일하게 왕의 유택이 지금까지도 비어 있는 현장을 보면 남다른 역사가 떠오를 것이다.

홍릉의 배치는 을좌신향乙坐辛向(동남쪽을 등지고 서북쪽을 향한 것)으로 일반적인 능역이 자좌오향子坐午向(정북 방향을 등지고 정남향을 바라보는 것)인 것에 반해 동남에서 북서를 바라보는 흔치 않은 좌향을 택하고 있다.

능침의 상설제도는 기본적으로 선대왕인 숙종의 명릉 양식을 따르면서 영조 때 제정된 『속오례』에 따르고 있다. 홍릉의 능침은 쌍릉의 형식으로 상계, 중계, 하계의 형식을 따르고 있으며 능침은 난간석을 다듬어 세우고 기둥에 문자로 방위 표시를 한 십이지가 새겨져 있다. 이는 자신의 남편과 계비의 능인 원릉부터 중계와 하계를 구분하지 않는 제도를 써서 조선시대 마지막으로 중계와 하계를 구분하는 능제로 볼 수 있다. 즉, 문인 공간과 무인 공간을 구분하는 마지막 능침이다.

서삼릉

서삼릉은 상당한 우여곡절을 겪은 후 현재와 같은 능역이 된 것으로 유명하다. 처음으로 조성된 중종의 계비 장경왕후의 능인 희릉은 원래 제3대 태종의 헌릉 옆으로 택지가 결정되었으나, 권력다툼으로 인해 이곳으로 옮겨졌고 이후 중종의 정릉이 자리를 잡았다가 서울 강남구 삼성동의 선릉으로 옮겨갔고 그 아들인 인종과 인성왕후 박씨의 효릉이 조성되었다. 이후 철종과 철인왕후의 능인 예릉이 들어서면서 '서삼릉'이라는 이름을 얻게 된 것이다. 서삼릉을 답사할 때 명심할 것은 효릉과 예릉·희릉의 구역이 서로 다른데다 영역이 넓으므로 남달리 많은 발품을 팔아야 한다.

예릉

제25대 철종과 철인왕후 김씨의 능이다. 철종이라는 공식적인 이름보다 '강화도령'으로 잘 알려진 주인공 원범은 그 생애가 짧지만 남다른 삶을 살아 수많은 드라마가 만들어졌다. 할아버지는 사도세자의 아들이자 정조의 이복동생인 은언군이지만, 아들 상계군이 반역을 꾀했다는 명목으로 강화도로 유배를 갔다. 또 그의 부인 송씨와 며느리 신씨는 천주교 세례를 받았다고 죽임을 당하고 은언군 또한 강화도에서 사사되었다. 더불어 철종의 형도 모반 사건에 연루되어 사사되어 그의 주위는 한마디로 풍비박산이 되고 나머지 가족들도 강화도로 유배를 가는데 그때 철종의 나이는 14세였다.

그런데 강화도에서 농사를 짓던 원범은 19세 때 헌종이 후사 없이 죽자 왕위를 누군가가 계승해야 하는데 6촌 안에 드는 왕족이 한 명도 없었다. 순조의 비 순원왕후인 대왕대비는 나이 19세인 원범을 발탁했다. 그야말로 신데렐라도 이와 같은 경우가 없을 정도인데 그가 왕이 된 것은 당대의 실권자인 안동 김씨들이 촌에서 농사나 짓던 원범을 만만하게 요리할 수 있다고 생각했기 때문이다.

■ 예릉은 철종과 철인왕후 김씨의 능이다. 조선 왕조의 상설 제도를 따른 마지막 능이다.

　　예릉은 조선 왕조의 상설 제도를 따른 마지막 능이다. 철종 다음의 고종
과 순종은 황제였으므로 왕릉의 법식이 아니라 황제 능의 법식을 따랐기 때
문이다. 봉분은 병풍석 없이 난간석으로 연결된 쌍릉으로 자좌오향이다. 곡
장이 둘러진 봉분에는 혼유석과 망주석, 장명등, 문인석, 무인석, 석양, 석호,
석마 등의 석물이 배치되었다. 팔각지붕인 장명등이 두 석상 앞에 있기는 하
지만 멀리 앞으로 나와 있어 특이하다. 두 봉분 모두 난간석주에 동그란 원을
그려넣고 그 안에 문자를 새겨넣어 방위를 표시하고 있다.

희릉

제11대 중종의 제1계비 장경왕후 윤씨의 능이다. 장경왕후는 1491년(성종 22) 파원부원군 윤여필의 딸로 태어났는데 중종반정의 주역이었던 박원종의 누이다. 8세에 어머니를 잃고 고모인 월산대군 부인 박씨의 손에서 자라다 15세인 1506년 중종반정 때 중종의 후궁 숙의에 봉해졌다가 단경왕후 신씨의 아버지가 역적으로 몰려 사사되고 역적의 딸인 단경왕후도 폐비되자 왕비로 책봉된 행운의 주인공이다. 1515년 세자인 인종을 낳은 후 엿새 만에 산후병으로 25세의 나이로 경복궁 별전에서 사망했다. 왕비가 된 지 9년이나 되었음에도 중종에게 단 한 번도 누군가의 벼슬을 청탁하거나 죄를 벗겨달라고 청한 일이 없으므로 중종도 감탄하며 "왕비가 무던하고 지조가 높고, 태사太師의 덕이 이보다 더할 수는 없다"며 끔찍이 대했다고 한다.

장경왕후의 처음 능지는 태종이 묻힌 헌인릉 옆에 있는 산줄기다. 그런데 장경왕후의 장사는 그야말로 속전속결로 그녀가 사망한 지 불과 두 달 만에 매장을 완료했다. 원래 왕과 왕비는 법으로 5개월 장을 치르도록 되어 있으므로 원래 3월에 사망했으니 7월에 장례를 치르는 것이 맞지만 일부 신하들이 신속한 장례를 반대했음에도 이와 같이 속전속결로 장례를 치른 것은 당대의 절후 때문이다.

5월에는 좋은 날이 없고, 6월은 장마철이라 땅이 질 염려가 있고, 또 장지로 가려면 많은 나루를 건너야 하는데, 장마로 물이 불으면 건너기가 어렵다는 것이 그 이유였다. 결국 장삿날 왕비의 관을 실은 대여는 한강을 건너기 위해 무려 배 500척을 동원한 부교, 즉 배다리를 만들었다고 한다. 그러나 장

■ 희릉은 중종의 제1계비 장경왕후 윤씨의 능이다. 중종은 '왕비가 무던하고 지조가 높고, 태사의 덕이 이보다 더할 수는 없다'며 끔찍이 대했다.

경왕후의 능은 1537년(중종 32) 지금의 서삼릉 자리로 이장되었다.

희릉은 병풍석이 없고 12간의 난간석만 둘렀지만 조선 전기의 능제를 충실히 따르고 있다는 데 특징이 있다. 왕릉의 격에 맞게 조성되었으므로 단명한 왕후의 능치고는 석물도 매우 규모가 크고 곡장이 둘러지고 석양과 석호가 봉분을 호위하고 있다. 봉분 앞에는 혼유석과 망주석, 장명등, 문인석, 무인석, 석양, 석호, 석마 등이 배치되어 있다. 8각 장명등은 영조 때 추봉되어 만든 온릉 등에 비해 세련되고 웅장해 조선 전기의 대표적인 걸작이라고 평가된다. 조선 왕실의 능 제도를 충실하게 도입했으므로 입구인 홍살문부터 왕릉 출입시 참배하는 곳인 배위, 정자각, 비각, 제향 후 축문을 태우는 예감 등을 일목요연하게 볼 수 있다.

효릉

　제12대 인종과 인성왕후 박씨 능이다. 인종은 희릉에 안장된 장경왕후의 맏아들로 1515년에 태어났는데, 생모 장경왕후가 7일 만에 사망해 문정왕후 윤씨의 손에서 자랐다. 1520년인 6세에 세자로 책봉되었는데 놀라운 것은 3세 때부터 글을 배워 익히고 8세 때 성균관에 입학해 학문을 익혔다고 한다. 인종은 세자 시절부터 인품이 남달랐다. 언제나 몸가짐에 흐트러짐이 없이 바른 자세로만 앉아 공부에 열중했고, 언동은 때와 장소에 어긋남이 없었다고 한다. 특히 검약하고 욕심이 없어서 일찍이 시녀 가운데 호화로운 옷을 입은 자가 있으면 곧바로 궁궐에서 내보내 궁중 안에서 특별히 엄하게 단속하지 않아도 잘 유지될 수 있었다고 한다.

　25년간 세자 교육을 철저히 받은 인종은 30세 되던 해, 중종의 사망으로 왕위에 올랐다. 왕위에 오른 뒤로는 업무를 처리하는 데 이치에 맞지 않은 것이 없었고, 때때로 신하들이 올린 상소문에 대해 직접 성실하게 답변을 해서 보내 누구나 탄복했다고 한다.

　왕에 오르자 마자 기묘사화己卯士禍로 폐지되었던 현량과賢良科를 부활하고 기묘사화 때의 희생자인 조광조趙光祖 등을 신원伸寃해주는 등 어진 정치를 행하려 했으나, 병약하여 포부를 펴지 못한 채 왕위에 오른 지 겨우 9개월 만에 사망했다. 인종의 재위 기간은 9개월이므로 인성왕후는 인종 사망 후 32년간을 자녀 없이 홀로 살았다.

■ 효릉은 인종과 인성왕후 박씨 능이다. 효성이 지극했던 인종을 기려 능호도 효릉으로 정해졌다.

효릉 좌측은 조선 왕실의 묘가 가장 많이 모여 있는 집장묘로도 잘 알려져 있다. 조선 말기까지 역대 후궁을 비롯해 대군, 군, 공주, 옹주 등의 분묘가 별도로 조성되어 있다. 본래 왕릉 능역 내에는 후궁이나 왕자, 공주의 묘를 쓰지 못하도록 되어 있으나 일제강점기와 해방 후 도시화에 따른 개발 과정에서 한곳으로 집장한 것이다.

그뿐만 아니라 이곳에는 1930년대 일제강점기시 전북 금산군 추부면에 있는 태조의 태묘(태반을 묻은 묘)를 비롯해 전국 각지에 산재해 있던 태조부터 순조까지 왕 21위와 대군, 세자, 공주 등 모두 54위의 태를 한곳에 모은 태실이 있다. 일제는 태실의 형태를 '일日' 자 형태로 만들고 태실 묘석 높이도 3미터에서 1미터가량으로 대폭 축소해 민족정기 말살을 시도했으며, 서삼릉을 신사참배의 장소로 만들 목적으로 본래의 형태를 훼손해 공원화했다.

또한 서삼릉에 각지에 있던 태실을 이전한다는 명복으로 태실에 보관했던 이조백자 등 각종 문화재를 모두 빼돌렸다고 한다. 따라서 이곳에 묻혀 있는 태들은 원래의 태항아리에서 모두 바꿔친 것들이거나 다른 방법을 사용해 묻은 것이다. 태실에는 공동묘지에서나 볼 수 있는 작은 이름표 하나씩을 앞세우고 있는 것도 일제강점기의 굴욕적인 역사를 대변한다.

효릉 인근에 특이한 묘가 있는데 연산군의 어머니 폐비 윤씨의 묘다. 윤씨는 성종보다 열두 살 연상이지만 빼어난 미모로 숙의에 봉해졌고 원비 공혜왕후가 사망하자 왕비로 책봉되었다. 그해 연산군을 낳았으나 심한 투기와 모함으로 폐위되어 사약을 받았고 오로지 묘비만 세웠을 정도였다. 성종이 사망하고 왕이 된 연산군은 자신의 생모가 폐비 윤씨인 것을 알고 윤씨의 묘를 능으로 승격시키고 묘를 회묘에서 회릉으로 고쳤다.

능의 석물 또한 왕릉의 형식을 따라 조성했고 제향 절차를 종묘에 위패를 모신 역대 왕의 제사 절차에 맞추도록 했다. 그러나 연산군이 중종반정으로 폐위되자 회릉은 다시 회묘로 격하되었다. 회묘로 격하되었음에도 능 자체를 훼손하지 않아 왕릉으로서 면모를 그대로 갖고 있다. 특히 웅장한 무인석과 문인석, 석호와 석양은 다른 왕릉에서 볼 수 없을 정도로 뛰어난 모습을 갖추고 있어 실제로 연산군 묘보다 한층 돋보인다.

파주 삼릉

경기도 파주시 조리읍 봉일천리에 있는 파주 삼릉은 능 3개가 함께 있다는 의미에서 '파주 삼릉'으로 알려지는데, 공릉·순릉·영릉이 자리 잡고 있으므로 '공순영릉'이라고도 불린다. 조선 왕릉이 이곳에 처음 자리 잡은 것은 제8대 왕인 예종의 원비 장순왕후가 묻힌 공릉이다. 장순왕후는 성종 대에 영의정을 지낸 한명회의 딸로 예종이 세자 시절에 가례를 올려 세자빈이 되었으나 일찍 세상을 떠났으며 사후 왕후에 추존되었다. 뒤이어 제9대 성종의 원비였던 공혜왕후의 순릉이 자리 잡았다. 공혜왕후는 장순왕후의 동생으로 역시 한명회의 딸이다.

12세에 자을산군(훗날 성종)과 혼인하고 14세에 왕비로 책봉되었으나 19세의 나이로 슬하에 자녀도 없이 요절했다. 마지막으로 영조의 맏아들이었지만 10세의 어린 나이로 죽은 효장세자, 즉 진종真宗의 능인 영릉이 들어와 오늘날의 파주삼릉이 되었다. 파주삼릉 주변에는 공릉국민관광지를 비롯해 용미리석불입상, 윤관 장군묘, 오두산성 등이 있어 가족 나들이로 많이 찾는다.

공릉

제8대 예종의 원비 장순왕후 한씨의 능으로 한명회의 셋째 딸이다. 세조 때 한명회는 영의정까지 오르면서 권력의 중심에 선다. 세조의 세자(덕종)가 죽고 세조의 둘째 아들(예종)이 왕세자에 책봉되자 한명회는 1460년 15세인 그의 딸을 세자빈의 자리에 앉혔다. 이때 해양대군(예종)의 나이는 다섯 살 연하로 불과 10세였는데, 세자빈으로 책봉된 지 1년 7개월 만에 세자빈이 원손(인성대군)을 낳았다.

■ 공릉은 예종의 원비 장순왕후 한씨의 능이다. 규모가 크고 병풍석이 없는 원 형식이다.

　그런데 당시 예종의 나이는 12세이므로 장순왕후의 해산은 대단한 구설수에 오르기도 했다. 과거는 물론 현재도 12세의 여자아이가 아들을 낳는다는 것이 만만한 일은 아니다. 여하튼 그녀는 인성대군을 낳았는데 산후병을 앓다가 17세의 어린 나이로 사망했다. 더구나 어렵게 얻은 인성대군도 3세때 어린 나이에 요절했으므로 인성대군에 대한 기록은 거의 남아 있지 않다.

　공릉은 능 아래쪽의 홍살문에서 정자각에 이르는 길인 참도가 신덕왕후의 정릉처럼 'ㄱ'자로 꺾여 있다는 것이 특징이다. 참도는 원래 직선으로 만들지만 지형조건 때문에 자연 지형에 어울리게 조영한 것이다. 조선 왕릉 중참도가 꺾인 곳은 공릉, 정릉 그리고 다소 조성 내역이 다른 단종의 장릉 등이다. 월대 위의 정자각은 앞면 3칸 측면 2칸으로 다소 작은 규모로 세자빈 묘의 형식에 준했는데, 조선 왕릉 중 정자각을 올라가는 신계神階의 무늬가 아름답고 선명한 것으로 유명하다.

왕릉의 정자각을 보면 붉은색 기둥 하부에 2자 정도로 하얀색을 칠하고 그 위에 하나의 파란색의 줄이 처져 있다. 하얀색은 구름, 파란색은 하늘을 의미하므로 정자각이 하늘에 떠 있는 것과 같은 의미를 지녔다. 왕릉 건설에 관계되는 하나하나가 높은 뜻을 갖고 있다는 뜻인데 공릉을 비롯해 몇몇 왕릉의 정자각은 이들 색이 없다. 이런 누락이 고의인지 아닌지는 모르지만 철저하기로 남다른 왕릉 규범에서 이와 같은 예외들을 볼 수 있다는 것처럼 흥미로운 것은 없다.

순릉

제9대 성종 비 공혜왕후 한씨의 능이다. 공혜왕후는 한명회의 넷째 딸로 순릉과 마주 보고 있는 공릉의 장순왕후와 자매지간이다. 공혜왕후는 12세 때인 1467년 의경세자(덕종)의 둘째 아들 자산군(성종)에게 출가했는데 예종이 세조의 장례를 치르면서 건강을 잃어 재위 14개월 만에 사망했다. 이때 예종의 아들 제안대군은 겨우 3세였고 15세인 월산군은 병약하여 자산군이 왕위를 계승함에 따라 왕비로 책봉되었다. 관운으로 따지면 그야말로 억수로 운이 좋은 셈이다.

공혜왕후는 어린 나이에 궁에 들어왔으나 효성이 지극해 삼전(세조비 정희왕후, 덕종비 소혜왕후, 예종 계비 안순왕후)의 귀여움을 받았다고 한다. 1469년

■ 순릉은 성종 비 공혜왕후 한씨의 능이다. 공혜왕후는 한명회의 넷째 딸로 순릉과 마주 보고 있는 공릉의 장순왕후와 자매지간이다.

11월 28일 예종이 사망하고 성종이 즉위한 다음 날, 공혜왕후는 어찌 된 일인지 궁궐을 나가 사가에 머물다가 다음해 1월 19일에야 창덕궁 인정전에서 왕비로 책봉되었다. 왕비로 책봉된 지 5년 만인 19세에 후사 없이 사망했다. 계유정난으로 단종을 숙청하며 집권한 한명회는 조선 역사상 유일무이하게 두 딸을 왕비로 만들며, 무소불위의 권력을 누렸지만 두 딸 모두 19세를 넘기지 못하고 요절했다. 자매간 요절한 것도 같고 후손을 남기지 못한 것도 닮았다.

공혜왕후는 왕비의 신분이었기 때문에 파주삼릉 중에서 유일하게 조성 당시부터 왕릉으로 만들어졌다. 병풍석만 세우지 않았을 뿐 능제나 상설 제도는 모두 조선 초기의 왕릉에 준하는 제도를 따랐다. 능침을 보호하는 석마, 석양, 석호 3가지의 모습도 다소 예외적이다. 일반적으로 석마와 석양은 배 부분을 판으로 되어 문양 등을 조각하는데, 이곳에서는 서 있는 상태로 배를 보이고 있다. 반면에 석호는 앉아 있는 모습이다.

영릉

제21대 영조 맏아들 추존 진종과 효순왕후 조씨의 능이다. 진종은 1725년 7세에 왕세자에 책봉되었으나 3년 뒤 사망하자 시호를 효장이라 했다. 영조는 사도세자를 뒤주에 갇혀 죽게 한 뒤 사도세자의 맏아들인 왕세손(정조)을 효장세자의 양자로 입적시켜 왕통을 잇게 했다. 정조가 효장세자의 양자로 입적된 것은 영조의 고도의 정치 감각 때문이다.

사도세자가 죽임을 당한 것은 할아버지 영조에 의해서다. 그런데 영조는 자신의 조처가 지나친 일이었음을 깨닫고 이 일이 뒷날 가져올 정치적 파란을 우려해 왕세손이던 정조에게 사도세자 처벌 결정을 번복하지 말도록 특별히 주문했다. 그러면서 정조의 왕통 시비를 우려해서 형식상 정조와 사도세자의 관계를 끊어버리고 사도세자의 이복형인 효장세자의 양자로 입적시킨 것이다. 사도세자의 아들이 아니라 효장세자의 아들이므로 정통의 문제를 비켜갈 수 있다는 생각으로 엄밀히 말한다면 정조는 법적으로 사망한 효장세자의 아들이지 사도세자의 아들이 아니다. 정조에게는 2명의 아버지가 있는 셈이다.

정조가 즉위함에 따라 효장세자는 양부모로서 진종으로 추존되었으며

■ 영릉은 영조 맏아들 추존 진종과 효순왕후 조씨의 능이다. 영릉이 간소한 것은 세자와 세자빈의 예로 조성했기 때문이다.

그 후 1908년 황제로 추존되어 진종소황제가 되었다. 효순왕후 조씨는 풍릉부원군 조문명의 딸로 1727년 세자빈에 간택되었고 1735년 현빈에 봉해졌으나 37세에 소생없이 사망했다. 정조가 즉위한 후 효순왕후로 추존되었으며 1908년 다시 효순소황후로 추존되었다.

영릉은 세자와 세자빈의 예로 능을 조성했기 때문에 다른 능들에 비해 간소하다. 동원이봉의 쌍릉으로 봉분 주위에 병풍석과 난간석이 모두 생략되어 있다. 석양과 석호 각 1쌍이 능을 호위하고 있으며 봉분 앞에 각각 혼유석을 두고 망주석 1쌍이 서 있다. 또 명릉처럼 4각 장명등과 문인석이 설치되었으나 무인석은 생략되었다. 복두공복僕頭公服을 착용한 문인석은 얼굴에 비

조선 왕릉

해 몸은 왜소한 편이고, 겸손하게 머리를 조아리고 있는 석마의 다리 사이의
석판에는 꽃무늬를 정성스럽게 장식해놓았다.

온릉

경기도 양주시 장흥면 일영리 산19번지에 있는 온릉은 제11대 중종의 아홉 부
인 가운데 첫 번째 부인이었던 단경왕후 신씨의 능이다. 단경왕후는 단종비
정순왕후와 함께 조선의 왕비 중 가장 슬픈 여인으로 꼽히는데, 성희안과 박원
종 등이 일으킨 중종반정으로 광해군이 폐위되고 진성대군(중종)이 왕위에 오
르자 곧바로 왕비로 책봉되었다. 반정 주모자 박원종은 연산의 신임이 두터워
도부승지, 좌부승지, 경기관찰사 등을 거치며 국가의 재정을 주로 맡았다. 그
러나 그는 왕 서열 1위였던 성종의 형 월산대군의 부인(연산에게 큰어머니)인 자
신의 누이를 연산군이 궁으로 불러들여 많은 배려를 하는 과정에서 불륜을 저
질렀다는 소문이 들리자 연산군과 사이가 멀어지고 결국 쿠데타를 일으킨 것
이다.

단경왕후가 폐출되는 연유는 매우 복잡하다. 단경왕후는 12세 때 성종
의 차남인 진성대군과 가례를 올렸다. 그런데 진성대군의 형인 연산군이 반
정으로 폐위되자 19세 나이에 왕으로 옹립되었으므로 이때 자동적으로 왕비
가 된다. 그러나 왕비의 부친 익창부원군 신수근이 매부인 연산군을 위해 중
종반정을 반대했기 때문에 참살된 것이 문제였다.

반정세력은 종사의 대계를 볼 때 반드시 단경왕후를 폐위해야 한다고

■ 온릉은 중종의 첫 번째 부인인 단경왕후 신씨의 능이다. 단경왕후는 '죄인의 딸'로 낙인 찍혀 왕비 책봉 7일 만에 폐출되었다.

계속 주장했다. 결국 중종은 종사가 극히 중하니 사사로운 정을 생각할 수 없다며 왕비 책봉 7일 만에 폐출시키라는 명을 내린다. 생각보다 조속하게 무혈로 집권한 반정세력이 단경왕후를 폐위해야 하는 근거는 그녀를 왕비 자리에 그대로 두었다가는 아버지 신수근 등의 원수를 갚기 위해 자신들을 죽일 것이 분명하기 때문이다.

단경왕후는 폐출되자마자 세조의 사위인 하성위河城尉 정현조鄭顯祖(영의정 정인지의 아들)의 집으로 쫓겨났다가 본가로 돌아갔는데, 왕비로 있었던 기간은 단 일주일로 역사상 가장 짧은 기간 왕비로 있었다. 이때 나이 20세로 단경왕후는 이런 상실의 아픔을 지니면서 71세로 죽을 때까지 자식 한 명 없

조선 왕릉

이 중종의 사랑이 되돌아오기만을 손꼽아 기다렸다고 알려진다.

정려문에서 참도, 배위를 통해 전면으로 정자각, 우측으로 비각이 보이는데 정자각은 익공식의 맞배지붕이다. 병풍석과 난간석이 생략되었으며 곡장 내에 석양, 석호 각 1쌍을 배치했다. 봉분 앞에 혼유석 1좌, 양측에 망주석 1쌍을 세웠고 망주석의 세호는 우주상행, 좌주하행의 원칙에 충실하다. 동물 석상을 절반으로 줄인 것은 추봉된 왕비릉의 예에 따른 것이다.

일반적으로 능원은 능침 하계의 좌측 하단에 산신석을 놓아 3년간 제사의 예를 갖추고, 사가 묘역에서는 좌측 묘지 상단에 산신석을 배치한다. 왕릉에서는 산신도 왕의 통치하에 있다고 보기 때문이다. 온릉의 산신석은 능침우측이 아니라 좌측에 있는데, 이것을 보면 일반 묘의 형식으로 되었다가 추봉된 능역이기 때문임을 알 수 있다.

파주 장릉

파주 장릉은 제16대 인조와 인열왕후 한씨의 능으로 조선시대 후기의 대표적인 능원 양식으로 평가받는다. 그런데 조선시대 왕릉 중 '장릉'이라고 불리는 능이 3기나 된다. 강원도 영월에 있는 제6대 단종의 장릉莊陵, 경기도 김포시에 있는 인조의 친부인 원종의 장릉章陵, 파주에 있는 인조의 장릉長陵이다. 같은 장릉이라도 한자가 다름을 알 수 있다.

조선 왕조에서 평탄하게 왕위에 앉아 있던 왕이 별로 없지만 인조는 조선 왕 중에서 특별히 파란만장한 생활을 한 것으로 유명하다. 인조는 선조의

■ 파주 장릉은 인조와 인열왕후 한씨의 능이다. 조선시대 후기의 대표적인 능원 양식으로 평가받는다.

아들인 정원군(추존왕 원종元宗)의 아들로 황해도 해주부海州府 관사에서 태어 났다. 그가 해주에서 태어나게 된 것은 당시 임진왜란 중으로 전란이 계속되 어 왕자제궁王子諸宮이 모두 해주에 있었기 때문이다. 할아버지 선조에게는 광 해군, 임해군을 포함해 여러 아들이 있었으나 그중 정원군이 일찍 결혼해 얻 은 첫 손자였다. 선조는 그 자신이 서자인 탓에 첫 손자인 능양군(인조)이 서 자였음에도 특별히 불러다 왕궁에서 기르며 총애했으며 특히 할머니뻘인 의 인왕후는 그를 더욱 사랑하고 귀중히 여겼다고 한다. 5~6세가 되어 선조가 직접 그를 품안에 두고 가르치며 번거롭게 여기지 않았는데, 일찍부터 글자 를 해독하고 말귀를 알아듣자 선조가 더욱 기특하게 여겼다. 이후 역사는 매

조선 왕릉

우 드라마틱하게 변화하는데 광해군이 결론적으로 왕위에 오르지만 반정으로 인조가 왕위에 오른다.

장릉은 본래 경기도 파주시 운천리에 인열왕후릉을 먼저 조성하고 우측에 미리 자신의 능을 마련해두었다가 사망 후 그곳에 묻히도록 준비한 것이다. 인조 사망 후 사전에 예정된 대로 인조의 능을 조성했는데 후에 화재가 일어나고 뱀과 전갈이 능 주위로 무리를 이루는 것은 물론 석물 틈에 집을 짓는 등 이변이 계속되자 영조 때 현 위치인 파주시 갈현리로 옮겨 합장릉으로 다시 조성되었다. 천장으로 합장하면서 규격이 맞지 않은 병풍석 등은 새로 마련했고 일부 석물은 기존의 것을 그대로 사용했다. 따라서 장릉은 17세기와 18세기의 석물이 공존하는 왕릉이라고 볼 수 있다.

김포 장릉

경기도 김포시 풍무동에 있는 장릉은 제16대 인조의 부모인 원종과 인헌왕후 구씨를 모신 능이다. 원종은 선조의 다섯째 아들 정원군으로 태도가 신중하고 효성과 우애가 남달라 선조의 사랑을 많이 받았으며, 임진왜란 중 왕을 호종扈從했던 공으로 호성공신扈聖功臣 2등에 봉해졌다. 왕을 뜻하는 '종'이란 묘호를 갖고 있음에도 원종이란 이름이 우리에게 낯선 까닭은 그가 생존 당시의 왕이 아니라 추존된 왕이기 때문이다.

원래 원종은 사망할 때 정원군定遠君인 '군君'의 신분이므로 경기도 양주 곡촌리(현재 남양주시 금곡동) 처갓집 선산에 초라하게 묻혀 있었다. 그런데 광

■ 김포 장릉은 인조의 부모인 원종과 인헌왕후 구씨를 모신 능이다. 병풍석과 난간석을 두르지 않은 쌍릉
형식이다.

해군을 축출시킨 이른바 '인조반정'으로 정원군의 아들 능양군(인조)이 왕이
되자, 이미 고인이 된 정원군은 정원대원군으로 높여졌고, 10년 후에 묘호가
원종으로 추존되었으며 묘도 원으로 추숭되어 흥경원이라 했다. 이후 원종
의 무덤은 현재의 자리인 김포시로 옮겨지면서 '장릉'이 되었다. 한마디로
살아 있을 때보다 죽은 뒤에 남다른 대접을 받은 셈이다. 인헌왕후는 아들이
즉위하자 연주부부인이 되었고 궁호를 계운궁이라 했다. 1626년 49세의 나
이로 세상을 떠났으며 김포 성산 언덕에 예장禮葬했는데 원종의 능인 현재의
자리로 다시 천장했다.

홍살문에서 참도가 시작되고 우측에 배위가 있는 것은 일반 격식과 다

조선 왕릉

름이 없지만 참도가 넓다. 정자각까지 가는 중도에 5계단이 있는데 자연 지형에 어울리게 정자각이 지어졌기 때문이다. 지형이 높기 때문에 필연적으로 만들어진 계단이지만 참도에 계단이 있는 것은 극소수다.

육경원에서 왕릉으로 변경되었지만 병풍석과 난간석이 둘러지지 않은 쌍릉이다. 봉분은 자연과 맞닿은 부분에 아무런 조각이나 무늬도 새기지 않은 초석을 둘렀고 혼유석이 각각 놓여 있다. 제2계陛와 제3계에 문무인석 1쌍씩을 세웠다. 반면에 8각 장명등에는 꽃무늬가 화려하게 새겨져 있으며 석호는 앉아 있지만, 석마와 석양은 일반 석물과는 달리 배 부분이 막혀 있지 않아 배가 보인다.

정자각 좌측과 우측에 뽕나무가 있는데 좌측의 뽕나무는 인조가 심었다고 전해지는 수령 350년 정도의 나무로 한국에서 가장 큰 뽕나무로 추정된다. 좌측 뽕나무는 크기는 크지만 오디(오디는 표면이 오들도들하여 생긴 이름)가 열리지 않는 반면 우측 뽕나무는 작지만 오디가 많이 열린다고 한다. 뽕나무는 뿌리가 깊고 황색으로 왕실을 상징하는 황색의 수피를 갖고 있다. 뿌리속이 흰색이라 한약재로 상백피桑白皮라고도 한다. 열매는 푸르다가 차츰 적색, 검은색으로 변한다. 오행색五行色을 다 갖추고 있어 귀하게 여겼다.

오래된 뽕나무는 궁궐에도 있는데 특히 창덕궁 후원(비원)에 많다. 궁궐에서 기르는 뽕나무는 고급 비단의 어의御衣를 만들기 위한 용도로 궁궐에는 누에를 기르는 잠실을 두었다. 인조는 아버지를 종묘의 혼전에 모시지 못함을 안타깝게 여겨 장릉에 부모의 영혼이 의지할 뽕나무를 직접 심었다고 한다.

태강릉

태강릉은 제11대 중종 제2계비 문정왕후 윤씨의 능인 태릉과 제13대 명종과 인순왕후 심씨의 능인 강릉으로 나뉜다. 원래 동일한 능역 안에 있었지만 개발 등의 여파로 완전히 분리된 상태나 마찬가지로 태릉과 강릉의 입구도 다르다. 태릉의 입구에 조선왕릉박물관이 건설되어 있는데 전시관 안에는 국장 절차 와 조선 왕릉의 건설 방법과 부장품, 조선 왕릉에 담긴 역사와 문화, 산릉제례 를 포함한 왕릉의 관리 등에 대한 상세한 것을 볼 수 있다.

태릉

제11대 왕인 중종의 제2계비 문정왕후 윤씨의 능으로 왕비의 봉분 1기 만 있는 단릉이다. 문정왕후 윤씨는 중종과 인종과 명종 3대에 걸쳐 왕비와 대비로 있으면서 정권에 개입하는 등 조선왕조에 큰 영향력을 행사하면서 조선을 회오리바람 속으로 몰아넣은 양대 사화와 불교 부흥에 앞장선 역사 적 인물로 알려진다.

태릉은 조선 왕릉 가운데 능침과 정자각의 거리가 조선 능원 가운데 가 장 길며, 기를 모아 뭉치게 한다는 능침 앞 강岡(덕)을 약하게 한 것이 특이하 다. 상설은 『국조오례의』를 따르고 있는데 봉분 아래에는 구름과 십이지신 을 의미하는 병풍석과 난간석을 둘렀다. 병풍석 위의 만석滿石 중앙에 십이간 지를 문자로 새겨놓았다. 원래 십이간지가 문자로 쓰이기 시작한 것은 병풍 석을 없애고 신상神像을 대체하기 위한 하나의 방편으로 등장한 것인데, 여기

■ 태릉은 중종의 제2계비 문정왕후 윤씨의 능이다. 왕비의 봉분 1기만 있는 단릉이다.

에서는 신상과 문자가 함께 새겨져 있어 주목된다.

임진왜란 직전 조영된 문정왕후 태릉은 '효인'이라는 자가 능침 안에 금은보화가 많다고 고자질해 1593년 1월 왜군이 기마병 50명과 주민 50명을 동원해 도굴하려 했으나 삼물三物(석회와 황토, 가는 모래를 2:1:1로 섞은 것)의 회灰가 너무 단단해서 실패했다는 기록이 있다.

강릉

중종과 문정왕후 윤씨의 차남으로 제13대 왕인 명종과 그의 비 인순왕후 심씨의 능이다. 후사 없이 죽은 인종의 뒤를 이어 왕위에 올랐다. 왕으로 등극된 후부터 8년간 문정왕후 윤씨가 섭정을 했고 1553년부터 사망할 때까

■ 강릉은 명종과 그의 비 인순왕후 심씨의 능이다. 왕과 왕비의 봉분을 나란히 마련한 쌍봉릉이며, 두 능 모두 병풍석을 둘렀다.

지 친정을 했지만 외척인 윤원형, 윤원로 등에 의해 정사가 좌지우지되면서 혼란을 겪었다.

　강릉의 참도는 조선 왕릉의 여타 참도와 다소 다르다. 참도 자체가 매우 넓은 것은 물론 좌측 신도는 약 30센티미터, 우측 어도는 약 15센티미터 높게 시공되어 있다. 또한 정자각의 월대로 오르는 계단은 일반적으로 3단인데 이곳은 한 단이 높아 신계와 어계가 4단이나 된다.

　강릉은 왕과 왕비의 봉분을 나란히 마련한 쌍봉릉이며, 두 능 모두 병풍석을 둘렀고 12칸의 난간석으로 연결되었다. 봉분의 봉토가 무너지는 것을 방지하기 위해 설치된 인석引石에 화문花紋을 장식한 것이 이색적이다. 대체로 태릉과 마찬가지로 설치되었으나 혼유석은 각각 설치했다. 상설 제도에 의

조선 왕릉

해 설치된 장명등, 망주석, 석호, 석마, 석양 등이 설치되어 있으며 보존 상태가 모두 양호하다.

　무인석은 좌우측이 서로 다르다. 둘 다 코에 붉은빛이 돌지만 좌측은 투구와 안면 크기가 엇비슷한 반면, 우측은 투구가 작고 코가 둥글며 턱과 양쪽 볼이 튀어나와 묘한 인상을 준다. 신체 표현에서도 좌측 무인석은 팔꿈치에는 구름 문양, 등과 무릎 부분에는 비늘 문양을 새긴 반면, 우측 무인석은 띠가 생략된 가슴의 전면에 걸쳐 파도 문양을 조각했으며, 양어깨에는 귀면을 새기는 등 조각하기 어려운 화강암임에도 조각의 수준이 높다. 또한 석상을 받치고 있는 고석은 많이 퇴화되기는 했으나 나어두羅魚頭 문양이 남다르게 볼륨감이 느껴질 만큼 굴곡 깊게 새겨놓았다.

의릉

제20대 경종과 계비 선의왕후 어씨의 능으로 서울시 성북구 석관동에 있다. 숙종의 아들로 어머니는 한국사에 큰 파란을 일으킨 희빈 장씨다. 그의 짧은 치세 동안 당쟁이 절정에 달했지만 서양의 수총기水銃器를 모방해 제작하게 했고, 독도獨島가 우리의 영토임을 밝혀주는 내용을 담은 남구만南九萬의 『약천집』을 간행하는 등 열성적으로 국사에 나서기도 했다. 여하튼 경종이 남다른 것은 재위 4년 동안 신병과 당쟁의 와중에서 불운한 일생을 마쳐 그를 아는 한국인이 많지 않다는 점이다.

　의릉은 쌍릉이지만 다른 왕릉과 약간 다른 점이 보인다. 왕릉과 왕비릉

■ 의릉은 경종과 계비 선의왕후 어씨의 능이다. 의릉은 쌍릉이지만 왕릉과 왕비릉이 각각 단릉의 상설을 모두 갖추었다.

이 각각 단릉의 상설을 모두 갖추었지만 뒤에 있는 왕릉에만 곡장을 둘렀다. 그런데 일반적으로 쌍릉은 좌우로 조성하나 이 능은 앞뒤로 약간 축을 비껴 능역을 조성했다. 전후능설제도前後陵設制度는 효종과 인선왕후 장씨가 묻힌 여주의 영릉寧陵에서 처음 나타난 형식이다. 이러한 배치는 능혈의 폭이 좁아 왕성한 생기가 흐르는 정혈正穴에서 벗어나지 않도록 하기 위한 풍수지리적 이유이기는 하지만, 능역이라는 거국적인 행사임에도 자연 지형을 훼손하지 않으면서 능원을 조성하려는 우리 민족 고유의 자연관을 따랐다고 볼 수 있

조선 왕릉

다. 영릉은 왕과 왕비의 두 봉분이 약간 엇비슷하게 배치한 반면 의릉은 두 봉분이 앞뒤로 벗어나지 않도록 배치되어 있다.

문무인석은 4등신의 땅딸막한 비례에 움츠러든 어깨로 다소 경직스럽게 보인다. 갑주를 걸치고 장검을 두 손으로 힘차게 짚고 있는 무인석의 뒷면에는 짐승 가죽을 나타내기 위해 꼬리가 말려 있어 석공의 재주를 가늠케 한다.

헌인릉

서울시 강남구 내곡동 대모산 남쪽 기슭에 자리잡은 헌인릉은 제3대 왕인 태종과 왕비 원경왕후의 능인 헌릉과 제23대 순조와 왕비 순원왕후 인릉을 합쳐 이름 붙인 곳이다. 과거부터 서울시의 생태경관 보전 지역으로 지정되어 우거진 숲 속이 일품이며 헌릉에는 아름다운 오리나무 숲에 둘러싸인 습지가 있는데 이것은 사전에 계획된 일이다.

오리나무는 장수목으로 옛날에 도로의 오리五里마다 심어놓고 거리 표시를 했다 해서 붙은 이름이다. 조선시대에는 오리나무를 능역의 입구 습한 지역에 인위적으로 심어 관리했는데, 낙엽활엽수의 교목(큰나무)으로 습하고 비옥한 정체수停滯水가 있는 토양에서 잘 자란다. 목질부가 견고하고 붉은색을 띤 이 나무는 양수로 능역 남측의 합수지(명당수) 연못(주작) 근처에 심어 관리했다. 목질이 붉은 것은 오행 중 남측을 상징하며, 목질은 말라도 갈라지지 않아 가구 제조용으로도 많이 사용한다.

원래 왕릉 뒤에는 우거진 숲을 계획적으로 조성했는데 특히 봉분 뒤에는 소나무를 심었다. 소나무가 나무 중의 나무로 제왕을 뜻하기 때문이다. 봉분 주변에 심은 떡갈나무는 산불을 막는 역할이다. 지대가 낮은 홍살문(왕릉 입구) 주변에는 습지에 강한 오리나무를 심었다. 헌릉이 그런 예다. 특별히 헌인릉에 주목하는 것은 400년 이상의 시간차를 두고 조성된 2개의 왕릉이 있으므로 조선 초기와 후기의 왕릉 양식을 한곳에서 비교해볼 수 있는 장소이기 때문이다.

헌릉

헌릉은 조선왕조를 화려하게 수놓은 풍운아 제3대 태종과 원비 원경왕후 민씨의 능이다. 태종은 1367년(공민왕 16) 함흥 귀주동에서 태조 이성계와 신의왕후 한씨의 다섯째 아들로 태어났다. 고려 우왕 때 태종 이방원은 16세의 나이에 문과에 급제할 정도로 머리가 명석했다고 알려진다.

헌릉은 태종과 원경왕후를 같은 언덕에 무덤을 달리해 안장한 쌍릉으로 앞쪽에서 보아 왼쪽이 태종, 우측이 원경왕후 민씨의 능이다. 홍살문이 다른 능과는 달리 일반 도로와 면해 있어 폐쇄된 입구처럼 보이지만 홍살문에서 가능한 한 뒤에 가서 앞을 바라다보면 참도를 거쳐 정자각, 2기의 신도비가 있는 비각이 멀리서도 잘 보인다. 참도가 다른 왕릉과는 달리 어도와 신도가 구분되지 않은 것이 특징이며 신계와 어계가 일반적인 3단이 아니라 2단이다.

능제는 태조의 건원릉 형식을 따랐다. 각자 별도의 봉분을 갖는 쌍릉으로 조성되었는데 각 무덤은 12간의 난간석으로 서로 연결된다. 봉분 아랫 부

■ 헌릉은 태종과 원비 원경왕후 민씨의 능으로 같은 언덕에 무덤을 달리해 안장한 쌍릉으로 왼쪽이 태종, 오른쪽이 원경왕후 민씨의 능이다.

분에 화강암 병풍석을 쓰고 병풍석에 방울, 방패, 십이지신상을 새겨넣은 것 모두 건원릉을 그대로 모방한 것이다. 당시 왕비의 석곽은 서울 동대문구 창신동의 석산 돌로 사용했다. 석곽 덮개돌은 원래 물 등이 새어들지 않도록 한 판으로 써야 함에도 태종은 그렇게 하면 백성들이 다친다며, 반을 쪼개 2개를 덮도록 지시하고 직접 자신이 현장에 가 석공들로 하여금 둘로 쪼개도록 했다.

　　태종의 능이 조선왕조의 왕릉에 비해 규모가 크고 석물이 많은 것은 세종의 효심 때문이다. 세종은 파격적으로 다른 왕자들을 물리치고 자신에게 선위해준 태종에 대한 효심으로 태종의 묘에 각별한 정성을 보였다. 세종이 이와 같이 아버지 태종에게 헌신한 것은 그가 왕이 되리라고는 생각하지 못

■ 인릉은 순조와 순원왕후 김씨의 합장릉으로 봉분이 하나이며 봉분 앞의 석상도 하나만 설치했다.

했기 때문이다.

인릉

제23대 순조와 순원왕후 김씨의 합장묘로 태종의 묘와 조성 시기가 400여 년이나 차이가 난다. 순조는 조선왕으로서는 유달리 행복한 상황에서 태어났다. 한마디로 순조는 더없는 복을 받고 태어난 것이다. 그에 알맞게 정조는 아들 순조를 아끼고 귀하게 여겼다. 아버지 사도세자의 비극을 기억하는 정조이므로 그의 아들 사랑은 더욱 각별했다. 특히 순조는 정조를 똑 닮았다. 문제는 정조가 천수를 누리지 못하고 갑자기 사망했다는 점이다. 어린 순조가 후사를 잇기에는 더 많은 시간이 필요했지만 여유 부릴 시간도 없이 왕좌

조선 왕릉

에 올라야 했다. 그때 나이 11세다.

　순원왕후는 가례를 올린 지 7년 만인 20세 때 효명세자를 낳았고, 그 뒤에도 3명의 공주를 계속 순산하는 등 대체로 다복한 생활이었다고 말할 만하다. 1802년 왕비로 책봉되었는데 이후 안동 김씨 세도정치의 중심에 서서 헌종·철종까지 2번의 수렴청정을 하며 특별한 경력을 남겼다.

　순조의 능은 원래 파주에 있는 인조의 장릉長陵 좌측에 조성되었으나 풍수가 좋지 않다 하여 1856년(철종 7) 현 위치로 이장했으며 다음해에 순원왕후도 순조와 함께 합장되었다. 합장릉이므로 봉분이 하나이며 봉분 앞의 석상도 하나만 설치했다.

선정릉

선정릉을 외국인과 함께 방문하면 그야말로 놀라는데, 한국에서 땅값이 가장 비싼데다 복잡한 도심의 한복판이라고 알려진 서울 강남구 삼성동에서 무려 24만 588제곱미터에 달하는 거대한 면적이 숲으로 되어 있기 때문이다. 봄가을의 소풍객, 마음의 여유를 위해 산책길에 오른 삼성동 일대의 회사원들, 답사객들에게 편안한 안식처를 제공해준다. 더불어 한국인의 역사도 알려주는 고마운 장소이지만 선정릉에 대한 내역을 아는 사람은 거의 없다. 특히 지하철 선릉역에서 5분 정도만 걸어가면 선릉에 제9대 왕인 성종과 계비 정현왕후가 모셔져 있다는 것은 더더욱 모른다. 일반적으로 성종의 아들 중종의 묘도 함께 있으므로 선정릉이라고 하는데 선릉역이 잘 알려져 있어 선릉으로 통칭한다.

선릉

제9대 성종과 계비 정현왕후 윤씨의 능으로 동원이강릉이다. 동원이강릉이란 하나 이상의 능이 같은 능호를 사용하지만, 각각 다른 언덕에 조성된 능을 말한다. 한마디로 각기 다른 능침을 갖고 있지만 홍살문, 정자각은 하나다.

선릉을 앞에서 보면 좌측이 성종, 우측이 정현왕후의 능이다. 성종은 세조의 손자인 의경세자의 둘째 아들로 태어났는데, 성종이 태어난 지 두 달 만에 부친이 20세로 요절하자 의경세자의 동생인 예종이 세조의 뒤를 이어 즉위하고 성종은 자을산군으로 봉해졌다. 그러나 예종도 즉위한 지 14개월 만에 사망하자 예종의 원자인 제안대군이 겨우 9세인데다 성종의 형인 월산대군도 병석이므로 자을산군이 13세의 어린 나이에 왕위에 올랐다. 태조의 비범함을 닮았다고 알려진 성종은 7년간 정희대비의 수렴청정을 받다가 친정을 시작했다.

성종이 남다른 학문에 열중한 것은 왕위에 오르기 전 왕세자 교육을 받지 못하고 졸지에 왕위에 올랐기 때문이다. 한마디로 그는 왕이 된 후에야 비로소 제왕학 교육을 받을 수 있었다. 늦었던 만큼 성종은 열심히 공부했다. 13세에 왕위에 올라 20세 친정을 하기까지 성종은 거의 매일 두세 차례의 경연經筵을 빠지지 않았다. 7년 여 동안 성종의 월평균 경연 일수는 25일이 넘었고 아침과 낮에 열렸던 조강朝講과 주강晝講은 물론 석강夕講과 야대夜對에 경연을 실시하기도 했다.

성종의 이 같은 경연 강행군에 신하들과 할머니 정희왕후도 걱정할 정

■ 선릉은 성종과 계비 정현왕후 윤씨의 능으로 하나 이상의 능이 같은 능호를 사용하지만, 각각 다른 언덕
에 조성된 동원이강릉이다.

도였다. 사실상 『경국대전』의 반포, 집현전의 후신인 홍문관 설치, 사림파의
등용 등은 성종의 학문적 성과와 노력이 없었으면 가능하지 않은 일이라 볼
수 있다. 그렇다고 성종이 방에 틀어 앉아 글만 읽던 책상물림은 아니었다.
성종은 시를 좋아하고 풍류를 즐길 줄 아는 로맨티스트였다.

성종의 봉분에는 십이지신상이 새겨진 병풍석과 난간석이 있다. 성종의
능이 특이한 것은 세조가 "석실이 유해무익하니 원·능은 석실과 병풍석을
세우지 마라"는 유지에 따라 석실은 만들지 않았음에도 병풍석을 세웠다는
점이다. 병풍석의 면석面石에는 연꽃문양, 인석引石에는 해바라기와 모란문양

이 조각되어 있으며 12면에 십이지신상을 조각해 방위를 표시했다. 원래 십이지신상은 동물이 뚜렷하게 구분되어야 하는데, 이곳에 조각된 십이지신상은 거의 비슷비슷하게 생겨 일반인들의 눈으로는 구분하기 어렵다.

정릉

제11대 중종의 능인 정릉은 비공개 지역인데다 다소 떨어진 곳에 있으므로 선릉과는 달리 사람들의 방문이 많지 않아 고요한 곳에 있다. 그러나 능역의 경계를 벗어나면 서울 강남 중심부답게 주위가 매우 번화해 묘한 대비를 이룬다. 중종은 조선 왕조의 치부를 가장 적나라하게 노출시킨 왕으로 사극에서 자주 나오는 주인공 중의 한 명이지만 막상 그 유명한 중종이 정릉에 묻혀 있는지 아는 사람은 거의 없다.

중종이 사망하자 중종의 첫 번째 계비 장경왕후 윤씨가 있는 서삼릉의 희릉과 동원이강을 이루고 정자각은 왕과 왕비의 능 사이로 옮겨 설치했다. 그런데 한 달 뒤 조정에서는 왕비 문패 아래 왕이 있을 수는 없다며 능호를 편안하다는 뜻으로 정릉靖陵으로 바꾼다. 계비 문정왕후가 당시에 명종의 모후母后로 정권을 휘두르면서 당시 불교의 총본산인 현재 서울 강남의 봉은사 주지 보우普雨와 의논해 서삼릉의 능침이 풍수상 불길하다며 현 위치로 천장해 제1계비 장경왕후와 남편 중종을 갈라놓았기 때문이다. 학자들은 문정왕후 자신이 중종과 함께 묻히기를 원했고 보우는 옮겨진 능이 그가 있는 봉은사 인근인 만큼 자기 세력을 군히는 데 도움이 되었기 때문에 두 사람이 긴밀하게 협조하여 다소 무리한 천장을 한 것으로 생각한다.

■ 정릉은 중종의 능으로 첫 번째 계비 장경왕후 윤씨가 있는 서삼릉의 희릉과 동원이강을 이루고 있다.

　　문정왕후가 매사에 남다른 영향력을 발휘했지만 당대의 최고 실력자로
서도 감당할 수 없는 일이 생겼는데 그것은 천재지변이라는 변수다. 왕릉의
지대가 낮아서 장마철이면 재실까지 물이 들어온다는 점이다. 『선조실록』에
의하면 "물이 불어났을 때는 재실 아래까지 잠기고 홍살문 근처는 배를 띄울
정도이므로 보기에 민망하다"라고 적혀 있을 정도다. 홍수에 왕릉이 침수가
되자 번번이 이를 보수하기 위해 지대를 높여야 했다. 이와 같이 능침을 보수
하는 작업이 간단한 일이 아니므로 문정왕후가 사망하자 그녀의 바람과는
달리 자리가 나쁘다는 이유로 중종과 합장되지 못하고 태강릉의 태릉에 단
릉으로 남게 된 것이다.

중종에게는 3명의 왕후와 7명의 후궁이 있었으나 사후에는 어느 왕비와도 함께 있지 못했다. 중종의 원비였던 단경왕후는 양주의 온릉에 안장되었다. 그러므로 중종은 아버지 성종과 어머니 정현왕후 능인 선릉 옆에 홀로 묻혀 부득이하게 단릉이 되었는데, 조선 왕릉 중 왕만 단독으로 있는 무덤은 단종의 장릉을 제외하면 태조의 건원릉과 중종의 정릉뿐이다.

정릉

서울시 성북구 정릉동에 있는 정릉貞陵은 제1대 태조 계비 신덕왕후 강씨의 능으로 능역은 29만 9,573제곱미터다. 태조 이성계는 고려시대 풍습에 따라 향처鄕妻(고향의 부인)·경처景妻(개경의 부인)를 두었는데 강씨는 경처로 황해도 곡산부 상산부원군 강윤성康允成의 딸이다. 이성계가 원나라 동녕부를 원정하여 공을 세우고 남해 일대 왜구를 수차례 토벌하면서 고려 중앙인 개성에 진출했으나 지방 토호라는 출신 때문에 한계를 느끼자 개성의 권문세족 출신인 강씨와 정략적인 혼인을 한 것이었다.

신덕왕후가 갑자기 사망하자 태조는 도성 안에 왕릉터를 정하는 것은 물론 강씨 봉분 우측에 자신의 봉분인 수릉까지 정하고 수릉의 능호를 정릉으로 정했다. 오늘날은 정릉이 있던 곳이라 하여 정동貞洞으로 부른다. 조선이 개국된 1392년 신덕왕후가 조선 최초의 왕비로 책봉되었고, 그의 무덤인 정릉은 조선 최초의 왕릉이므로 태조가 공을 들여 조성했지만 제3대 태종이 즉위하면서부터 정릉의 위상은 확 바뀌어 남다른 푸대접을 받는다. 태종은

■ 정릉은 태조 계비 신덕왕후 강씨의 능이었지만, 태종이 즉위하면서부터 정릉의 위상은 확바뀌어 푸대접 을 받는다.

정릉이 도성 안에 있고 능역이 광대하다는 점을 문제 삼아 능을 사을한록沙乙 閑麓, 즉 현재의 정릉 자리로 옮기고 능역 100보 근처까지 주택지로 허락해 세 도가들이 정릉 숲의 나무를 베어 집을 짓게 했다. 또한 왕비의 제례를 폐하 고, 봄·가을 중월제中月祭로 격하시켰다.

태종은 신덕왕후에 대한 폄하는 이뿐이 아니다. 1410년 8월 홍수로 흙 으로 만든 광통교廣通橋가 무너지자 정릉의 석물로 돌다리를 만들도록 허락했 다. 청계천이 복원되어 광통교도 모습을 드러냈는데, 조선 최초의 병풍석과 방울·방패 조각을 확인할 수 있다. 그런데 일부 병풍석이 광통교에서 거꾸

로 박혀 있어 현대인조차 푸대접하는 것이 아니냐는 비아냥도 듣는다. 광통
교는 서울 광화문 청계천 입구에 있으며 600여 년이 넘었음에도 보존상태가
매우 좋다.

2009년 약수터 근처에서 망료위가 발견되어 원래의 자리인 정자각 좌
측으로 옮겼다. 망료위는 조선 초기의 능인 건원릉, 태종의 헌릉과 신덕왕후
왕릉에만 있던 것으로 축문을 태우던 것인데 정조 때 작성한 『춘관통고』에
그 위치를 기록해놓아 쉽게 제자리를 찾을 수 있었다. 『춘관통고』는 1788년
정조 때 국조 오례의 연혁과 실행 사례를 자세히 기록한 책이다. 2012년 처
음으로 이 망료위에서 제향을 지낸 후 축문을 불태웠다. 신덕왕후가 비로소
왕후로서 대우를 받은 것이다. 망료위는 조선시대 초기의 건원릉, 정릉, 헌릉
3곳에만 있다.

영녕릉

영녕릉은 제4대 왕인 세종과 소현왕후 심씨의 무덤인 영릉英陵과 제17대 효종
과 인선왕후 장씨의 무덤인 영릉寧陵이 좌우로 자리한 곳이다. 우연히도 두 능
의 한글 이름이 같아 흔히 '영릉'으로 함께 불리므로 세종의 능으로만 알려져
있고 효종의 능이라는 사실은 가려졌다.

세종에 대해서는 부연할 필요가 없는 조선왕조 최고의 왕으로 인식된
다. 한글의 창제와 학문의 발전, 과학과 음악의 발달과 국방의 강화 등 찬란
한 세종의 업적은 조선 건국 이래 태종까지 이어지던 문물의 정비와 국가 체

제의 확립이 완성 단계에 이르렀음을 의미한다. 화려하게 꽃 피어난 국가적 자신감과 제도의 완성은 능의 모습에도 반영되어 영릉은 왕실 능제의 전형을 가장 잘 보여주고 있다. 영녕릉에서는 해마다 한글날을 전후해 큰 잔치를 열어 세종의 뜻을 기리면서 지역민의 단결을 꾀하는 것은 물론 향토문화를 가꿔가는 계기로 삼는다.

영릉

살아서 100년의 세월이 아무리 호화롭다고 하더라도 죽어서 만년 유택만 못하다고 한다. 죽음은 결국 또 다른 삶의 연장임을 부인할 수 없는데 풍수지리에 의하면 명당이 아무 데나 있는 것은 아니다. 일단 인간으로 태어난 사람이라면 명당에 대한 관심을 갖게 되는 이유다.

영릉英陵은 조선 왕릉 중에서도 천하의 명당자리라고 한다. 영릉 덕분으로 조선왕조의 국운이 100년은 더 연장되었다는 말이 풍수사들 사이에 공공연히 나돌 정도다. 이런 명성을 갖고 있는 영릉은 한국 역대 군왕 가운데 가장 찬란한 업적을 남긴 제4대 세종과 소헌왕후 심씨의 합장릉이다. 세종은 태종의 셋째 아들로 1408년 충녕군에 봉해졌다. 원래 태종의 뒤를 이을 왕세자는 맏아들 양녕대군이었는데 그는 자유분방한 성품의 소유자이므로 왕세자로서 지녀야 할 예의범절이라든가 딱딱한 유교적 교육과 궁중생활 등에 잘 적응하지 못했다.

이러한 그의 품행은 태종의 눈에도 벗어나 결국 1418년 양녕대군이 폐세자가 되자 충녕군이 왕세자로 책봉되었다. 태종이 양녕대군을 폐한 것은

■ 영릉은 세종과 소헌왕후 심씨의 합장릉이다. 현재의 영릉은 풍수지리상 최고의 길지라고 알려졌다.

자유분방한 생활로 자신이 애써 이룩해놓은 안정되고 강력한 왕권을 보존하는 데 적합하지 못하다고 생각했기 때문이다.

보통 왕들은 왕위를 물려받을 때 선왕이 죽은 뒤 닷새째 되는 날 입관을 마치고, 다음날 즉위한다. 세종은 다른 왕과 다르게 선왕이 살아 있을 때 왕위를 물려받았다. 물론 태종과 세조도 선왕인 태조와 단종이 살아 있을 때 왕위에 올랐지만 이 경우는 정황이 세종과 다소 다르다.

세종대왕릉이 영릉에 오게 되는 과정, 즉 천장에는 매우 흥미있는 이야

조선 왕릉

기가 전해진다. 태종은 원래 서울시의 주요 문화재로 지정된 헌릉(서울 강남구 내곡동 소재)에 묻혔다. 세종의 어머니인 원경왕후 민씨 사후(세종 2년)에 능기陵基를 잡아놓은 것이다.

세종은 자신이 죽어서 아버지인 태종 곁에 묻히고 싶어 했다. 장자인 양녕대군을 물리치고 삼자인 자신에게 왕위를 물려준 것에 대한 보은인지도 모른다. 그러므로 세종은 헌릉 서쪽(수평거리 190미터)에 자신의 수릉을 재위 시 미리 잡았다. 그러나 수릉 택지 1년 후 소헌왕후가 먼저 사망해 장사를 지낼 때 수릉 자리가 풍수지리상 불리하다는 것을 발견한 대신들이 벌떼처럼 일어났지만 세종의 고집은 완강했다. 세종은 이미 태종의 은덕으로 왕위까지 누렸는데 그보다 큰 발복發福이 있겠느냐는 논리로 태종 곁에 자신의 수릉을 만들도록 지시했다.

결국 세종은 그의 고집대로 자신이 원하는 자리에 묻히는데, 그의 사후 조선왕조에 일대 피바람이 몰아친다. 문종이 즉위한 지 겨우 2년 만에 죽고, 아들인 단종은 숙부인 수양대군(세조)에게 왕위를 빼앗긴 후 강원도 영월 땅에 유배되어 죽는다. 왕자 여섯도 죽임을 당하는 등 조선 왕가에서 골육상쟁이 끊이지 않았다. 그러자 곧바로 이런 환난은 세종의 묘를 잘못 썼기 때문이므로 천장해야 한다는 이야기가 대두되었다. 결국 1469년(예종 원년)에 세종의 묘를 파묘하니 수의마저 썩지 않은 채로 물이 가득 차 있었다. 풍수지리에 의하면 세종의 묘는 매우 좋지 못한 자리로 왕가의 화를 자초했다는 것이 공인된 셈이나 마찬가지였다.

예종은 개장改葬할 묘소를 지금의 서울 땅에서 100리 이내에서 찾도록 했는데, 이때 지관이 천거해 천장한 곳이 하늘의 신선이 하강하는 천선강탄 天仙降誕형, 또는 신선이 앉아 있는 선인단좌仙人單坐형이라고 불리는 천하의 대명당인 현재의 영릉이다.

그 자리는 원래 광주 이씨 삼세손인 충희공忠僖公 이인손李仁孫의 묘택이 있던 곳이다. 이인손은 태종 때 문과에 급제해 우의정에 이르렀고 그의 부친은 청백리로 유명한 이지직이요, 조부는 고려 말의 절의와 명문으로 명성을 떨쳤던 둔촌遁村 이집李集이다. 현재 서울시 강동구 둔촌동은 둔촌 선생이 살았던 곳이라 하여 붙은 이름이다.

영릉

세종대왕릉에서 약 500미터 지점에 제17대 효종과 인선왕후 정씨의 쌍릉인 영릉寧陵이 있다. 효종은 1619년 인조의 둘째 아들로 봉림대군에 봉해졌고 12세에 한 살 위인 신풍부원군 장유의 딸인 인선왕후 덕수 장씨와 가례를 올려 1남 6녀를 두었다. 1636년 병자호란이 일어나자 강화도로 피신했으나 1637년 인조가 청 태종에게 삼전도에서 항복하자 볼모로 소현세자와 함께 선양으로 잡혀간다.

이후 그는 청나라에 이끌려 서쪽으로는 몽골, 남쪽으로는 산해관과 금주위錦州衛, 동쪽으로는 철령위鐵嶺衛, 동북쪽으로는 여해부如奚部까지 따라다니며 몰락의 길을 걷는 명나라 군대가 청나라에 의해 격파되는 장면을 목격한다. 청나라가 산해관을 공격할 때 소현세자의 동행을 강요하자 자신이 대신 가겠다고 고집했고, 서역을 공격할 때에도 소현세자와 끝까지 동행하여 그

를 보호했다. 1645년 소현세자가 귀국한 뒤에도 그대로 청나라에 머물러 있다가 세자가 급서하자 곧바로 귀국하여 김자점의 주도로 세자로 책봉된 후 왕위를 이어받는다.

효종의 무덤은 건원릉 서쪽 능선(현재 경기도 구리시에 있는 영조 무덤인 원릉)으로 정해진 후 10월 말 계획대로 안장되었다. 10월은 양력이 아니라 음력이므로 한창 추울 때 능이 조성되어 왕릉 조성 작업은 처음부터 부실하게 이루어져 다음해 장마 때 석물에 균열이 온다. 곧바로 석물을 고치긴 했으나 겨울이 다 지나갈 무렵 다시 석물이 무너져 이듬해 능을 대대적으로 고친다. 그럼에도 문제가 해결되지 않았다. 효종의 후임인 현종은 재위 15년 내내 거의 매년 아버지 무덤 수리를 해야 했다. 결국 현종은 사망하기 1년 전인 1673년 아버지의 무덤을 옮기기로 결정하고 현재의 여주땅으로 이장을 한다. 이 당시 천장의 이유로 석물에 틈이 생겨 빗물이 들어갈 염려가 있다는 주장이었다. 그러나 막상 여주의 영릉 곁으로 옮기기 위해 영릉을 개봉하니 깨끗하여 영릉대감의 책임자들이 면직되기도 했다.

　　다음해에 왕릉 앞에 인선왕후 능을 써서 좌우로 이웃한 다른 쌍릉과는 달리 앞뒤로 나란히 쌍릉을 이룬 동원상하릉이다. 이와 같은 형태는 조선 왕릉 가운데 서울 성북구의 의릉(경종)과 더불어 2개뿐이다. 그러므로 효종릉에서 아래를 내려다보면 멀리 왕비릉의 뒷모습과 그 너머 정자각의 뒷모습이 우측에 보인다. 이와 같은 것을 북상北上이라 하여 부부의 묘, 조상의 묘를 배치할 경우 매우 좋은 묘택으로 인식한다. 반면에 이 위치가 바뀌면 도장倒葬이라 하여 매우 좋지 않게 여겼다. 역적이 나면 삼족을 멸한 후 그 조상의 묘를 그 같이 옮겼다고 한다.

장릉

강원도 영월의 장릉莊陵은 비운의 왕으로 알려진 제6대 단종의 능이다. 조선 왕릉은 현재 북한에 있는 2기를 제외하고 대부분 도성인 한양을 중심으로 반경 4~40킬로미터에 조영되었다. 그러나 단종의 장릉은 유일하게 강원도 영월군 영월읍 영흥리 산133−1번지에 있다. 이곳은 산으로 겹겹이 둘러싸인 오지로 면적은 약 353만 7,190제곱미터나 된다. 단종이 이처럼 먼 곳에 묻힌 이유는 '단종애사端宗哀史'로 잘 알려져 있다.

단종은 1441년 문종과 현덕왕후 권씨의 아들로 태어난 다음날 어머니를 여의었다. 10세 때인 1450년 문종의 즉위로 왕세자로 책봉되었는데 아버지 문종이 왕이 된 지 2년 3개월 만에 사망하는 바람에 12세의 어린 나이에 왕위에 올라 세상의 모진 풍파를 겪으면서 조선시대뿐 아니라 한국사 전체에서 가장 비극적인 왕이 된다.

단종이 왕위를 빼앗기고 위리안치된 청룡포는 영월읍 중심지에서 서남쪽으로 약 4킬로미터쯤 떨어진 곳에 있는데, 3면은 깊은 강물로 둘러싸여 있고 한쪽 면은 높은 벼랑이 있어 나룻배를 이용하지 않고는 어디로든 빠져나갈 수 없는 천연 감옥과 같은 곳이다. 청룡포에는 단종이 유배되었던 당시에 세워 놓은 금표비禁標碑가 아직도 남아 있다. 이 금표비에는 '동서 300척, 남북 490척'이라는 글씨가 뚜렷하게 새겨져 있다. 천하를 호령하던 왕이지만 세조는 단종으로 하여금 이 공간 안에서만 생활하도록 행동 범위를 제한한 것이다.

현재 청룡포에는 단종이 한양을 바라보며 시름에 잠겼다고 전하는 높이 80미터 되는 낭떠러지 노산대, 망향탑 돌무더기 등 슬픈 역사가 남아 있는 유물들이 있다. 또한 한국에서 자라고 있는 소나무 가운데 가장 키가 큰 소나무로 천연기념물 제349호의 '관음송'이 자라는데 수령이 600년이나 되어 청룡포에서 유일하게 단종의 유배를 지켜본 귀하신 몸이다. 또한 수령은 관음송에 못 미치지만 단종의 어가 주변에 조성된 크고 오래된 소나무 숲이 270도 돌아 흐르는 서강과 어우러져 청룡포는 자연 경관이 뛰어난 명승지로 이름

■ 장릉은 단종의 능으로 다른 왕의 능이 한양 내에 있는 반면 유일하게 강원도 영월군에 있다.

이 높다.

　단종의 묘는 80여 년 동안 제사도 봉양도 받지 못하고, 찾는 이도 없이 버려졌는데 1538년(중종 33) 영월부사로 부임한 박충헌은 영월에 부임한 7명의 부사가 임기 중에 죽는다는 이야기를 듣던 어느 날 꿈에서 단종을 만나 그의 억울함을 들었다 한다. 꿈을 꾼 뒤 박충헌은 엄흥도 후손의 안내로 묘를 찾아 봉분을 정비했다.

　단종이 명예를 회복하는 데는 200년이 넘게 걸렸다. 1681년(숙종 7), 숙종은 그를 일단 노산대군으로 추봉追封한 뒤 1698년(숙종 24) 정식으로 복위시켰고 묘호를 단종으로 종묘에 부묘했으며 능호를 장릉이라 했다. 또한 암

매장한 곳을 찾아내 이곳에 왕릉으로 정비했는데 장릉의 능침은 다행히도 양지바른 곳에 있어 눈이 와도 쉽게 녹으며 따뜻하다. 특이한 것은 능침을 둘러싼 소나무가 모두 봉분을 향해 절을 하듯 묘하게 틀어진 것이 많다. 장릉 터를 풍수가들은 갈룡음수형渴龍飮水形, 비룡승천형飛龍昇天形이라 한다.

능역 내에는 홍살문, 정자각, 단종비각, 재실 등 여타 왕릉과 다름없다. 그러나 장릉은 능침 공간과 제향 공간이 일반 능과 다르게 배치되어 있다. 장 유형의 능선 중간에 능침이 있으며 능침 서측 수십 미터 아래에 평지를 이용, L자형 참도 끝에 능침을 옆으로 하고 정자각을 배치해놓았다. 일반적 직선형 제향 공간과 다른 형태다. 이것은 단종이 몰래 암매장되고 능침 앞이 좁아서 그렇게 된 것이다.

융건릉

제22대 정조의 아버지 장조(사도세자)와 현경왕후를 모신 융릉, 정조와 효의왕후를 모신 건릉을 합쳐 부르는 이름이다. 건릉은 10세 때 아버지의 죽음을 목격한 아들의 무덤이고, 융릉은 아버지에게 죽임을 당한 아들의 무덤이다.

세상에는 비극의 주인공도 많고 그 사연도 제각각이다. 왕조의 비극과 권력의 비정함을 상징하는 마의태자와 단종이 역사에 자주 나오는 비극의 주인공들이지만 사도세자의 비극은 그 누구보다도 애절하다. 28세의 꿈같은 나이에 왕세자였지만 뒤주에 갇혀 당쟁의 제물이 되었으니 말이다.

정조는 즉위 이후 당쟁을 없애기 위해 탕평책을 펼치며 신진세력을 등용하는 한편 수원 화성 건축을 통해 왕권의 강력함을 보여주려 했다. 또 아버지의 죽음에 대해 억울한 마음을 갖고 있었기에 즉위 초부터 사도세자의 복권에 공을 들였다. 사도세자의 능은 원래 경기도 양주군 남쪽 배봉산에 있었는데, 정조가 즉위하면서 아버지의 존호를 장헌으로 올리고 1789년 이곳으로 묘를 옮긴 후 능호를 융릉으로 바꾸었다. 고종 때 의황제로 추존함과 동시에 어머니도 의황후로 올렸다. 반면에 언덕을 사이에 두고 있는 건릉은 정조와 그의 부인인 효의왕후가 합장된 무덤으로 융릉과 건릉을 잇는 길은 수도권에서 손꼽히는 산책로로 많은 사람이 찾는 곳이다.

융릉

제21대 영조의 둘째 아들이자 정조의 부친 장헌세자 장조와 현경의왕후(혜경궁 홍씨)의 합장릉이다. 사도세자는 글쓰기를 좋아했으며 10세 때 당시 세마洗馬(정9품)였던 홍봉한의 동갑내기 딸과 혼인했는데 그녀가 바로 유명한 혜경궁 홍씨다. 홍봉한이 당시에 급제하지 못하고 세마洗馬라는 말직에 머물러 있었다는 사실을 볼 때 홍봉한은 딸이 세자빈으로 간택되어서야 비로소 두각을 나타내기 시작한 것으로 추정된다. 홍봉한은 딸의 간택을 계기로 도승지, 어영대장ㆍ예조ㆍ이조판서ㆍ좌참찬을 거쳐 우의정ㆍ영의정까지 오르면서 영조 중ㆍ후반 노론의 대표적 대신으로 활동했는데, 결론적으로 홍봉한의 승세勝勢는 사도세자의 몰락과 관련이 있다 해도 과언이 아니다.

융릉은 용이 여의주를 희롱하는 형국이라는 천하의 명당터다. 고산 윤선도가 효종의 능침으로 지목하는 등 수백 년간 이 자리는 풍수가들의 주목

■ 융릉은 장헌세자 장조와 현경의왕후의 합장릉으로 용이 여의주를 희롱하는 형국이다.

을 받아온 곳이다. 이곳에 올라보면 풍수지리에 문외한이라도 천하의 명당
임을 실감하게 된다. 뒤로는 광교산, 팔달산, 화산이 둘러치고 앞으로는 겹겹
이 둘러싼 연봉連峰들이 좌청룡, 우백호, 안산案山, 조산朝山을 이루고 있다.

　융릉은 특이하게도 정자각과 능침이 일직선상에 있지 않다. 원래 조선
왕릉은 능침이 참배자나 관람객에게 보이지 않도록 능침과 정자각, 홍살문
을 일직선에 배치하는 것이 기본이다. 즉, 정자각이 능침의 가리개가 되는 것
이다. 그러나 융릉은 정자각이 능침 안산 방향에서 옆으로 비켜서 있다. 그
진정한 이유는 알려지지 않았지만 정자각이 옆으로 비켜서 있으므로 수복방
이 능침 앞을 가로막았다. 조선 왕릉의 수라간과 수복방이 정자각 앞 신로와

어로를 중심으로 마주하는 원칙을 무시하고 일직선으로 나란히 배치된 형태가 된 것이다.

건릉

제22대 정조와 효의왕후 김씨의 합장릉이다. 정조는 융릉에 있는 사도세자와 혜경궁 홍씨의 둘째 아들로 8세 때인 1759년(영조 35) 왕세손에 책봉되었다. 1776년 영조의 사망으로 왕위에 오른 정조는 곧바로 어머니 혜빈을 혜경궁, 효장세자를 진종眞宗, 효장묘도 영릉永陵으로 격을 높이고 생부의 존호는 장헌세자, 묘소를 수은묘垂恩墓에서 영우원永祐園으로 격상했다. 자신의 왕통에 관한 정리를 마친 후 홍인한·정후겸 등을 사사賜死하고 그 무리 70여 명을 처벌해 분란의 소지를 사전에 제거했다.

정조가 즉위와 동시에 공을 들인 것은 본궁을 경희궁에서 창덕궁으로 옮기고 규장각 제도를 시행한 것이다. 규장각 제도란 조정의 문신들의 재교육 기회인 초계문신抄啓文臣 강제講製를 뜻한다. 이 제도는 조정의 37세 이하 문신들 가운데 재주가 있는 자들을 뽑아 공부하게 한 다음 그 성과를 시험을 통해 확인해 임용 승진의 자료로 삼은 것으로 규장각에서 이를 주관했다. 근 20년간 10회 시행해 100여 명을 배출했는데 무반의 요직인 선전관宣傳官 강시講試제도도 함께 시행했다.

정조는 선왕 영조 때부터 시작된 궁성 밖 행차뿐만 아니라 역대 왕릉 참배를 구실로 도성 밖으로 나와 많은 백성을 직접 만나는 기회를 만들었다. 100회 이상을 기록한 행차는 단순한 참배만이 아니라 일반 백성들의 민원을

■ 건릉은 정조와 효의왕후 김씨의 합장릉으로 재실 위 높은 언덕에 모셔져 있다.

접수하는 기회로도 활용했다. 또한 누구든 억울한 일은 무엇이나 왕에게 직접 호소할 수 있도록 하여 능행陵行 중에 그것들을 접수토록 했는데, 『일성록』과 『실록』에 실린 상언·격쟁의 건수만도 5,000건을 넘는다.

　정조의 무덤은 융릉 서쪽으로 두 언덕을 사이에 두고 있다. 아버지 사도세자의 융릉을 자주 찾았던 정조는 영의정 채제공에게 "내가 죽거든 현릉원(융릉) 근처에 묻어주오"라고 했던 부탁대로 묻혔다. 그런데 처음에는 아버지무덤의 동쪽에 모셔졌으나 자리가 좋지 않다는 여론 때문에 효의왕후가 죽은 후 현릉원으로 이장하면서 합장했다. 원래 정조의 묘호는 정종正宗이었는데 대한제국의 고종이 사도세자를 장조로 높이고 정종 역시 정조라 고쳐 왕실의 묘호를 격상시켰다.

융릉과 건릉은 모습이 거의 똑같지만 건릉은 융릉처럼 장대한 모습은 아니다. 융릉은 왕인 정조가 심혈을 기우려 만든 반면 정조의 능은 그의 사후 유신遺臣들이 융릉처럼 만드는 데 소극적이었기 때문이다. 그렇지만 왕릉으로서 구색은 모두 갖추고 있다. 능 입구에 홍살문이 있고 넓은 잔디 묘역 중간 왼쪽으로 재실이 있다. 능은 재실 위 높은 언덕에 모셔져 있다. 능에는 석상과 망주석, 문무인석이 있다. 융릉에는 병풍석이 있고 난간석이 없는 대신 건릉에는 난간석은 있으나 병풍석은 설치되지 않았다. 장명등에 새겨진 문양이 융릉의 것과 같음을 볼 때 한 장인이 두 무덤을 만든 것으로 추정된다.

불
국
사
와
석
굴
암

유네스코가 선정한 세계문화유산 가운데 하나인 경주는 다소 특이한 경력을 갖고 있다. 1995년 경주에 있는 불국사·석굴암이 제1차로 세계문화유산으로 지정되었고, 2000년에는 경주시 거의 전부가 '경주역사유적지구'로 지정되었기 때문이다. 그러므로 불국사와 석굴암은 세계문화유산 속의 세계문화유산이라 볼 수 있다. 경주 일원이 '경주역사유적지구'라는 이름으로 등재되었다는 것은 다른 유산과는 다소 다르다는 것을 곧바로 알 수 있다. 종묘나 창덕궁은 단일 품목으로 등재되었지만, 경주는 도시 전체가 세계문화유산으로 등재되어 있기 때문이다.

경주와 같은 예는 세계적으로도 흔치 않다. 우선 1,000년 역사를 자랑하는 나라는 세계사 전체에서도 서양의 로마제국과 동양의 신라가 있을 뿐인데, 경주는 그 '천년의 왕국' 신라에서 1,000년 내내 '서울'이었다. 로마는 특이해 1,000년을 넘긴 나라이기는 하나 동서로 분리되어 서로마는 476년에 멸망하고 동로마는 1453년에 멸망했다. 경주와 동일한 선상에서 로마를 비교할 수 없다는 것을 알 수 있다.

경주는 토함산, 남산, 선도산으로 삼면이 둘러싸여 분지와 같은 지형을 하고 있다. 5세기가 되면서 경주는 점차 도시의 면모를 갖추게 되는데, 5세기 중반에 중국의 시안西安을 본떠 방리제方里制라고 불리는 도시계획법을 도입한다. 방리제란 시가지를 바둑판처럼 정연하게 '방'과 '리'로 나누어 구획한 것을 말한다.

경주는 방대한 지역에 산재한 유적의 다양성에만 있는 것이 아니라 유적이 된 시대가 매우 길다는 점도 특징이다. 가령 박혁거세가 탄생했다는 나정이라는 신라 초기 유적 인근의 남산에서는 신라 전성기의 유적은 물론 신라의 말기 유적까지 포함된다. 1,000년에 걸친 역사가 고스란히 세계문화유산으로 녹아들어가 있는 것이다.

불국사

"안개와 구름을 삼키고 토한다"는 토함산 동쪽 정상 못 미친 곳에 석굴암이 있고 불국사는 서쪽 중턱에 자리 잡고 있다. 1995년에 석굴암과 함께 유네스코의 세계문화유산에 등록되어 있는 불국사는 대한불교조계종 제11교구 본사다.

불국사佛國寺는 이름이 말해주듯 흔한 이름의 절이 아니다. 최치원은 불국사가 화엄불국사華嚴佛國寺였다고 기록했는데, 한때 화엄법류사華嚴法流類寺라고도 불렸다. 불국사는 이름 그대로 화엄사상에 입각한 불국세계를 표현한 사찰이다. 석굴암이 먼저 준공된 이후 불국사는 더욱 활발하게 건설이 진척되었다. 그렇지만 불국사의 석축을 쌓는 데 많은 시간이 소요되었는데, 일반적으로 공사 기간이 30년은 넘지 않았을 것으로 추정된다.

불국사를 전면에서 바라볼 때, 장대하고 독특한 석조 구조는 창건 당시에 건설된 8세기 유물이고 그 위의 목조 건물들은 임진왜란 전까지 9차례의 중창과 중수를 거쳤으며 1970년부터 1973년까지 복원 공사가 대대적으로 이루어졌다. 극락전 뒤쪽에 법화전터로 알려진 건물터가 남아 있는 것을 보면 창건 당시의 불국사와 현재의 불국사 규모에는 차이가 있을 것으로 짐작된다.

절대 진리의 세계인 불국토

불국사와 석굴암을 이해하려면 이 땅이 곧 불국토라고 믿었던 신라의 독특한 불교관을 이해해야 한다. 이들 건축은 당시의 시대 정신과 사회·경제적 배경에 대한 이해 속에서만 해명될 수 있기 때문이다. 이들 건축이 세워지기 전의 고대 사회에서는 현세의 삶이 죽어서까지 연속된다는 계세繼世사상이다. 죽은 사람을 위해 시종들을 순장해 데려가는 것도 현세에 누린 영화를 계속 누린다는 생각이 깃들어 있다. 그러나 불교에서는 세상사를 인과응보와 윤회사상으로 설정한다. 윤회사상은 모든 신분의 인간 존재를 인정하면서 현생의 자신의 인因에 의해 내세의 운명이 결정된다고 이야기한다.

■ 불국사는 "안개와 구름을 삼키고 토한다"는 토함산 서쪽 중턱에 자리 잡고 있다. 불국사 입구.

이 사상의 진보적인 측면은 모든 인간의 존재를 인정하는 면과 신분의 변화 가능성에 대한 주장이다. 또한 이는 현세의 사회를 합리화할 수 있는 사상이기도 했다. 즉, 불교가 이상으로 내세운 개인의 도덕은 현생에 덕을 쌓으면 부처님이 돌봐 내세에 복을 받는다는 것이다. 이것은 자기 처지에 맞게 불만을 갖지 말고 순종하면서 열심히 살면 결국 내세에서 복을 받으니 집권자들에게 감히 대항할 필요가 없다는 논리다. 즉, 대다수의 피지배자인 백성들이 받는 고통은 전생의 업보로 인한 것이니 참아야 한다는 것이다. 특히 불국사와 석굴암이 만들어졌던 경덕왕 시기가 전체 신라 왕권의 전성기임과 동시에 붕괴기로 신분 질서가 이완되어가던 때임을 상기하면 더욱 이해가 빠

불국사와 석굴암

르다.

그런데 삼국 가운데 가장 늦게 불교를 공인한 신라는 고구려와 백제에서처럼 왕실에서 먼저 불교를 받아들인 후 민간신앙으로 이어지는 순서를 밟지 않았다. 즉, 불교가 신라에 도입되는 초기에 불교를 수용하는 데 다소의 저항과 반발이 있었다.

불교에서 이야기하는 윤회사상이 옳다고 하더라도 실제로 그것을 어떻게 확인할 수 있느냐가 관건이다. 바로 여기에서 대범한 아이디어가 태어난다. 불교가 원래 외래종교가 아니라 우리의 고유한 신앙과 밀접한 관련이 있다는 것이다. 즉, 신라가 불교와 인연을 맺게 된 것은 본래부터 불국佛國이었기 때문이라는 설명이다. 이렇게 성립된 불국토사상은 불교가 우리의 종교라는 주장으로 발전한다.

그러므로 신라인들에게 신라 땅이 본래 불국토였다는 신념을 불어넣으면서 자부심을 갖고 불교에 귀의하도록 유도했다. 또한 국명도 불교 성지의 이름을 써서 실라벌實羅伐이라 표기하면서 서라벌의 어원을 이룬다. 불국사는 이 당시 신라가 불국토라는 것을 충실하게 알려주기 위해 건설된 사찰로 심오한 화엄사상을 가시적인 조형예술인 사원건축의 독창적이고 독특한 형태로 표현된 것으로 볼 수 있다. 불국사는 신라인이 그린 불국, 이상적인 피안의 세계를 구현한 것이라는 뜻이다.

불국사의 구성

불국사가 다소 복잡하게 보이는 것은 입면도와 평면 구성에서 매우 중요한 종교적 상징 구조를 보여주고 있기 때문이다. 불국사를 자세히 보면 크게 세 구역으로 나뉜다. 대웅전을 중심으로 무설전, 자하문, 청운교, 백운교, 범영루, 좌경루, 석가탑과 다보탑 등이 있는 넓은 구역과 그 옆에 극락전을 중심으로 칠보교, 연화교, 안양문 등이 있는 비교적 좁은 구역이 있다. 또한 무설전 뒤로 비로전과 관음전이 있으며 앞의 두 구역과 달리 거대한 석조 구조물이 없어 구조적으로 차이를 보인다.

세 구역 중 넓은 구역은 『법화경』에 근거한 석가모니불의 사바세계 (3,543제곱미터)이며 다소 작은 규모의 구역은 『무량수경』에 의한 아미타불의 극락세계(1,563제곱미터)이며 무설전 뒤는 『화엄경』에 근거한 비로자나 부처님의 연화장 세계다. 결국 불국사는 세 분의 서로 다른 이름을 가진 주인공이 있는 곳이라고도 할 수 있다.

석가가 상주하는 절대 진리의 세계인 불국토가 아미타정토보다 훨씬 넓고 범영루 · 청운교 · 백운교 등 전면의 건물들이 앞쪽으로 돌출된 것은 아미타정토보다 석가정토를 의도적으로 강조했기 때문이다. 불국사의 전면을 전체적으로 보면 석가정토의 대웅전이 아미타정토의 극락전보다 한층 높은 위치에 있다. 즉, 아미타정토를 단층, 석가정토를 중층으로 보이게 의도적으로 건축한 것인데 이는 석가정토를 강조하려 했기 때문이다. 특히 석가정토의 장대석 · 아치석 · 기둥석 · 난간석 등은 석조이지만 다듬어진 형태는 목조 건축물을 번안해 다듬어졌고 맞춤새도 목조처럼 짜맞추었다. 석재를 다듬어 목재 건축을 짓듯이 짜맞추어 건설한 건축은 세계 어느 곳에서도 유례가 없다.

■ 불국사의 건물은 장대하고 독특한 석조 구조 위의 목조건축으로 이루어져 있다.

불국사 경내에 들어서면 우선 대석단大石壇과 마주치는데 불국사의 건물은 장대하고 독특한 석조 구조 위의 목조건축으로 이루어져 있으며, 석가정토 구역은 아미타정토 구역보다 석조 구조가 한 단 높게 조성되어 아미타정토는 1층, 석가정토는 2층으로 보인다. 대석단은 크게 양분되어 그 아래와 위의 세계가 서로 다르다는 것을 의미한다. 곧 석단 위는 부처의 전유 공간으로 불국토이고 석단 아래는 범부의 세계다. 동쪽의 석가모니 세계는 석단에 마련된 청운교와 백운교를 통하지 않고는 오를 수 없으며 서쪽의 극락전 역시 석단에 마련된 연화교와 칠보교를 통해서 올라갈 수 있다. 비로전이나 관음전 역시 대웅전과 극락전을 통해서만 다다를 수 있다.

이 석조 구조는 길고 짧은 장대석·아치석·기둥석·난간석 등 잘 다듬어진 다양한 석재로 화려하게 구성되어 있다. 강우방은 불국사의 석조 구조 중 석가정토 구역은 단순한 기단이 아닌 정토 건축의 목조건물 제1층에 해당하는 부분이 석조 구조로 번안되었다고 설명했다.

정토건축이란 건축 양식의 하나로 지상에서 멀리 떨어진 하늘에 있는 불국토를 상징하는 건축 양식으로 대체로 2층의 누각 형태를 띤다. 이러한 중층의 정토 건축은 중국의 석굴사원의 벽화에 많이 나오는데, 현존하는 가장 오래된 정토건축물로는 1052년에 건축된 일본 뵤도인平等院의 건물로 알려져 있었는데 불국사는 그보다 훨씬 앞선 8세기 중엽에 계획된 것이다.

흔히 불국사를 방문할 때 놓치기 쉬운 것이 경내로 들어가기 전의 석축이다. 불국사는 다른 사찰과는 달리 경내로 들어서면 크게 둘로 갈라지는데 석축 위는 불국이고 그 아래는 범부의 세계다. 단아한 모습의 석축은 1층 기단엔 큰 돌, 2층 기단에는 작은 냇돌을 쌓았으며 그 사이에 인공적으로 반듯하게 다듬은 돌로 기둥을 세워 지루하지 않게 변화를 주었다. 또한 석축 중간에 다리(연화·칠보교, 청운·백운교)를 내고 하늘로 날아오를 듯한 처마가 돋보이는 범영루와 좌경루를 세워서 수평적으로만 둘러진 것 같은 석축에 변화를 주었다. 불국세계의 위엄을 상징하는 이 석축으로 불국과 범부의 세계가 구분되지만, 연화·칠보교와 청운·백운교가 두 세계를 이어주는 것이다.

불국사 앞에 연못이 있다는 사실도 발굴로 밝혀졌다. 청운교 앞에 계란형으로 구품연지九品蓮池로 불리는 동서 39.5미터, 남북 25.5미터의 연못자리가 발견된 것이다. 사찰의 기단을 보면 토함산의 물을 끌어들여 연못으로 물이 떨어지게 하는 홈통같은 배수구가 있는데 여기서 물이 떨어지면 물보라가 생겨 장관이었다고 한다. 특히 못 위에 놓인 청운·백운교와 연화·칠보교, 긴 회랑과 경루, 종루 등 높은 누각들이 거꾸로 물 위에 비쳐 절경을 이루었을 것이다. 불국사의 연못이 재현되어 이들 아름다운 광경을 실제로 볼 수 있는 날이 있을지 모르겠다는 아쉬움도 있다.

석가정토

『법화경』에 의하면 석가모니가 『법화경』을 설한 영취산을 그가 상주하는 정토로 삼는다. 석가정토는 아미타정토보다 훨씬 넓은데다 측면에서 볼 때도 석가정토의 석조 구조가 아미타정토의 석조구조보다 3미터나 돌출되어 있다. 그만큼 불국사는 석가정토 구역을 강조한 건축물이다.

청운교와 백운교

불국토는 청운교·백운교 등 돌계단으로 올라가는데 지상과 천상을 연결하는 다리의 중간 부분에 아치형 터널이 있어 밑에 물이 흐르는 다리임을 상징적으로 표현했다. 계단을 올라가면서 지상에서 천상으로 상승함과 동시에 강 또는 바다를 건너 하늘에 있는 불국토에 도착한다.

불국사의 가장 특징적인 조형물 중 하나인 석축(석단)의 위는 부처의 나라인 불국이고 그 밑은 아직 거기에 이르지 못한 범부의 세계를 뜻한다. 석단은 크고 작은 돌을 함께 섞어 개체의 다양성을 나타내는데, 불국세계의 높이를 상징함과 동시에 그 세계의 굳셈을 상징하기도 한다. 두 모퉁이 위에는 경루와 종루가 있다.

석단에는 대웅전을 향하는 청운교·백운교(국보 제23호), 극락전을 행하는 연화교·칠보교(국보 제22호)의 2쌍의 다리가 놓여 있는데 층층다리가 국보로 지정된 예는 세계에서도 그 유례가 흔치 않아 불국사가 예사롭지 않은 건물임을 알 수 있다. 청운교·백운교는 석가모니불의 불국세계로 통하는 자하문에 연결되어 있고, 칠보교·연화교는 아미타불의 불국세계로 통하는

■ 청운교와 백운교는 석가모니불의 불국세계로 통하는 자하문에 연결되어 있다.

안양문에 연결되어 있다.

청운교는 18계단으로 높이는 신라 척도로 12척(3.82미터)이고 폭은 16척
(5.16미터)이다. 백운교는 16계단으로 높이는 10척에 폭은 16척이다. 다리의
숫자는 어떻게 보느냐에 따라 다른데 일반적으로 청운교·백운교가 33계단
으로 알려진다. 33천天을 상징하는 것으로 욕심의 정화에 뜻을 두고 노력하
는 자들이 걸어서 올라가는 다리라는 설명인데, 현존하는 유일한 신라의 다

리다. 2개의 돌다리가 45도 경사로 높다랗게 걸려 있는데 계단을 다리 형식으로 만든 특이한 구조를 하고 있다.

특히 백운교를 옆에서 보면 직각삼각형 모양이다. 백운교의 높이와 폭과 계단의 길이를 간단한 비로 나타내면 약 3 : 4 : 5가 된다. 피타고라스 정리에 따르면, 직각삼각형에서 직각을 낀 두 변을 a와 b, 빗변을 c라 할 때 $a^2+b^2=c^2$이다. 백운교의 비 3 : 4 : 5에서도 $3^2+4^2=5^2$인 관계가 성립한다.

화강암의 장대석으로 계단을 갈고 양쪽 난간에는 원통형의 돌을 이었으며, 계단 위에 설치된 세 줄의 등연석은 각각 너비 70센티미터, 길이 6.2미터나 되는 거대한 한 개의 돌로 되어 있다. 장방형의 돌기둥 위에 받쳐진 홍예는 반원을 이루고 있으나 전체적으로는 U자를 뒤집어놓은 모양으로 한국 석교나 성문의 시원을 보여주고 있다.

아치의 구조법은 골격이 되는 아치의 틀을 먼저 만들고 그 사이를 장대석처럼 다듬는 판석을 치밀하게 축조해 천장을 완성시키는 방식인데, 골격에 의지하고 그 위에 덧쌓아서 골격과 천장돌 사이에 요철이 생겼다. 그러므로 이 형식은 전체를 아치로 만든 구름다리나 성문들과는 달리 일정 간격으로 세우고 이를 구조재로 하여 그 사이를 석재로 쌓거나 판석을 얹은 것으로 생각할 수 있지만 석빙고의 아치와 또 다른 방법을 채택했다.

자하문과 회랑

청운교와 백운교를 오르면 자하문이 나타나는데 자하문이란 '붉은 안개가 서린 문'이라는 뜻으로 부처의 몸에서 나온다는 자금색 광채를 말한다.

■ 자하문은 붉은 안개가 서린 문이라는 뜻으로 부처의 몸에서 나온다는 자금색 광채를 말한다. 또
한 자하문 좌우의 회랑 구조는 궁중의 것과 유사하다.

이 문을 통해서 부처가 있는 대진리의 도장으로 들어가는 것이다.

축대를 따라 5칸씩 행각이 있고 그 끝에 1칸씩 앞으로 돌출하고 지붕이 솟아오르게 건축되었는데, 동편의 것이 경루經樓인 좌경루이고 서쪽이 종루鐘樓인 범영루다. 종루의 원명은 수미종각須彌鐘閣으로 수미산에 있는 종각이란 뜻이다. 수미산은 석가여래의 이상향인 사바세계의 표상이다. 신라인들은 부처의 나라를 만들기 위해 토함산 기슭에 수미산을 쌓았는데, 그것이 불국사의 자연석 축대로 상징되고 그 위의 건축물들은 부처가 상주하는 보궁寶宮이다. 범영루에는 현재 법고를 넣어두고 있으며 좌경루는 경판을 넣어두었던 경루였으나 지금은 목어와 운판雲版(사찰에서 식사 시간 등을 알리기 위해 치는 금속편)을 달아두었다.

범영루 하부의 석조구조는 잘 다듬어진 돌을 짜맞추어 특이한 기둥을 만들었다. 즉, 돌단 위에 판석板石을 새웠는데 밑부분을 넓게 하고 중간 돌기둥을 지나면 다시 가늘고 좁게 했다가 윗부분에 이르러 다시 밑부분과 같이 넓게 쌓았다. 쌓은 형태는 기둥돌이 모두 8개씩 다른 돌로 되어 있고 다른 돌을 동서남북의 네 방향으로 조립한 것으로 대단히 독특한 조형미를 갖고 있다. 반면 좌경루의 하부 석조구조는 연꽃으로 장식한 팔각 기둥으로 단순히 처리해 대칭의 자리에 비대칭의 조형을 조성했다.

자하문을 통과하면 세속의 무지와 속박을 떠나서 부처님의 세계가 눈앞에 펼쳐진다는 것을 상징한다. 자하문 좌우에 회랑이 복원되었는데 회랑의 구조는 궁중의 것과 유사하다. 국왕은 세간의 왕이요 불佛은 출세간의 대법왕이라는 뜻에서 대웅전을 중심으로 동서 회랑을 건립하는 수법이 생긴 것이다.

대웅전과 무설전

대웅전(보물 제1744호) 경내로 들어서면 불국사의 사상과 예술의 정수라 볼 수 있는 석가탑과 다보탑이 나타난다. 두 탑은 서로 크게 다른 모습을 하고 있으나 모양과 주변 분위기가 어우러져 경내를 장엄한 불국토로 만든다. 석가탑과 다보탑은 각기 석가여래상주설법탑과 다보여래상주증명탑으로 불교의 이상이 이곳에서 실현된다는 상징성을 갖는다.

창건 당시 대웅전의 본존불에서 두 탑을 바라보면 화려한 다보탑 뒤로 단순한 건물인 경루가 들어섰고, 단아한 석가탑 뒤로는 화려한 종루가 배치되어 각각 생김새가 다른 두 탑과 누각이 전체적으로 다양함 속에서도 통일성을 잃지 않는 균형을 이루었다. 그러나 임진왜란 때 불에 타 원래 모습이 크게 손상되었고 또한 여러 번의 복원 과정에서 종루와 경루가 제 모습을 잃었다. 대웅전 앞의 석등과 봉로대(배례석)도 주목할 만하다. 석등은 소박하지만 신라시대의 것으로 가장 오래 되었다. 석등 앞에 면마다 안상眼狀을 새긴 석대가 향로를 얹어 향을 피우던 봉로대다.

석가정토의 대웅전 건물은 기본적으로 아미타정토의 극락전보다 한 층 높은 위치에 있다. 1659년에 중건했던 것을 1765년에 다시 지었다고 전해져 오는데 정면 5칸 측면 4칸으로 되어 있으며 창건 당시와는 구조가 달라졌다고 추정된다. 또한 창건 당시에는 석가여래와 미륵보살, 갈라보살의 삼존상이 모셔졌다고 기록되어 있다.

협시挾侍보살로 미륵보살과 갈라보살이 서 있는 예는 매우 드물다고 한다. 미륵보살은 미륵불이 아직 성불하기 전의 모습이며 갈라보살은 정광여

■ 대웅전은 아미타정토의 극락전보다 한 층 높은 위치에 있다. 창건 당시에는 석가여래와 미륵보살, 갈라
보살의 삼존상이 모셔져 있었다고 한다.

래定光如來가 성불하기 이전의 형상인데, 정광여래가 과거불이면 미륵불은 미
래불이어서 현세불인 석가여래와 함께 과거·현재·미래를 나타내는 삼세
불의 세계를 석가삼존불로 조성했다는 것이다.

　무설전은 강당에 해당하는 건물로 현재의 건물은 1973년 중창 불사 때
세워졌다. 무설전이란 '설이 없는 전당'이란 뜻으로 강당이면서도 강의함이
없다는 건물명을 갖고 있음은 불교의 깊은 뜻이 담겨져 있다고 한다. 『불국
사고금창기』에 의하면 불국사 경내에서는 가장 먼저 지어진 건물로 신라 문
무왕 10년(670)에 왕명에 의해 무설전을 새로 짓고 그곳에서 『화엄경』을 강

불국사와 석굴암

의했다고 한다. 이 기록대로라면 불국사를 창건한 751년보다 훨씬 앞서므로 무설전은 불국사가 창건되기 이전의 건물로 추정된다. 따라서 무설전은 현재 볼 수 있는 것보다는 다소 작은 규모의 건물일 가능성이 높다. 무설전은 경론經論을 강술講述하는 장소이므로 건물 안에는 불상을 봉안하지 않았으며 단지 강당의 기능에만 충실했다.

대웅전 영역에는 모두 회랑이 둘러져 있다. 회랑을 건립한 근본 취지는 부처에 대한 존경의 뜻이다. 대웅전의 정문을 바로 출입하는 것은 불경不敬을 의미하므로 참배객은 존경을 표하는 뜻에서 정면으로 출입하지 않고 이 회랑을 따라 움직인다. 무설전 뒤쪽의 가파른 계단을 오르면 피라미드식의 지붕을 얹은 관음전이 있다. 관음전에는 관세음보살을 모시고 있다. 이 가파른 계단을 낙가교라 하는데, 이곳에 오르면 회랑이 어떻게 무설전과 대웅전을 두르고 있는지 잘 볼 수 있다.

다보탑

불국사가 갖고 있는 예술의 정수로 석가탑(국보 제21호)과 다보탑(국보 제20호)을 꼽는 학자들도 있다. 대웅전과 자하문 사이의 뜰 동서쪽에 마주 보고 서 있는데, 동쪽탑이 다보탑이다. 다보탑은 특수형 탑, 석가탑은 한국 일반형 석탑을 대표한다고 할 수 있는데 높이도 10.4미터로 같다. 두 탑을 같은 위치에 세운 이유는 '과거의 부처'인 다보불多寶佛이 '현재의 부처'인 석가여래가 설법할 때 옆에서 옳다고 증명한다는 『법화경』의 내용을 눈으로 직접 볼 수 있게 탑으로 구현하고자 하기 위함이다.

다보탑은 온 우주의 근본 형상처럼 네모나고 둥글고 뾰족한 원형과 방형과 삼각형이다. 원형은 하늘, 방형은 땅이며 삼각에서 발달한 팔각이 인산의 상징이다. 학자들은 다보탑에 우주와 인간들이 바르게 걸어야 할 길이 모두 갖추어져 있다고 설명한다.

탑이 건립된 시기는 불국사가 창건된 통일신라 경덕왕 10년(751)으로 추정된다. 다보탑은 목조 건축을 하듯 접합제를 전혀 사용하지 않고 다양한 석재를 조립해 정교한 조화를 이루도록 축조한 탑으로 동양에서는 유일하다. 일반적으로 석재를 이용한 건축은 쌓아올리는 방식이 대부분인 데 반해 다보탑은 석재를 목재와 같이 짜맞추는 방법을 사용했다. 신라 장인들이 무겁기 그지없는 돌을 사용해 석조 건축의 혁신을 이루어낸 것이다.

여하튼 다보탑은 접합제를 전혀 사용하지 않는 목조 건축의 복잡한 구조를 참신한 발상을 통해 산만하지 않게 표현한 뛰어난 작품으로 4각 · 8각 · 원을 한 탑에서 짜임새 있게 구성한 점, 각 부분의 길이 · 너비 · 두께를 일정하게 통일시킨 점이 돋보인다. 1920년 다보탑을 실측한 요네다 미요지米田美代治 교수는 이 탑이 정확하게 기하학적으로 8 : 4 : 2 : 1의 비례인 등비급수의 비로 세밀하게 구성되었다고 주장했다. 한마디로 다보탑이야말로 신라인의 독창적인 공학기술과 예술성을 가미한 8세기 통일신라 미술의 정수를 보여주고 있다.

다보탑 상층기단 중앙에는 네모난 돌기둥이 있다. 아래에 주춧돌이 있고 머리 위에 주두를 얹었다. 네 기둥과 가운데 기둥은 오방五方을 뜻하는데 오방은 티베트 불교에서 우주의 표상이다. 안타깝게도 다보탑에는 일제에

■ 다보탑은 온 우주의 근본 형상처럼
네모나고 둥글고 뾰족한 원형과 방
형과 삼각형이다.

나라를 빼앗겼던 설움이 고스란히 전해져 온다. 1925년경에 일본인들이 탑

을 완전히 해체·보수했는데, 이에 관한 기록이 전혀 남아 있지 않다. 또한

탑 속에 두었을 사리와 사리장치, 그 밖의 유물들이 이 과정에서 모두 사라져

버려 그 행방을 알 수 없게 되었다.

학자들은 다보탑이 중국에서 건설된 역대 다보탑을 참고한 후 그 틀에

서 벗어나 파격적인 아이디어를 가미해 만들어낸 것으로 추정한다. 다보탑

은 중국식의 누각형 층탑 개념에서 벗어나 스투파stupa(흙으로 쌓아올린 탑) 원형에 대한 이해를 전제로 한국의 석탑 양식으로 변모시킨 작품으로 인식하는 것이다. 이는 그동안 성덕왕릉을 비롯한 스투파식 왕릉을 축조하면서 터득한 지혜가 다보탑을 건립할 때 영향을 끼친 결과일 수도 있다는 설명이다.

다보탑에는 지금 사자 한 마리가 서 있다. 하지만 원래는 네 마리였다. 1902년 일본인 세키노 다다시關野貞도 다보탑을 조사한 후 사자 네 마리가 있다고 기록을 남겼는데, 1909년 다시 왔을 때는 두 마리만 남았다고 했다. 1916년 발간된 『조선고적도보』에 수록된 사진에 두 마리가 보이는 것으로 보아 1902년부터 1909년까지 두 마리가, 1916년 이후 다시 한 마리가 없어진 것으로 보인다.

현재 사용되는 10원짜리 동전에 다보탑이 그려져 있다. 1966년에 최초로 발행되었고 1983년에 도안을 약간 변경해 지금까지 사용하고 있다. 그런데 이 둘의 다보탑 도안이 약간 다르다. 처음에 만들어진 동전에는 다보탑의 계단 위에 돌사자가 없고 새로 만든 동전부터는 돌사자가 있다. 그런데 1983년에 제작된 10원짜리 동전 속의 다보탑은 엉뚱한 구설수에 오르기도 했다. 1987년은 민주화 열기가 분출되면서 새 대통령을 뽑는 중요한 시기였다. 이때 대통령 후보는 김대중, 김영삼, 노태우 3인이었는데 노태우 후보의 진영에서 수십만 부처를 모시면 당선이 무난하다는 말을 점술가에게서 듣고 10원짜리 동전의 다보탑에 불상을 새겨넣었다는 것이다.

그러나 1983년의 동전 속에 돌사자를 새로 넣은 것은 다보탑을 자세히 보면 의문이 풀린다. 1966년의 동전을 도안한 디자이너는 돌사자가 없는 면의 다보탑을 그렸다면, 1983년 새로운 동전을 도안한 디자이너는 돌사자가 있는 면을 45도 각도에서 그린 것이다. 1983년 이후에 만들어진 동전에서 보이는 돌사자가 선거와 전혀 관련 없다는 것을 알 수 있다. 한마디로 이런 소문은 조작된 유언비어다. 일부 학자들은 연화대좌에 새긴 꽃 모양이며 화려한 목걸이로 미루어보아 이들 사자는 원래 있었던 것이 아니라 9세기 초에 만들어진 것으로 추정하기도 한다.

석가탑

다보탑과 대조되는 것은 대웅전 앞뜰 서쪽에 있는 석가탑이다. 석가탑의 원래 이름은 '석가여래상주설법탑釋迦如來常住設法塔'으로 석가여래가 이 탑속에 머물면서 영원히 설법하는 탑이라는 뜻이다. 다보탑은 다보여래가 탑속에 머물면서 영원히 석가여래의 설법을 증명하는 탑이라는 뜻이므로 이탑들은 둘이면서 하나라고 할 수 있다. 한편 불국사삼층석탑이라고 부르지만 일반적으로 '석가탑'이라고 줄인 명칭을 더 많이 사용한다.

석가탑은 석가가 보리수 아래에서 크게 깨닫고 항마촉지降魔觸地했을 때 모습을 표현한다고 설명된다. 그러므로 석가탑 아래 삐죽삐죽 튀어나온 바위는 보리수 아래 석가가 앉았던 암좌岩座이며, 8개의 둥근 연화석은 팔부금강신장들이 부처님을 모시고 둘러앉았던 자리를 의미한다.

석가탑은 2층 기단 위에 3층의 탑신을 세우고 그 위에 상륜부를 조성한 일반형 석탑으로 기단부나 탑신부에 아무런 조각이 없어 간결하고 장중하며 각 부분의 비례가 아름다워 전체의 균형이 알맞은 뛰어난 작품으로 다보탑보다 후한 점수를 주기도 한다. 높이 10.8미터, 1층 탑신 7.7톤, 1층 옥개석 7.1톤, 2층 옥개석 6톤, 탑 상륜부를 떠받치는 접시 모양 장식인 '노반露盤'도 500킬로그램나 되는 만만치 않은 석탑으로, 감은사지삼층석탑(국보 제112호)과 고선사지삼층석탑(국보 제38호)의 양식을 이어받은 8세기 통일신라시대의 작품이다.

석가탑은 '무영탑無影塔(그림자가 비치지 않는 탑)'이라고도 불리는데, 현진건의 소설로도 유명한 아사녀와 아사달의 애처로운 사랑 이야기는 불국사를 찾는 사람들의 심금을 울렸고 불국사가 널리 알려지는 데 큰 공헌을 했다. 홍사준은 석가탑을 건축한 아사달이 황룡사 9층탑을 지은 아비지와 동족으로 백제 사람일 것으로 추정했다.

석가탑은 바위 위에 조성되었다. 탑 아랫부분을 자세히 보면 바위와 탑의 기단이 만나는 부분이 독특한 것을 알게 된다. 울퉁불퉁하게 크고 작은 바위들을 깔고 그 위에 석가탑을 올렸는데 여기에서도 '그랭이 공법'이 사용되었다. 받침돌을 울퉁불퉁한 바위에 따라 도려내고 수평을 맞춘 것이다. 자연미가 돋보이는 부분으로 다른 나라의 탑에선 찾아볼 수 없다.

석가탑의 둘레에는 팔방금강좌라고 하는 별도의 탑구가 있다. 정사각형의 탑구 네 모서리와 네 변의 중심에 원형의 연화좌대를 놓고 그 사이를 장대석으로 연결한 것이다. 각각의 연화대에는 8명의 보살상이 있었을 것으로 추정하고 있지만 확실하지는 않다. 이 팔방금강좌가 둘러져 있어 석가탑에 전체적인 안정감이 더해진다.

석가탑 탑신의 높이는 2층보다 1층이 훨씬 높다. 2층부터는 1층 높이의

■ 석가탑은 '무영탑'이라고도 불리
는데, 현진건의 소설로도 유명한
아사녀와 아사달의 애처로운 사
랑 이야기는 불국사를 찾는 사람
들의 심금을 울렸다.

반 이하로 줄어든다. 3층은 2층보다도 약간 낮게 만들었다. 폭과 지붕돌은 위
로 올라가면서 조금씩 줄어들었다. 덮개에 해당하는 상하 갑석의 윗면은 경
사를 약간 주어 빗물이 잘 빠지도록 했다. 경사가 사방에 나 있으므로 모서리
에 45도 각도로 융기된 선이 생겨나는데, 이 선을 무리 없이 다듬기란 쉽지
않은데도 석가탑을 보면 둔하게 보이기 쉬운 부분을 아주 뛰어난 솜씨로 날
렵하게 처리했음을 알 수 있다.

　상륜은 3층 지붕돌 위에 올린 네모반듯한 모양의 노반에서 시작된다. 노

반 위에 복발 그리고 이어서 앙화, 보륜, 보개, 수연받침, 수연, 용차, 보주의 순으로 상륜이 구성된다. 이 석재들은 크기가 작은 데다 높게 쌓아 올려야 하기 때문에, 중심부에 구멍을 내고 3층 지붕돌에 꽂아 세운 '철찰주(철로 만든 기둥)'에 죽 내려 끼우는 방식으로 설치했다. 상륜부 전체에 세밀한 조각들이 많지만 특히 앙화의 네 모서리에는 악기를 연주하는 주악비천상, 네 변에는 음식을 바치는 공양비천상이 섬세하게 조각되어 있다. 석가탑은 원래 앙화까지만 남아 있었는데, 1973년에 실상사 백장암 삼층석탑의 상륜부를 본떠서 그 위의 상륜을 다시 만들어놓았다.

석가탑은 현재 완전 해체해 복원 중인데 2013년 7월 탑 아랫부분인 기단 내부의 적심석(돌무지)을 들춰내던 중 석가탑 아래쪽에 숨어 있던 금동불金銅佛 입상立像이 1271년 만에 세상에 모습을 드러냈다. 발견 위치는 북측 상층 기단의 면석面石(세움돌) 외곽에서 석탑 중심부 쪽으로 48센티미터 지점이다. 불상은 높이 4.6센티미터, 대좌(불상을 올려놓는 받침)의 지름이 2.3센티미터인 소형 불상이다.

학자들은 이 불상이 8세기 중엽에 제작되었으며, 석가탑이 만들어진 경덕왕 원년(742년)에 탑 속에 납입된 것으로 보고 있다. 문화재청은 진단구鎭壇具, 즉 나쁜 기운이 근접하지 못하도록 건물의 기단 등에 넣은 물건으로 추정했다. 반면에 강우방은 지체 높은 신자들이 평소 자신들이 갖고 있던 귀한 물건을 공양품으로 탑 속에 넣었을 것이라고 말했다.

아미타정토

칠보교와 연화교를 지나 다다르게 되는 아미타정토는 극락전을 중심으로 이루어졌다. 8세기에 한창 융성한 아미타 신앙은 모든 중생이 나무아미타불을 단 한 번만 염불해도 속세의 고통에서 벗어나 다시 태어날 수 있다는 행복의 땅, 즉 극락세계가 바로 아미타정토다. 『무량수경』에 의하면 아미타정토는 서방정토에서 가장 훌륭하고 장엄한 세계로 무수한 불국토의 중심에 있다고 한다.

아미타정토 구역은 석가정토보다 면적도 좁고 건물도 낮으며 장식도 간단하다. 아미타 신앙대로라면 불국사에서 아미타정토 구역을 제일 장엄하고 높게 조성하는 것이 이치지만, 규모나 구조면에서 아미타정토는 석가정토의 부속물로 설계되었다. 이와 같이 설계된 이유로 아미타 신앙이 신라시대 대중 사이에 크게 유행하기는 했지만 어디까지나 화엄사상의 카테고리 안에서 전개되었기 때문이다. 화엄사상에 의하면 아미타정토는 가장 낮은 단계의 중생을 위한 것이고, 연화장세계는 가장 높은 단계로 높은 중생이 도달할 수 있는 경지다. 연화장세계는 바로 해탈의 경지인데 이곳은 만물이 조화로운 관계 속에서 하나가 되는 이상적인 세계다.

칠보교와 연화교

대웅전으로 가는 청운교와 백운교 서쪽에는 아미타여래의 서방 극락세계로 가기 위한 칠보교와 연화교가 있다. 칠보교(칠보는 7가지 보석을 뜻한다고 설명되나 부처의 본질인 깨달음의 7가지 덕성을 말한다) · 연화교는 청운교 · 백운교와 모습이 비슷하지만 경사가 훨씬 완만하게 처리되어 있는데 다소 규모가 작다. 다리 밑에는 약간 완만한 곡선을 이룬 홍예가 만들어져 있는데, 계단 하나하나에 활짝 핀 연꽃이 조각되어 아미타의 극락세계인 극락전 영역에 이른다. 이 다리는 창건 당시 많은 사람이 오르내리며 극락왕생을 기원했는데 헌강왕비가 비구니가 되어 왕이 극락에 왕생하기를 기원했다는 전설이 내려온다. 청운교·백운교에 비해 부드럽고 온화한 다리로 신라시대 석조기법의 우수성을 잘 보여준다.

극락전

안양문을 지나면 석등과 극락전(아미타여래가 주존으로 봉안된 사찰 건물을 무량수전이라고도 한다)이 나타난다. 안양이란 극락정토의 다른 이름으로 이 문을 지나면 사방의 극락정토에 이른다는 의미를 나타낸다.

아미타여래는 무량광 또는 무량수로 번역된다. 극락전은 아미타불이 있는 서방의 극락정토를 상징하는 곳으로 '금동아미타여래좌상(국보 제27호)'이 봉안되어 있다. 『불국사고금창기』에는 6칸 건물로 전후 26칸의 행랑이 적혀 있지만 임진왜란 때 소실된 것을 1750년(영조 26)에 중창했으나 기단과 초석과 계단 등은 신라시대 것으로 추정된다. 현재의 모습은 정면 3칸 측면 2칸의 규모로 강릉 객사문과 도갑사 해탈문을 참고로 해 1960년에 중건된 것이다. 극락전을 위축전爲祝殿이라고도 부르는데 위축전이란 조선 왕족의 안위를 기원하기 위해 명산대찰에 지은 원당願堂을 뜻한다. 1920년까지 온돌을 들여 원당으로 사용했는데, 1920년에 온돌을 철거하고 다시 극락전으로 환원되

■ 극락전은 아미타불이 있는 서방의 극락정토를 상징하는 곳이다.

었다.

극락전의 모서리에 돼지가 조각되어 있다. 돼지는 제물과 의식의 풍족함을 상징하며 복을 가져다주므로 극락정토의 복돼지는 부와 귀의 상징인 동시에 지혜로움으로 그 부귀를 잘 다스려야 한다는 의미로 극락전에 조각되었다. 극락전에서 대웅전으로 통하는 길에는 3열을 지어 쌓은 계단이 있는데 각각이 16계단이므로 모두 48계단이 된다. 이것은 아미타불의 48원願을 상징한다. 이와 유사한 계단은 구례 화엄사에서도 발견된다.

극락전 안에 있는 금동아미타여래불상은 결가부좌를 하고 있으며 오른손은 무릎 위에 놓고 가슴으로 올린 왼손은 엄지와 장지 손가락을 짚어 극락에 사는 이치를 설법하고 있는 자세다. 비로전의 비로자나불과 양식이 같아 같은 시기에 같은 조각가에 의해 만들어졌음을 보여준다. 높이 1.66미터, 머리 높이 48센티미터, 무릎의 너비 1.25미터로 8세기 중엽의 작품으로 풍만하고 탄력 있는 살결 위에 간결하게 흐르는 옷주름, 전체적으로 인자하고 침착한 모습의 이 불상은 신라시대 금동불상 중 걸작으로 평가된다.

칠보교·연화교 앞에 크기가 다른 당간지주가 보이는데 이는 불국사가 여러 차례 중수되는 동안 각기 다른 시기에 만들어진 것으로 추정된다. 당간지주 앞에 길이 265센티미터, 폭 1,231센티미터, 높이 56센티미터인 신라 최대의 석조(보물 제1523호)가 놓여 있다. 일반 석조에 비해 내·외면에 조각 장식이 있는데 바깥 면에는 중앙부와 상부에 가로로 도드라진 띠를 돌리고 중앙부의 돌림띠 아래로는 긴 변에 각 6개, 짧은 변에 각 3개씩 모두 18개의 8괄호형 안상(길이 32센티미터, 높이 7센티미터)을 조각했으며, 안쪽 면에는 바닥 중앙부에 타원형의 커다란 자방 형상을 조각하고 이를 중심으로 긴 변의 좌우 바닥 면과 측면벽으로 연결해 단청의 머리초 수법의 연화문을 조각해서 화려하게 장식했다. 특이하게도 바로 옆에 석조를 덮었던 돌뚜껑이 놓여 있다. 불국사 경내에는 이 석조 이외에도 3개가 더 있다. 좌경루 앞쪽에 있는 석조는 지금도 물을 담는 그릇으로 사용된다.

비로전

석가여래의 사바세계와 아미타불의 극락세계는 비로자나불이 주석하고 있는 법계가 있지 않으면 존립할 수 없으므로 연화장 세계의 불국인 비로전을 건축했다. 비로전은 무설전 뒤쪽 높은 곳에 있어 대웅전부터 직선으로 배치되어 있다고 볼 수 있는데, 1970년대의 발굴로 터가 확인되어 그 자리에 다시 중건했으며 건물은 고려시대 양식이다.

기단은 지대석, 면석, 갑석으로 조립한 통일신라시대의 전형적인 화강암 기단, 앞쪽 중앙에 삼단의 층계, 좌우에 삼각형 소맷돌을 설치했다. 소맷돌은 받침돌과 위에 놓이는 두 돌로 조성되어 있는데, 이런 소맷돌은 황룡사나 감은사에서도 볼 수 있지만 불국사의 다른 전각에서는 사용하지 않았다.

비로전의 주인은 비로자나불인데 화엄사상에 따르면 비로자나불은 "빛을 발하여 어둠을 쫓는다"는 뜻으로 모든 부처님의 본체 곧 진리의 몸인 법신불이다. 단순히 많은 이름으로 불리는 여러 부처님 중의 한 분이 아니라 그 모든 부처의 근본이요 중심으로 간주되는 부처님이다(비로자나불이 주존일 경우 그를 봉안하는 전각을 대적광전이라 한다).

불단에 모셔진 금동비로자나불좌상(국보 제26호)은 높이 1.8미터, 머리 높이 55센티미터, 폭은 1.36미터다. 극락전의 아미타불과 마찬가지로 금동불인데, 주조 기법이나 양식이 거의 동일해 동시에 조성된 것으로 추정된다. 몸은 바로 앉아서 앞을 바라보고 오른손의 두 번째 손가락을 세워서 왼손으로 잡고 있는데 이러한 수인手印을 지권인智拳印이라 한다. 오른손은 부처의 세계를 왼손은 중생들의 세계를 표시하는 것으로 중생과 부처가 둘이 아니며

■ 비로전의 주인은 비로자나불인데, 비로자나불은 "빛을 발하여 어둠을 쫓는다"는 뜻이다. 불단에는 금동비로자나불좌상이 모셔져 있다.

어리석음과 깨달음이 둘이 아니라는 심오한 뜻을 나타낸다. 이러한 수인은 비교적 후대에 비로자나불이 밀교의 주존主尊으로 대일여래라고 불렸을 때 흔히 나타났다.

비로전 옆 뜰에 얼핏 석등(보물 제61호)으로 여겨지는 회백색의 화려한 고려 초기의 부도가 전각 안에 있는데 안내판에는 불국사 사리탑이라고 적혀 있다. 4각 지대석에 창 모양의 안상眼象(코끼리 눈 모양 무늬)을 조각하고 그 안에 꽃을 조각했다. 8각형의 하대석에 커다란 연꽃 8잎을 구성하고 장고 모양의 중대석에는 구름 문양을 조각했다. 상대석은 아랫면에 9잎의 연꽃을 조각해 안에 원형 그리고 윗면에는 연밥을 조각했다. 현재 불국사의 강당 뒤쪽 비로전 곁에 단칸의 보호각을 지어 보존하고 있는데, 1905년에 일본으로 반출되었다가 1933년에 반환된 것으로 지금의 위치는 원래의 위치가 아니다. 전체적으로 표면 장식이 아름답고 단아하며, 외형적으로는 석등과 비슷하다.

비로전 좌측에 불국사 뒤쪽의 3개 불전 중에서 가장 낮은 위치에 자리 잡고 있는 나한전 주위로 아름다운 소탑지小塔誌가 형성되어 있다. 소탑지는 작지만 주위가 울창한 숲을 이루고 있는데다 많은 참배객이 자연적으로 하나둘씩 돌탑을 쌓아서 소망을 기원하면서 만든 것이다.

연화장 세계

불교 신앙에서 관음 신앙을 무시할 수 없다. 아미타 신앙과 더불어 가장 민중과 가까웠던 신앙이 관음 신앙이었기 때문이다. 비로전보다 높은 곳에 관음전이 있는 것은 보타락가산補陀洛迦山을 나타낸 것이다. 옛날에는 산 모습으로 되어 있었는데 지금은 계단식으로 되어 산 모양이 자연스럽지 못하게 되어 있다. 산으로 오르는 계단을 낙가교洛伽橋라 부르고 있다. 낙가교란 보타락가산으로 오르는 계단이라는 뜻이다. 관음전으로 들어서는 문을 해안문海岸門이라 하여 남해를 건너왔다는 뜻이다.

관음전의 기단은 비로전과 함께 신라 경덕왕 이전인 삼국시대의 것으로 전해오며, 1969년 발굴 당시 주초는 정면 3칸 측면 3칸의 거의 정방형에 가까운 형태다. 『불국사고금창기』에는 "조선시대만 해도 이 건물 주변에 동서 행랑, 해안문, 낙가교, 광명대 등 여러 건물이 일곽을 이루고 있었다"고 기록하고 있다. 현재의 건물은 1970년대에 건설한 것으로 다포식 사모지붕으로 3칸의 길이를 달리하는 변화를 주었다.

불국사의 건축 양식을 보면 그 당시까지 일반적으로 출현했던 탑 중심형의 사찰에서, 탑의 비중이 약화되고 금당의 비중이 상대적으로 강조된 것을 볼 수 있다. 즉, 황룡사처럼 평지에 세운 탑 중심형 사찰은 탑을 기준으로 삼아 사찰의 전체 영역을 조직화하지만 불국사에서는 상대적으로 탑과 금당이 병립되어 있다. 이런 탑−금당 병립형 사찰들은 결과적으로 볼 때 탑에서 금당으로 신앙의 중심성이 전이되는 일종의 과도기적 현상이라 볼 수 있다.

석굴암

경주시 진현동 토함산 산자락 해발 565미터에 자리 잡고 있는 석굴암은 원래 석불사石佛寺라는 이름의 독립된 절이었으나 임진왜란 이후 불국사에 예속되었고, 1910년경부터 일본인들이 석불암 대신 석굴암石窟庵으로 불렀다. 석굴암이 세계적으로 그 우수함을 인정받는 것은 신라인들의 지혜와 재능이 잘 녹아 있는 종합적인 건축물이기 때문이다. 석굴암의 구조는 다른 나라의 어느 석굴과도 비교할 수 없는 특징을 갖고 있다. 우선 석굴암은 화강암을 다듬어 석굴을 만들고 그 위에 흙을 덮은 인공 석굴로 자연석을 뚫고 굴을 만든 고대 인도나 중국의 석굴과는 커다란 차이가 있다. 중국과 인도의 것은 건축물이라기보다는 조각이라고 할 수 있지만 신라의 석굴암은 명백히 건축물인 것이다.

열대지방인 인도에서는 기원전 100년경부터 예배와 수련을 행할 수 있는 공간적 장치로 암벽을 파고 들어가 그 속에 사람이 기거할 수 있는 내부 공간을 만들기 시작했다. 이것은 서늘한 곳에 부처님을 모시는 뜻으로도 이해되었는데, 이 풍습이 간다라미술과 융합되어 고유의 석굴미술을 구비한 채 아프가니스탄의 바미안 석불, 우즈베키스탄의 테르메스Termes 석굴, 중국 신장新疆의 키질 석굴과 쿰투라 석굴, 투루판의 베제클리크 석굴, 둔황敦煌과 원강雲崗 석굴사원 등으로 이어진다.

그런데 인도와 중국에는 조직이 무른 퇴적암의 사암이나 석회암의 거대한 암벽 지형이 많다. 따라서 암벽을 뚫어 규모가 큰 석굴을 만드는 데 큰 어려움이 없다. 또한 기후도 1년 내내 매우 건조하고 기온이 높기 때문에 암벽을 뚫어 만든 석굴은 매우 시원하므로 안락한 사원을 조성하는 데 적당하다.

여하튼 이러한 석굴 신앙이 7~8세기 초 신라에 전해지면서 단석산 신선사 마애석불, 군위 삼존석굴과 같은 석굴사원이 만들어지기 시작했다. 그런데 한국의 자연 여건은 중국이나 인도와는 다르다. 추운 겨울과 고온 다습한

■ 석굴암은 화강암을 다듬어 석굴을 만들고 그 위에 흙을 덮은 인공 석굴로 자연석을 뚫고 굴을 만든 고대
인도나 중국의 석굴과는 커다란 차이가 있다. 토함산 석굴암 입구.

여름을 갖고 있는데다가 전 지역이 매우 단단한 화강암 지대로 이루어져 있
다. 특히 경주 지역에는 큰 바위산도 없었으므로 신라의 예술가들은 새로운
방법을 창안할 수밖에 없었다.

즉, 산을 파 굴을 만들고 조각된 돌들을 조립한 후 흙을 덮어 석굴사원
처럼 보이도록 한 것이다. 인공으로 구축된 석암窟에 예술적으로 조각된 불
상들이 배치되어 있는 곳은 전 세계적으로 오직 석굴암뿐이다. 거대한 암벽
을 뚫어 석굴을 만들지 않았다 하여 석굴암을 조성하는 것이 쉬운 일은 아니

　　　　　　　　　불국사와 석굴암

다. 오히려 인공 석굴은 고도의 축조 기술이 뒷받침되지 않으면 불가능한 일이다.

석굴암의 건축 구조

석굴암은 윤회의 12단계인 12지연기支緣起를 나타내는 법당으로 꾸며져 있다. 연기緣起란, 우주 만물은 어떤 독자적인 힘만으로 생겨나는 것이 아니라 반드시 인因과 연緣의 결합이 필요하다는 의미로 석가가 부다가야의 마하보디 사원에서 깨달은 진리의 내용이다. 연기설은 불교의 기본 사상으로 무명無明, 행行, 식識, 명색名色, 육입六入(육처六處), 촉觸, 수受, 애愛, 취取, 유有, 생生, 노사老死의 순서로 되어 있다.

그러므로 석굴 법당은 불교미술의 정수인 불상들의 총집합체다. 불상이란 부처상만을 뜻하기도 하지만 넓은 의미에서는 보살상이나 천왕상, 나한상, 심지어는 각 사찰의 입구에서 불교세계를 지킨다는 사천왕상이나 금강역사상, 팔부신중 등도 포함된다.

석굴암에는 본존불을 포함해 모두 40구의 불상이 있었지만, 제일 앞에 있는 좌우 첫 번째 감실龕室 두 곳에는 일제강점기 일본인들에 의해 반출되었기 때문에 불상이 놓여 있지 않다. 그러므로 현재 석굴암에 안치되어 있는 불상은 모두 38구다.

원래 석가모니가 입멸한 후 약 500년 동안은 불상이 조성되지 않았다. 그러다가 기원후 1세기경 기원전 4세기의 알렉산더 대왕이 인도를 원정할 때 페샤와르(현재 파키스탄 북부에 있는 도시)를 중심으로 한 간다라 지방에 정

■ 석굴암은 윤회의 12단계인 12지연기를 나타내는 법당으로 꾸며져 있다. 그러므로 석굴 법당은 불교미술의 정수인 불상들의 총집합체다.

착하고 있던 그리스인들이 헬레니즘 문화를 기반으로 불상을 만들기 시작했다. 이것이 간다라 미술의 탄생이다. 그러므로 간다라 미술은 한마디로 헬레니즘 미술 양식과 수법으로 불교의 주제를 표현한 조각 위주의 그리스풍 불교미술이다. 이러한 영향은 석굴암의 불상에서도 면면히 엿볼 수 있다.

　석굴암의 평면은 전실, 통로, 주실로 이루어졌다. 방형 공간인 전실에는 팔부신중과 금강역사상이 있고 사천왕상이 있는 좁은 통로를 지나면 궁륭 Dome 천장을 인 원형 공간의 주실이 나온다. 주실 중앙에 본존불을 모셨다. 전실 벽면에 있는 8구의 팔부중상은 무사의 성격을 띠고 불법을 수호하는 여러 가지 모습의 신들이다. 치마를 입은 금강역사상 또한 불법을 수호하는 한

쌍의 수문장이다. 주실로 들어가는 통로의 좌우에는 두 발로 악귀를 밟아 항복시키는 사천왕상이 있다. 이들은 동서남북 사방을 다스리는 수호신으로 온몸을 화려하게 무장한 채 무기를 들고 있다.

천계를 상징하는 주실로 들어가면 원형부 중앙 뒤쪽에 대좌가 있고, 그 위에 본존불 좌상이 가부좌를 하고 앉아 있다. 벽 전체는 약 89센티미터 높이의 하단부가 요석腰石으로 둘려 있으며 그 위로 폭 약 1.19미터, 높이 2.67미터인 판석板石 29개가 놓여 주벽 중간 부분을 이루고 있다. 벽면에는 입구에서부터 범천상梵天像, 제석천상帝釋天像, 보현과 문수의 두 보살상, 십대제자상이 대칭을 이루도록 조각되어 있다. 범천의 '범梵'은 원래 우주의 최고 진리를 말하며 범천은 이것을 신격화한 것이다. 제석천은 천둥과 번개의 신으로 비를 내려 농사가 잘되고 사람들이 풍요롭게 살도록 해주기 때문에 가장 무서우면서도 자비로운 인도 최고의 신으로 숭배된다.

범천과 제석천 옆으로 두 보살상이 대칭을 이루며 서 있는데, 보살은 깨달음을 이루었으나 모든 중생을 구제해 함께 해탈하고자 부처가 되기를 보류하고 이 세상에 머물며 자비를 행하는 실천자를 뜻한다. 이 두 보살상은 지혜를 상징하는 문수보살과 실천을 상징하는 보현보살로 추정된다. 그 좌우로 석가모니 생존시의 10대 제자가 5명씩 조각되어 있다. 다른 조각들은 추상적인 관념을 이상적으로 형상화한 것이지만, 이들은 실재했던 사람들의 조각이므로 얼굴의 세부나 몸의 자세가 당시 인도인의 이국적인 모습을 사실적으로 표현하고 있다.

석굴암의 건물 내벽에 조각된 이들 천부상, 보살상, 십대제자상 등은 특정한 경전에 따른 것이 아니라 석가모니의 설법을 듣기 위해 모여든 회중의 광경을 나타낸 것이다. 신라인들은 여기에 나름의 종교적 해석을 가미해 독특한 불상의 도안과 구성을 창안했다. 문수와 보현 두 보살상을 일정한 도상으로 표현하지 않고 무량한 보살을 대표하도록 한 점, 천부상인 범천과 제석천을 보살 형태로 과감히 변형시킨 점, 감실의 여러 보살 중 유마상을 추가한 점, 십일면관음보살입상을 정면관으로 하여 중앙 본존불의 바로 뒤에 배치시킴으로써 일체감을 강조한 점 등은 다른 어디에서도 볼 수 없는 신라인의 독창적인 아이디어라고 할 수 있다.

팔부신중

전실에 들어서서 좌우 양벽에 각각 4구의 상이 있는데, 그것을 팔부신중八部神衆 혹은 천룡팔부天龍八部라고 부른다. 이들은 가상 동물로 원래는 인도의 힘 있는 신들이었는데, 석가의 교화를 받아 불교를 수호하는 신이 되었다.

현재의 조상에 나타난 각 상이 천룡팔부의 어느 상을 나타내느냐에 대해서는 여러 가지 설이 있지만, 현재 석굴암에 배열된 팔부신중의 순서가 일반적으로 각 경전에서 열거되는 것과 같은 순서는 아니라는 데 동조한다. 학자들은 대체로 부처를 향해 우측으로 첫 번째부터 가루라迦樓羅, 건달바乾闥婆, 천天, 마후라가摩候羅伽이며, 본존불을 향해 좌측으로 입구에서부터 아수라阿修羅, 긴나라緊那羅, 야차夜叉, 용龍의 순으로 인식한다.

가루라는 두터운 옷을 입고 신을 신었는데, 왼손에는 삼지창을 쥐고 있고, 두 귓가에는 새의 날개 모양의 것이 조각되어 있다. 다른 상에 비해서 훨

불국사와 석굴암

썬 선명하게 양각되어 있는 것이 특징이다. 건달바는 오른손에 칼을 쥐고 왼손에는 군지軍持, 즉 깨끗한 물을 담은 그릇을 들고 있는데 이것은 건달바가 천상에서 지키는 소마의 영약靈藥을 담은 그릇으로 보기 때문이다.

아수라의 조각은 머리와 발 부분이 없어진 형태로 있으나, 삼면육비三面六臂(얼굴 6개의 팔)의 특징을 드러내고 있는데 아수라의 특징 그대로 가볍게 부분적으로 천을 감고 있을 뿐이다. 야차상은 머리 위에 사자를 이고 있고 가슴 밑에 밧줄을 감고 있는 것이 특징이다. 불교에서 매우 중요시된 신 중의 하나이자 호국의 선신으로도 간주되는 용은 머리 위에 용을 이고 있고 왼손에는 구슬을 쥐고 있다.

금강역사

본존불이 있는 굴의 입구 좌우 양쪽에는 용맹한 모습의 매우 역동적인 2개의 조상이 있다. 이들을 금강역사金剛力士 또는 인왕역사二王力士라고 부르며, 언제나 탑 또는 사찰의 문 양쪽을 지키는 수문신장守門神將의 역할을 맡는다. 그들의 머리 뒤에는 커다란 원형의 두광頭光이 있는데 단순히 힘센 자가 아니라, 신성한 지혜를 고루 갖춘 존재임을 표시하는 것이다.

본존불을 향해 좌측의 역사는 입을 크게 열어 "아" 하고 소리를 내는 '아' 금강역사의 모습이고, 우측의 역사는 입을 굳게 다문 채 빈틈 없는 방어 자세를 갖춘 '훔' 금강역사의 모습이다. '아'는 산스크리트 문자의 첫째 글자이고, '훔'은 그 마지막 글자로 시작과 끝을 표시한다. 둘 다 밖에서 안으로 한 팔을 올리고 한 팔은 내린 채, 아무런 무기도 없이 안정된 자세를 취하고 있다. 그것은 신라 무인의 면목을 보여주는 것으로 중국이나 일본의 금강역 사상에서는 볼 수 없는 특징이다. 입을 벌리고 있는 인왕은 높이 2.11미터, 입을 굳게 다문 인왕은 높이 2.16미터다.

사천왕

석굴암에는 본존불을 맞이하는 문턱에 좌우 각각 2쌍씩 병렬된 사천왕 四天王의 조각이 있다. 사천왕은 수미산 중턱의 동서남북의 네 지역을 관장한 다는 천왕으로 동방 지국천持國天, 서방 광목천廣目天, 남방 증장천增長天, 북방 다문천多聞天이라는 이름으로 불린다. 본존을 향해서 우측에 있는 두 천왕상 중 처음에 있는 상이 동방 지국천이고, 그 옆의 좌측에 있는 상이 북방 다문 천이다.

지국천왕은 갑옷을 걸치고 아주 용맹스러운 무사와 같은 형태로 두 손 으로 칼을 들고 입을 굳게 다물었으며, 악귀를 밟은 모습을 하고 있다. 일본 인들의 기록에 의하면 이 조각상에 채색이 되어 있었으며 높이는 2미터다.

높이 1.92미터의 다문천상은 얼굴을 북쪽으로 돌리고 왼쪽에는 옷자락 을 쥐고 있으며, 오른손은 위로 들어 올려 보탑寶塔을 손 위에 올려놓고 있다. 이 보탑은 일제강점기 때 수리하면서 떨어져 나갔는데, 1962년의 대수리공 사 때 땅 속에서 보탑의 파편이 발견되어 현재와 같이 복원되었다. 이 두 천 왕은 복장도 거의 비슷하고 그들이 밟고 있는 악귀의 모습도 상당히 유사한 데 악귀의 모습이 이처럼 실감나게 표현된 것은 많지 않다.

본존불을 향해서 좌측 벽에 있는 두 천왕상 중 처음이 높이 2.03미터의

■ 사천왕은 수미산 중턱의 동서남북의 네 지역을 관장한다는 천왕이다. 동방
지국천과 북방 다문천.

남방 증장천이고 그 우측의 것이 높이 2.04미터의 서방 광목천이다. 증장천
은 다문천과 대각선으로 대칭을 이루고 있고, 광목천은 역시 대각선으로 지
국천과 대칭을 이루고 있다.

증장천의 모습은 지국천의 모습과 상당히 비슷하나, 증장천이 밟고 있
는 악귀의 모습이나 광목천이 밟고 있는 악귀의 모습들은 그 이웃 벽에 있는

악귀의 모습이 서 있는 것과는 대조적으로 둘 다 엎드려 있고, 하나는 동남쪽을 향하고 또 하나는 서북쪽을 향하고 있는 것이 특이하다. 광목천상은 오른손을 가슴 위에 올려서 둘째손가락과 새끼손가락은 굽히고 나머지 다른 세 손가락은 폈으며, 오른손에는 칼을 쥐고 발 밑에는 악귀를 밟고 서 있는 모습이다. 상의는 갑옷이고 하의는 평범한 옷이지만 얼굴 부분이 딴 돌로 새겨진 것을 볼 때 나중에 삽입된 것으로 추정되지만 언제의 것인지는 알려지지 않고 있다.

항마촉지인 본존불

석굴암의 본존불은 조각상 가운데 가장 중심적 존재로 석굴 자체가 그를 봉안하기 위해 조영된 것으로 예배의 주대상이다. 광배光背를 갖추고 연화문이 새겨진 대좌 위에 결가부좌하고 있다. 손 모양은 항마촉지인降魔觸地印으로 왼손은 선정인禪定印을 하고 오른손은 무릎에 걸친 채 검지손가락으로 땅을 가르키고 있다.

중앙의 본존불은 높이 3.4미터에 이르는, 대좌까지 합치면 5미터나 되는 큰 불상으로 신체의 비례가 알맞고 각 부분이 부드럽고 세련된 솜씨로 조각되어 있다. 본존불의 크기는 당척唐尺으로 높이 1장1척5촌, 양 무릎 폭 8척8촌, 양 어깨 폭 6척6촌이다.

한 장의 둥근 연화판석蓮花瓣石으로 되어 있는 광배는 따로 만들어져 후벽가운데에 있는 십일면관음보살입상 바로 위 천장 밑에 설치했는데, 전실의 중앙에서 바라볼 때 가장 이상적인 위치에서 광배의 역할을 하도록 한 계산에 따라 설치되었다. 한편 석굴 천장 중앙의 연화문 원판은 본존불상의 천개天蓋로서 역할을 한다.

본존의 성격에 대해서는 여러 가지 학설이 있는데, 일반적으로 가장 유력한 설은 본존불이 아미타여래라는 설이다. 불교에서는 가장 뛰어난 공덕을 닦은 인간이 죽은 다음에 태어날 세계로 안양安養, 안락安樂, 묘락妙樂이라고 한다. 불국사 극락전으로 통하는 문이 안양문이고, 부석사 무량수전으로 통하는 문이 안양루다. 불교에서 정토는 수없이 많지만 그중 가장 한국인에게 친근한 정토가 아미타불이 있는 서방 극락정토다. 석굴암의 본존불이 아미타여래여야 한다는 설명이다.

본존불의 두광은 주실 뒤쪽 벽면에 연화문을 조각한 운형을 감입해 조성했다. 이처럼 두광을 벽면에 둔 것은 주실과 본존 사이의 공간을 최대로 살리며 입체감을 주어 신비감을 살리기 위해서다. 높이 133.8센티미터의 커다란 연화대좌는 하대석, 중대석, 상대석으로 나뉜다. 하대석은 하나의 돌에 24개의 연판을 둘러 조각한 둥근 원형이며 중대석은 6개의 기둥을 둔 육각형의 특이한 구조로 만들어졌고 상대석은 하대석처럼 하나의 돌에 연판을 조각한 원형이다.

신라인들이 이처럼 석가모니불의 정각상正覺像을 완벽하게 조각한 것은 불교가 지향하는 정각의 의미를 강조하기 위함이다. 정각은 불교가 지향하는 최고최선의 인간의 궁극적 존재 양식이다. 정각의 순간 중생은 여래가 되고 속세는 정토가 된다. 항마촉지인상은 석굴암을 기점으로 조선시대에 이르기까지 예불의 주대상이 되었다. 특히 동아시아에서 유독 한국에서 크게

■ 석굴암의 본존불은 조각상 가운데 가장 중심적 존재로 중앙의 본존불은 높이 3.4미터에 이르는, 대좌까지 합치면 5미터나 되는 큰 불상이다.

유행했으므로 한국 조각사에서 매우 중요한 위치를 차지한다.

석굴암에 전실이 있든 없든 설계에 따라 1년 중 해가 가장 짧은 동지 때 햇빛이 본존불의 백호에 비춘 다음 그 빛이 양 옆 감실의 백호에 비쳐 후면의 십일면관음보살입상에 비출 수 있다는 개연성은 충분하다는 설명인데 놀랍게도 각도의 오차는 1000분의 1 미만이다. 일본인들이 반출한 감실 속의 두 보살상과 본존불 이마의 백호가 다시 원위치에 선다면, 이런 효과를 재현하는 것이 불가능한 일은 아니다. 현재 사라진 감실의 보살상은 옥으로 되었다

불국사와 석굴암

는 설명도 있다. 본존불의 백호에서 반사된 태양빛이 옥보살상에 비치면 옥보살이 그 광선을 받아서 붉은 광채를 돔 안으로 뿜어내 돔 내부가 온통 붉은 색으로 바뀐다는 것이다.

십일면관음보살입상

본존불 바로 뒤에 있어 전면에서 보면 잘 보이지 않지만 십일면관음보살十一面觀音菩薩은 중생을 교화하기 위해서 11개의 얼굴 모습을 갖추고 있는 관세음보살이다. 본존불 바로 뒤에 관세음보살, 본존불 앞으로 좌우에 문수·보현의 두 보살이 조화롭게 배열된 석굴암 원실의 배치는 영원한 힘의 원천과 양상과 기능의 질서를 표시하고 있다. 석굴암의 십일면관음보살입상은 일제강점기 때에 9면이라고 알려져 왔는데 실제로는 일본인이 2면을 떼어가 9면이 되었던 것이며, 원래는 11면이었다.

팔등신에 가까운 다른 천부상이나 보살상들과는 달리 6.5등신에

■ 십일면관음보살은 중생을 교화하기 위해서 11개의 얼굴 모습을 갖추고 있는 관세음보살이다.

정면을 바라보고 또 돌출이 두드러져 현실감이 느껴진다. 긴 몸에 섬세하게 표현된 천의와 온몸을 덮고 흐르고 있는 구슬목걸이는 화려함을 더해준다. 오른손을 내려서 목걸이를 잡았고 왼손은 병을 잡아 가슴 앞에 들었는데 그 병에는 활짝 핀 연꽃 한 송이가 꽂혀 있다. 몸의 아래로는 몇 겹으로 겹쳐진 연화좌가 두 발을 받치고 있으며 구슬목걸이와 천자락이 연화좌에까지 걸쳐져 있다. 혹자는 '미스 신라'라고도 부를 만큼 뛰어난 아름다움을 지닌 관음보살상으로 높이는 2.2미터다. 온몸을 천의와 함께 복잡한 영락瓔珞 장식으로 화려하게 장엄하고 있는데, 다른 어떤 상들보다 정성 들여 조각했음을 알 수 있다.

관음보살은 자비의 화신으로 모든 보살 가운데 가장 중요하게 다루어진다. 흔히 아미타불의 협시로 자주 등장하지만, 십일면관음이라는 변화관음變化觀音으로 성립되면서 독립적인 예배 대상이 된다. 십일면관음은 일반적으로 밀교密敎의 도상으로 알려져 있지만, 석굴암의 십일면관음보살입상은 성관음聖觀音의 성격을 극대화한 것이다. 통일신라시대의 십일면관음은 현재 남아 있는 것이 3구에 불과하나, 더 많은 십일면관음상이 만들어졌을 것이다.

대범천과 제석천

본존불을 둘러싼 4주에는 본존불 바로 뒤의 십일면관음보살입상을 중심으로 각각 좌우에 7구씩 입상이 새겨져 있다. 그중 입구에 있는 첫 상은 본존불을 향해 오른편의 것이 대범천大梵天(대범천이라는 하늘의 왕), 왼편의 것이 제석천帝釋天(제석천이라는 하늘의 왕)이다. 이 두 천은 『법화경』을 비롯한 모든 대승경전에서 가장 빈번히 언급되는 신화적 존재인 불제자들이다.

대범천은 욕계欲界를 벗어난 색계色界 제일의 단계에 있으면서 사바세계를 다스리는 천왕이며, 제석천은 사왕천 다음의 높이에 있는 33천의 천왕이다. 대범천의 조상은 그와 한 쌍을 이루는 제석천과 똑같은 양식의 두광, 즉 연주連珠로 엮어진 도란형倒卵形(달걀을 거꾸로 놓은 모양)의 두광으로 장식되어 있고, 또 똑같이 흰 불자拂子(먼지떨이처럼 생긴 불구)를 오른손에 쥐어 어깨 위에 처들고 있다. 머리에는 두 상 모두 비슷한 보관을 썼고, 각각 석벽의 굴곡에 따라 보살과 십대제자들 쪽을 향해 얼굴과 몸을 돌리고 있는 것이 인상적이다.

제석천은 왼손에 군지를 들었다. 중생의 번뇌를 털고 씻어내는 도구로 불자와 물병을 들고 있는 것이다. 얼굴 표정에는 거친 욕심을 버린 정적만이 남겨져 있다. 배 앞에서 부채꼴로 퍼져 내린 치마 주름은 두 허벅다리를 양감 있게 둘러싸고 있고 두 팔에 걸친 옷소매와 길게 늘어선 천 자락은 양쪽에 균형을 이루며 흘러내리는데 높이는 2.11미터다. 대범천은 한층 더 높은 색계의 하늘에서 아직도 욕심을 온전히 끊지 못한 천상계의 존재들을 위해 불자와 금강저金剛杵(악마를 항복시키는 지혜의 무기)를 들고 그들을 굽어보는 자세를 취하고 있다. 금강저는 불가괴不可壞(깨지지 않음)의 지혜를 상징한다.

문수보살과 보현보살

굴 안 주벽의 조상 중 입구에서 두 번째의 상으로 대범·제석의 2천과 십대제자의 중간에 있는 보살상으로 대부분의 학자들은 문수·보현의 두 보살상으로 추정한다. 두 천왕이 넓고 평평한 하나의 큰 잎사귀 위에 섰던 것과는 달리 매우 섬세하게 사실적으로 새겨진 연화대 위에 선 모습으로 표현되어 있다. 문수보살은 지혜와 이론에서 뛰어났으며, 『반야경』을 결집했다고 알려진다. 보현보살은 불타의 이理와 정定, 행行의 덕을 맡아 보는 보살이다.

두 천왕과 마찬가지로 두 보살상도 그 몸과 얼굴 전체를 중앙의 본존불을 향해 돌리고 있다. 이는 석굴암의 모든 조상이 일심의 표현인 본존불을 중심으로 하나의 통일되고 조화로운 질서를 갖추고 있다는 것을 의미한다.

두 보살상은 원형의 소박한 두광을 지닌다. 머리에는 삼면의 보관寶冠을 썼고 귀와 가슴 등에 구슬로 된 장식이 달려 있다. 천의天衣는 결코 욕심으로 점철되고 있는 현세의 불행한 과보 속에 얽매어 있지 않음을 나타낸다. 좌측의 문수보살은 오른손에 지혜를 상징하는 경권經卷을 쥐고 있고 우측의 보현보살은 이 세상에서 교화라는 원願을 계속 충실히 행함을 상징하는 둥근 보발寶鉢을 들고 있다.

십대제자상

석굴암 십대제자의 부조상은 세계불교미술사상에서도 극히 드문 대형 조상들인데다, 특징 있는 표현과 예술성으로 높은 평가를 받는다. 학자들은 중국과 인도에서 보이는 십대제자상은 많았지만, 석굴암처럼 박진감을 갖춘 조상은 찾기 어렵다고 말한다.

10대 제자는 석굴암 안에서 유일하게 실존하는 인물들이다. 석굴암의 일반적인 구성 원칙에 비추어보아 본존불을 둘러싼 5개의 상이 좌우로 차례

차례 교차적으로 배열되었을 가능성을 고려할 때 좌측 제1상을 사리불, 우측 제1상은 목건련이 된다. 우측의 상들은 전면에서부터 제1 사리불, 제2 가섭, 제3 부루나, 제4 아나율, 제5 라후라로 보며 본존불을 향해 좌측으로 보아서 는 제1 목건련, 제2 수보리, 제3 가전연, 제4 우바리, 제5 아난타의 순서다. 제 일 작은 제자상이 높이 2.08미터, 가장 큰 제자상이 높이 2.2미터다.

감실의 조각상

굴 안의 윗단에는 좌우에 5개씩 10개의 반구형 감실이 마련되어 있으며, 그 안에는 다양한 모습의 조상들이 봉안되어 있다. 이는 천연의 암굴이 아닌 석굴암을 중국이나 인도에 있는 천연의 석굴사원보다도 잘 조화된 균제미를 가진 천연의 것처럼 보이게 하는 용도로 추정된다.

아랫단에 본존불을 둘러싼 조각상이 모두 입상이었던 것과는 달리, 윗단 에는 좌상인 보살상이 대부분을 이룬다. 본존불을 향해 좌우 양측의 제1감실 은 현재 아무것도 남아 있지 않는데 일제강점기 때 반출된 것으로 추정된다.

종합건축물 석굴암

석굴암은 설계뿐만 아니라 시공 면에서도 탁월한 재능을 보여주지 않으 면 건설될 수 없는 걸작이다. 석굴암이 10분의 1 비율로 건축되었다고 하는 데, 이 비율은 기원전 25년 헬레니즘 사상가이자 건축가인 비트루비우스가 주창한 '균제비례symmetry'와 유사하다. 그는 "건축미는 건물 각 부의 치수관 계가 올바른 균제비례를 이룰 때 얻어진다"고 강조했다. 균제비례는 인체에서 얻어진 것이며 인체에서 가장 아름다움과 안정감을 주는 비율이다.

석굴암 본전불도 이런 균제비례가 적용되어 빼어난 예술성을 보여주고 있다. 석굴암 본전불은 얼굴과 가슴, 어깨, 무릎의 비율이 1:2:3:4의 비율로 되어 있어 본존불상 자체를 1로 보았을 때 10분의 1인 균제비례가 적용되었다. 신라인들이 당시 비트루비우스가 주장한 균제비례를 알고 있었을 리는 만무하지만, 신라인들도 비트루비우스가 발견한 안정감과 아름다움의 비율을 이미 터득하고 있었다는 것이다. 또한 석굴암 전체의 구조를 기하학적으로 분석해보면, 모든 공간이 가로 : 세로 또는 세로 : 가로의 비율이 1 : 2인 직사각형으로 이루어져 있다.

석굴암은 네모꼴의 전실과 둥근 후실로 이루어졌는데, 이는 '하늘은 둥글고 땅은 네모'라는 천원지방天元地方 사상을 반영한 것으로 보인다. 특히 후실의 천장은 돔형으로 돌을 쌓아올려 만든 것으로 당시의 발달된 건축 기술을 엿볼 수 있다. 석굴암의 정수는 시각적인 효과도 고려했다는 점이다. 사각형의 예배 공간에서 당대의 일반 사람들의 키로 추정되는 160센티미터 되는 사람이 서서 본존불을 바라보면 본존불의 머리 뒤에 있는 광배의 정중앙에 나온다는 점이다. 이런 시각적인 효과까지 고려했다니 놀라지 않는 사람이 있는지 모르겠다.

학자들은 원래 돔은 중근동지대에서 발생하여 로마시대에 이르러 크게 유행했는데, 그것이 중앙아시아를 거쳐 동방까지 알려졌다고 추정한다. 그런데 신라인들은 전래된 돔의 형태는 받아들이면서도 축조법은 신라 특유의 기술을 사용했다. 석굴암의 천장 구조는 일반적으로 나타나는 돔형 구조와는 다른 특이한 형태를 보인다. 석굴암은 돔형 구조라는 기본 틀에 쐐기돌이라고 하는 특이한 무게의 균형 장치를 갖고 있다.

반지름 12당척(29.7센티미터)의 돔형 천장은 화강암을 둥근 띠 모양으로 묶어 5개 층으로 구성되어 있다. 띠 둘레는 각각 10개의 2중 곡면 부재로 묶였는데 아래쪽에서부터 위로 올라가면서 점차 띠의 폭이 줄어들며 정점에 연꽃 문양으로 된 125개의 돌을 올려놓았다. 기울기가 크지 않은 아랫부분의 2개 층을 제외하고는 띠를 묶을 때 돌들이 아래로 떨어지는 것을 막기 위해 연접부에 쐐기돌들을 수평으로 박았는데 이를 '멍엣돌(팔뚝돌)'이라고도 한다. 멍엣돌은 길이 2미터 크기의 약간 운두가 높고 폭이 좁은 단면의 장대석으로 그 길이가 상당히 길기 때문에 설치하면 머리 부분만 천장 벽면 밖으로 나오고 나머지는 적심에 넣어 고정시키게 된다.

멍엣돌 머리 부분엔 잘록하게 판 홈이 있고 홈에 천장 판석을 끼운다. 멍엣돌을 삽입해 반 모멘트를 조성시켜 조립식으로 구형 방막을 건설한 것과 각 부재들의 이음줄이 세로 면에서는 궁륭의 원심에 집중되어 있는 반면 궁륭 표면상에서는 정확하게 자오선을 따라 형성되도록 한 것은 신라의 석공들이 높은 구조역학적 지식을 갖고 석굴암을 축조했음을 보여준다. 이는 돌 부재가 중심축 방향으로는 주로 압축력만이 작용하게 하고 위로 올라갈수록 부재의 무게를 줄이게 하는 합리적인 구조로 불국사 청운교·백운교 좌우의 석벽 구조에서도 멍엣돌 공법이 사용되었고 안압지에서도 보인다.

천장 덮개돌은 손잡이 없는 찻잔을 거꾸로 엎어놓은 형상으로 연화문 지름 2.47미터, 높이 1미터, 바깥쪽 지름 3미터나 되는 크기로 무게가 자그마치 20톤이나 된다. 기중기로 들어 올려도 만만치 않은 무게의 커다란 덮개돌이지만 정확하게 반구형 돔을 시공했기 때문에 역학적 균형을 이루어 매우 튼튼하고 안정되어 있는 것이다.

한마디로 석굴암의 천장 구조에서는 아랫돌이 먼저 무너지지 않는 한 위의 돌이 따로 아래로 떨어지지 않는다. 본존불이 이 돔 천장 밑 주실에 있는 이유다. 천장을 구성하는 면석들이 중력에 의해 아래로 떨어진다 해도 쐐기돌 머리 부분의 홈이 위아래 돌들을 잡아줌으로써 본존불을 향해서 떨어지는 것을 막으면서 주실의 바깥쪽으로 떨어지도록 했다. 쐐기돌은 만약의 경우라도 본존불을 보호한다는 절묘한 고안으로 한편으로는 돔 구조의 최하부로 전달하는 힘을 감소시키면서 한편으로는 본존불을 보호하는 장치로서, 이런 쐐기돌은 세계에 그 유례를 볼 수 없다.

석굴암은 해발 565미터나 되는 토함산 중턱에 자리하고 거기에다 멀리 동해를 조망하고 있으므로 건물 구조체로서는 다소 불리한 지형에 설치되었다고 볼 수 있다. 이런 곳은 해풍海風과 골바람은 물론 안개와 눈비, 그로 인한 습기, 이에 더해 동절기 동파의 위협에 상시 노출되기 마련이다. 토함산 일대는 강우 일수가 134일, 강설 일수가 40일에다 안개 일수는 123일, 결빙 일수는 110일에 달할 정도로 습기가 많은 지역이다.

당연히 신라의 기술자들은 이런 지리적 기상 악조건을 해결하기 위해 특이한 주실의 지붕 처리 방식을 채택했다. 우선 주실 돔 지붕은 모두 108개가 되는 석재를 이용했다. 108번뇌가 대표하듯 짙은 불교적 색채가 묻어나는 구조인 셈이다.

석굴암에 석굴만 있는 것은 아니다. 석굴암에는 보물 제911호로 높이 3.03미터인 팔각원당형八角圓堂型 기단 위에 방형의 3층 탑신塔身이 놓여 있는 특이한 형태의 삼층석탑이 있다. 지대석은 높고 큼직한 원형으로 입면을 사선으로 처리해 원통 형식을 이루고 있는데 형태가 독특해 어디에서 유래된 것인지는 불분명하다. 각형과 몰딩의 2단굄이 원형으로 다듬어졌는데 이를 받침으로 하여 면석이 8각으로 구성되었다. 각 모서리에는 기둥이 표시되었으나 각 면에는 아무런 장식이 없다. 이 위는 바로 갑석甲石으로 갑석부연과 함께 2단의 둥근 판석을 이루고 있으며, 이 하층기단 위에 좀더 작은 상층기단이 있는데 형태나 수법은 동일하다. 상층 갑석 위에는 사각형의 각형굄이 2단으로 표현되었고, 이 위에 1층 탑신이 놓여 있다.

이 탑신은 2·3층 탑신에 비해 훨씬 크고 높직하다. 1층 옥개석은 평평하고 얇은 형태인데 옥개받침도 3단이어서 시대적인 양식을 반영하고 있다. 이러한 특징은 2·3층 옥개와 옥신석에도 그대로 반영되고 있어서 크고 높직한 1층 탑신을 중심으로 둥근 대좌와 잘 대비되고 있다. 특히 직선적인 처마, 얇은 낙수면은 단아하게 느껴지며 전체적으로 원과 사각, 팔각이 조화를 이루고 기단부와 탑신부 상하가 균형을 이루어 아름다운 신라 석탑의 한 정점을 보여주고 있다. 이러한 특징은 9세기 석탑에서 볼 수 있는 보편적인 특징과 진전사 승탑에서 보이는 조화미도 나타나고 있어서 9세기 전기에 조성된 석탑으로 추정할 수 있으며, 이러한 석탑 가운데 단연 가장 뛰어난 걸작품으로 평가된다.

신라 때에는 현대인이 상상하는 것보다 국제적인 물물교류가 활발했으

■ 삼층석탑은 높이 3.03미터인 팔각원
당형 기단 위에 방형의 3층 탑신이
놓여 있는 특이한 형태다.

므로 불교가 지배하는 신라에서 석굴사원을 세우려는 열망이 대단했다는 것
은 이해가 가는 일이다. 그러나 대규모로 석굴을 만들기 위해서는 사암이나
석회암으로 된 큰 돌산이 있어야 하는데 한국은 화강암이 대부분이어서 암
벽을 뚫고 석굴사원을 만드는 것이 쉬운 일은 아니었다.

　　여기서 번뜩이는 신라인들의 기지를 확인할 수 있다. 이러한 천혜의 장
소를 더는 찾기 어려워지자 조각품을 조립해 석굴처럼 만들었다. 이처럼 신
라인들은 세계를 깜짝 놀라게 하는 아이디어를 내놓았던 것이다. 석굴암이

세계문화유산으로 선정될 당시의 심사위원들이 석굴암을 직접 보고 나서 극찬한 것이 결코 과장이 아님을 알아야 한다. 석굴암이야말로 질과 양을 따지는 현대에서 양보다는 질로 승부를 걸어 세계인들을 놀라게 한 것이다. 외국에서 본 거대한 건축물과 정교한 조각품들을 보고 지레 겁을 낼 필요는 없을 것이다.

제
11
장

경
주
역
사
유
적
지
구

경주는 불교 유적이 대다수를 차지하고 있으나 왕릉은 물론 왕성이나 산성도 있고 첨성대나 포석정 등 과학유산도 포함되어 있다. 그러므로 경주 지역의 유산을 개개로 등록한 것이 아니라 아예 5개의 지역으로 나누어 등재했다. 궁궐 터인 월성지구, 불교미술이 대다수인 남산지구, 적석목곽분積石木槨墳으로 대별되는 신라 초창기 왕들의 능이 모여 있는 대릉원지구, 신라 불교를 대표하는 황룡사지구, 고대 신라의 방위 시설이라 볼 수 있는 명활산성이다.

경주는 1,000년 고도이므로 시내에 많은 유산이 밀집되어 있는데 반월성과 안압지, 계림과 첨성대, 대릉원 등이 산책을 겸해 1,000년의 역사를 만끽할 수 있다는 것이 커다란 덕목이다. 또한 시내 한가운데 노동동과 노서동에 적석고분들이 줄지어 있는데, 이곳에서 봉황대와 같은 거대한 고분과 일제강점기에 발굴되어 둥그런 빈자리만 남아 있는 서봉총, 금령총터가 있으며 유명한 호우총도 보인다. 더구나 황남대총, 천마총 등은 밤에도 개장해 경주의 진수를 맛보게 하는데 이들 모두 유네스코 세계문화유산임은 물론이다.

유네스코 세계문화유산들만 감안한다면 경주 시내를 관통하는 형산강을 기준으로 우측만 세계문화유산으로 '경주역사유적지구'라는 이름으로 지정되고 좌측에 있는 많은 유산이 배제되었다. 형산강 좌측에 있는 단석산 신선사마애불상군(국보 제199호), 무열왕릉(사적 제20호), 김유신 묘(사적 제21호), 경주나원리5층석탑(국보 제39호) 등 경주의 간판급 중요 유적지들이 지정되지 않은 이유다. 또한 세계문화유산에 등재되기에 충분함에도 단독이거나 위치나 접근로 등이 불리해 지정되지 않은 것도 많이 있다.

대릉원지구

1,000년 고도 신라를 외국인과 함께 답사해보면 한마디로 놀랍다며 입을 다물지 못하는데, 그중에서도 가장 인상적인 것을 꼽으라면 경주 시내 곳곳에 동산만 한 무덤들이 있다는 것이다. 그것도 경주 중앙에 있어 마음껏 걸어다닐 수 있다며 더욱 신기하게 생각한다. 생자와 사자가 함께 있는 도시는 많이 있지만 경주와 같이 평지에 있는 곳은 세계적으로 유례가 없는 것은 사실이다. 한국만 해도 부여 능산리의 백제 고분군이나 경북 고령 주산主山의 대가야 고분군 등도 있지만, 그곳 무덤들은 지명 그대로 '산'에 자리하고 있다. 하지만 경주의 고분군들은 온통 평지에 널려 있다. '과연 세계의 신라다'라는 찬탄이 나올 수

경주역사유적지구

밖에 없다.

대릉원지구의 고분들은 경주 시내의 서남부 반월성의 북쪽부터 노서동에 이르는 동서 약 1킬로미터, 남북 약 1.5킬로미터 지역에 밀집되어 있다. '대릉'이란 이름은 『삼국사기』의 "미추왕이 죽은 뒤 대릉에서 장사 지냈다"는 구절에서 연유한다. 엄밀한 의미에서 이 지구에 등록된 고분은 경주 전체의 고분에 비해 그렇게 많은 숫자는 아니다. 또한 대릉원지구라 해서 현재 대릉원大陵苑이라 불리는 공원에 있는 고분만 일컫는 것은 아니다. 이 지역에는 신라 미추왕릉(사적 제175호), 경주황남리고분군(사적 제40호), 경주노동리고분군(사적 제38호), 경주노서리고분군(사적 제39호), 동부사적지대(사적 제161호), 경주 오릉(사적 제172호), 재매정(사적 제246호) 등이 포함된다.

신라의 왕릉 가운데 현재 약 56기가 지금까지 전해져 내려오는데 이 중왕의 이름이 확인된 능은 38기뿐이다. 이 가운데에서도 유네스코가 지정한것은 고분이 거대해진 시기 이후의 것들로 대체로 신라 왕의 호칭이 이사금에서 마립간으로 바뀔 무렵과 일치한다. 국왕의 호칭이 가장 연장자를 뜻하는 이사금에서 흉노의 왕들을 의미하는 마립간으로 바뀌었다는 것은 북방기마민족의 후손이 왕위를 인계받았다는 것을 뜻한다.

신라는 『삼국사기』에 의할 경우 기원전 57년에 건국되어 935년에 멸망할 때까지 무려 1,000년을 이어온 한국 역사상 최장수의 왕국이다. 그러므로신라 지역은 고분의 형태도 다양하다.

청동기시대부터 내려오는 토착적인 토광묘土壙墓(특별한 시설이 없이 땅을파서 시신을 묻는 무덤으로 움무덤 또는 널무덤)와 석곽묘石槨墓(지하에 깊이 움을 파

■ 대릉원지구에는 신라 미추왕릉, 경주황남리고분군, 경주노동리고분군, 경주노서리고분군, 동부사
적지대, 경주 오릉, 재매정 등이 있다. 미추왕릉(위)과 경주 오릉(아래).

경주역사유적지구

고 부정형 할석 또는 덩이돌로 네 벽의 덧널을 쌓은 돌덧널무덤)가 발견된다. 기원
전 1세기에 박혁거세에 의해 건국된 이래 약 300년 동안의 적석목곽분에 선
행하는 고분도 발견된다. 이들 고분에서는 신라 고분의 트레이드마크라 할
수 있는 경질의 고배高盃, 장경호長頸壺 등 신라 토기가 발견되지 않는 대신 전
대에 성행한 와질토기와 고대의 철제품들이 부장되어 있었다. 또한 5세기부
터 횡혈식 석실분도 출현하지만 그중에서 가장 주목되는 것은 적석목곽분이
다. 적석목곽분은 경주 분지를 중심으로 분포되는데 창령, 삼척, 경산 등지에
서도 약간씩 발견된다.

적석목곽분은 평지에 조성되는 것이 대부분인데 중국(동이족의 터전 제
외), 일본에는 없는 무덤이다. 또한 적석목곽분은 4~6세기 6대에 걸친 마립
간 시대(내물-실성-눌지-자비-소비-지증 마립간)에만 나타나는데 이를 만든
신라 김씨 왕족의 뿌리가 대초원지대의 기마민족이라는 기록을 증빙한다.
적석목곽분이란 땅을 파고 안에 나무로 통나무집을 만들고(지하로 6~7미터의
땅을 파고 그 안에 대형 목곽을 설치한 쿠르간도 있다) 시체와 부장품들을 안치한
후에 위에는 상당히 많은 돌로 둘레를 쌓고 흙으로 커다란 봉분을 만드는 것
을 말한다.

원래 북방 초원(스텝) 지역에서는 유력자가 죽으면 그가 생전에 살던 통
나무 집을 돌과 흙으로 그대로 덮어버린다. 그래서 스텝 지역의 적석목곽분
을 파보면 난방시설의 흔적도 남아 있고 심지어 창문도 발견된다. 신라에서
는 신라 김씨들이 등장하면서 갑자기 나타나는데 그들도 북방 기마민족의
옛 전통에 따라 지상에 시신을 넣을 집을 만들고 그 위에다 냇돌을 쌓은 다음

흙으로 반구형半球形 봉분을 했다.

그러므로 적석목곽분은 세월이 지나면 목곽 부분이 썩어 주저앉기 때문에 적석 중앙 부분이 함몰되어 낙타등(쌍봉)처럼 된다. 봉토는 거의 대부분 원형인데, 적석시설이 상당히 큰 규모이고 그것을 둘러싼 봉토 또한 대규모여서 신라의 고분이 고구려나 백제 지역의 고분에 비해 상당히 대형인데다 무덤 구조의 특성상 도굴하는 것이 간단치 않으므로 부장품들이 매장 당시 그대로 출토되는 것으로도 유명하다. 대릉원지구에서 발굴된 대형고분은 한 고분에서만 1만 점에서 2만 수천 점에 이르는 어마어마한 양의 유물이 발견된다.

신라 무덤의 고구려 유물 매장

경주 시내에 있는 거대한 고분들은 대체로 노동동 · 노서동 · 황오동 · 인왕동 지역 등에 밀집되어 있다. 이들 고분군 지역은 본래 대릉원과 연결된 넓은 무덤 구역으로 도로만 제외하면 동일한 구역이라 해도 과언이 아니다. 노동동고분군(사적 제38호)에는 4기의 고분이 남아 있는데 봉황대 · 금령총 · 식리총 등 3기는 발굴 · 조사되었고 1기는 아직 발굴되지 않았다. 봉황대는 밑둘레 250미터, 직경 82미터, 높이 22미터로 노서동의 서봉황대와 함께 경주에 있는 신라 고분 중 황남대총 다음으로 규모가 크다. 봉황대가 남다른 것은 덩치도 크지만 고분 위에 커다란 느티나무들이 자라고 있어 더더욱 무덤처럼 여겨지지 않고 동산처럼 보이는 특징이 있다.

그런데 봉황대에는 기이한 이야기가 깃들어 있다. 당시 왕건은 풍수지

■ 봉황대는 신라 고분 중 황남대총 다음으로 규모가 큰데, 고분 위에 커다란 느티나무들이 자라고 있어 무
덤처럼 여겨지지 않는다.

리에 심취해 있었는데 도선에게서 신라를 빨리 망하게 하는 비법을 들었다.
도선은 경주 땅이 풍수지리상 매우 좋은 배 모양이니 그것을 이용하라고 했
다. 왕건의 조종을 받은 풍수가들은 신라 조정에 경주는 봉황 모양의 땅인데
지금 봉황이 날아가려 하니 봉황의 알을 만들어놓아 날아갈 마음을 먹지 못
하게 해야 신라가 망하지 않는다는 말을 퍼뜨렸다. 신라 조정에서는 커다란
알을 만들어 경주 한가운데에 놓았다. 무거운 흙덩어리를 실었으니 배가 빨
리 가라앉는 형국이다. 신라가 멸망한 뒤 봉황의 알이 바로 봉황대라는 소문
이 퍼져 봉황대의 이름은 그야말로 유명해졌다.

봉황대 남쪽에 있는 금령총은 금방울이 장식된 금관이 출토되었기 때문에 붙여진 이름이다. 적석목곽분의 구조를 처음으로 밝힌 발굴로 의의가 큰데 분구의 직경은 18미터, 높이 4.5미터로 그다지 크지 않은 고분이다. 그림을 그려넣은 자작나무로 만든 관모, 금팔찌, 배 모양 토기, 로만글라스 등이 함께 출토되었으며 한국을 대표하는 말을 타고 있는 기마인물형토기(국보 제91호)가 출토되어 남다른 명성을 얻었다. 이 무덤에서 출토된 금관과 장신구들은 모두 성인용으로 보기에는 크기가 작아 무덤의 주인이 어린 나이에 죽은 왕자일 것으로 추정된다. 금령총과 동서로 마주한 곳에 '금동으로 화려하게 장식된 신발'이 출토되어 이름이 붙여진 식리총飾履塚이 있다. 금령총과 식리총은 1924년 일제강점기 때 마구잡이로 발굴되어 유적이 크게 훼손되었다.

노서동고분군(사적 제39호)은 표형분瓢形墳 1기를 포함해 14기의 고분이 있다. 이 중에 서봉황대·금관총·서봉총·호우총과 부부합장묘로 추정되는 쌍상총, 말 뼈가 발견된 마총 등 8기가 발굴·조사되었다.

금관총은 1921년 집을 증축하던 중 우연히 유물이 발견된 것으로 원래 분구의 직경은 약 46미터, 높이 12미터로 추정되는 큰 고분이다. 이때 국보 제87호인 금관이 처음 발견되어 경주 고분의 등록상표처럼 되어 있는 금관총이라는 이름이 붙여졌다. 그 외에도 금제 허리띠 장식 등 금제품이 무려 2관(7.5킬로그램)에 달하며 수만 개의 구슬과 토기류 등 엄청난 유물이 나와 동양의 투탕카멘묘라고도 불렸다. 또한 철정으로 불리는 덩이쇠도 300~400개나 출토되었고 고구려 또는 중국제로 생각되는 청동항아리, 로만글라스 등도 발견되어 당시의 활발한 국제적 문화 교류를 보여주었다.

서봉총은 표주박 모양의 고분으로 1926년에 발굴되었는데, 마침 신혼 여행차 일본을 방문 중이던 스웨덴의 황태자이자 고고학자였던 구스타프 아돌프Gustaf Adolf가 참관한 것을 기념해 스웨덴瑞典의 '서瑞' 자와 금관에 있는 봉황 장식의 '봉鳳' 자를 따서 서봉총이라 했다. 서봉총에서 발견된 금관은 2개의 좁은 띠를 안쪽 머리 위의 중앙에서 직교시켜 내모內帽 모양으로 만들고, 꼭대기에는 금판을 오려 만든 봉황형 장식을 붙인 특이한 모양이다. 특히 서봉총 금관의 꼭대기에는 나무에 다소곳이 앉은 3마리의 새가 있다. 금관에 새가 표현되어 있는 예는 내몽골 아로시등阿魯柴登 유적의 흉노 금관에서도 발견된다. 신라인들이 금관에 새를 표현한 것은 단순한 장식적 의미를 넘어서서 나뭇가지나 사슴뿔에서처럼 새가 이승과 저승, 하늘과 땅을 연결 짓는 매개자로 여겼기 때문으로 추정된다.

은으로 만든 뚜껑이 있는 그릇에 '연수원년신묘삼월延壽元年辛卯三月'이라는 명문이 나왔는데, 연수는 고구려의 연호이므로 이 그릇이 고구려에서 만들어진 것으로 추정된다. 분구의 지름 35미터, 높이 10여 미터로 목곽 밑에 많은 양의 산화된 붉은 철가루가 뿌려져 있는 것으로 보아 무덤 주인공의 영생을 빈 고대인들의 의식을 엿볼 수 있다. 신묘라는 간지에 의거해 무덤의 연대는 391년 또는 451년 등이며 출토된 유물을 볼 때 서봉총의 주인은 여자로 본다.

호우총은 1946년 5월 우리 손에 의해 최초로 발굴 조사된 신라 왕족의 무덤으로 지름 16미터 높이 5미터로 같이 붙어 있는 은령총이라는 고분과 표형분을 이루고 있다. 금동제의 관, 신발, 금제의 허리띠 장식 등이 출토되었

■ 호우총은 광개토대왕 때 고구려에서 만든 명문이 있는 호우가 발견되어 그렇게 불리게 되었다.

는데, 광개토대왕 때 고구려에서 만든 명문이 있는 호우(일종의 그릇)가 발견되어 호우총으로 불린다. 호우 밑바닥에 쓰여 있는 '을묘년'이란 간지는 항아리의 제작연대가 415년임을 알려주는데 명문의 뜻으로 보아 광개토대왕을 제사 지낼 목적으로 만들어진 고구려 물건으로 추정된다. 호우총에서는 잡귀를 쫓기 위해 만들어진 방상씨方相氏의 탈이 나온 것으로 알려졌으나, 최근 유물보존처리 결과 도깨비 모양의 화살통 장식으로 밝혀졌다.

신라 무덤에서 고구려 물건이 나오는 것은 고구려가 4세기 후반부터 5세기 중엽까지 신라에 강한 정치적 영향력을 행사했기 때문이다. 내물마립간 44년(399) 백제와 결탁한 왜군의 공격을 받은 신라가 도움을 청하자 고구려의 광개토대왕은 400년에 5만 명의 보병과 기병을 보내 신라를 구원했다. '광개토대왕릉비'에는 고구려가 신라를 구원해준 직후 신라의 내물마립간이 고구려에 직접 조공했다고 기록하고 있다.

480년 전후에 만들어진 것으로 추정되는 '중원고구려비'에 의하면 고구려왕이 신라왕과 그 신하들에게 의복을 하사한 사실이 나타난다. 고구려는 신라의 종주국 행세를 하면서 고구려군이 신라 왕경에 주둔한 적도 있다. 실제로 신라가 고구려의 영향에서 벗어난 것은 5세기 후반 이후다. 따라서 그 이전에 만들어진 신라 무덤에서 광개토대왕의 호우를 비롯한 고구려 물건들이 나오는 것은 당연한 일이다. 경주의 월성로 고분에서도 고구려 토기들이 발견되었다.

대릉원지구의 간판스타라면 경주황남리고분군(사적 제40호, 속칭 대릉원)을 꼽지 않을 수 없다. 대릉원에는 미추왕릉, 천마총, 황남대총 등 많은 고분이 있는데 야간에도 개장해 어느 곳보다도 친근하게 다가오지만(안압지, 첨성대 포함) 이곳은 경주에서 입장료를 받는 몇몇 되지 않는 유적지다. 경주 일원에서 입장료를 받는 곳은 대릉원, 안압지, 첨성대, 오릉, 포석정, 김유신장군묘, 무열왕릉, 분황사, 불국사, 석굴암, 기림사 등이다.

미추왕릉(사적 제175호)은 여러 모로 황남대총이나 천마총과 다르다. 우선 무덤의 주인이 누군지 확인되었다는 점이고 또 무덤 둘레에 담장이 둘러져 있다. 묘역 출입을 통제하는 문도 세워져 있으며, 무덤 앞쪽에 제사를 모시는 사당인 숭혜전도 건립되어 있다. 미추왕이 그토록 사후에 큰 대우를 받고 있는 것은 그가 흉노 휴저왕의 황태자 김일제의 후손으로 김씨 최초의 신라 왕이 되었기 때문이다.

경북 청도에 있는 이서국이 금성(경주)을 공격해왔는데 신라가 이기지 못했다. 이때 갑자기 대나무 잎을 귀에 꽂은 무수한 병사가 나타나 적들을 물리쳤다. 적이 물러간 후 죽엽군竹葉軍들도 모두 사라졌는데 미추왕릉 앞에 수만 개의 댓잎이 쌓여 있었다. 백성들은 돌아가신 미추왕이 군사를 보내 적을 물리쳤다고 생각해 미추왕릉을 죽현릉竹現陵, 죽장릉竹長陵이라고 불렀다. 실제로 미추왕릉은 무덤 뒤편에 울창한 대나무들을 거느리고 있으므로 대숲 사이로 허리를 굽히고 왕릉 쪽으로 다가가면 눈앞에 죽엽군들이 적을 향해 힘차게 뛰어나오는 것처럼 보인다.

또한 죽은 김유신이 미추왕에게 찾아가 자손의 억울한 죽음을 호소하며 신라를 떠나겠다고 하자 미추왕이 달랬다는 이야기도 있다. 미추왕은 김유신과 함께 신라인에게 영원한 호국영령으로 상징화되었는데, 이로 인해 신라인들이 그 덕을 생각해서 삼산三山과 함께 제사 지내고 서열을 박혁거세의 능인 오릉보다도 위에 두어 대묘大墓로 불렀다고 한다.

대릉원에서 놀라운 것은 중앙아시아 대초원지대의 기마유목민족들이 즐겨 사용했던 각종 유물들이 무더기로 쏟아져나왔다는 점이다. 금관과 장신구, 금으로 만든 허리띠, 띠 고리(버클), 각배(뿔잔), 보검, 유리제품 등도 북방 기마민족들이 즐겨 사용한 것과 비슷하거나 동일한 유물이다.

특히 황남대총에서는 순금제 금관을 비롯해 실용적인 은관銀冠, 실크로드를 통해 수입된 것으로 보이는 로만글라스 등 무려 7만여 점이 쏟아졌다. 그중에서도 비단벌레玉蟲를 잡아, 그 날개 수천 개를 장식해 무지개빛처럼 영롱한 자태를 뽐내는 '비단벌레 장식 마구馬具'도 발견되어 세계 학자들을 놀라게 했다.

이들 출토품은 고구려와 백제 고분의 출토품과 비교하면 품목과 내용이 근본적으로 다르다. 또한 동시대의 중국에서 출토된 것과 비교해보아도 차이가 크거나 전혀 달라 두 문화의 공통점을 거의 인정할 수 없을 정도다. 신라는 왜 중국 문화의 수용을 거부하고 독자적인 문화를 견지했을까 하는 질문이 있는데, 이는 두말할 나위 없이 신라는 독자적인 문화를 영위할 만한 배경이 있었기 때문이다. 즉, 중국과 전혀 다른 풍습과 문화를 가진 북방 기마민족이 신라로 동천東遷했다는 것을 단적으로 증명해준다.

경주 황남동에 있는 고분 중에서 대표적인 적석목곽분이 황남대총(제98호분)이다. 경주 대릉원에서 가장 큰 황남대총은 적석목곽분의 대표적인 무덤으로 형태상 쌍분, 즉 부부묘로 표형분이라고도 불리는데 남분(남자)을 먼저 축조하고 나서 북분(여자)을 잇대어 만든 것이다.

황남대총 발굴은 1973년 7월에서 1975년 10월까지 2년 4개월이 소요되었는데, 이것은 국내 고분 발굴사상 단일무덤으로는 최장 조사 기간이다. 발굴에 동원된 인원만 총 3만 3,000여 명이었는데 사람들을 놀라게 한 것은 무덤의 규모답게 출토유물은 순금제 금관, 비단벌레 장식의 안장틀과 발걸이, 말띠드리개, 유리병 등 무려 7만여 점이나 출토되었다.

남분의 외형은 반표주박형이며 남분만 놓고 볼 때에는 반구형이다. 봉토의 크기는 동서 83.0미터, 남북 70미터, 높이 22.2미터다. 봉토는 고분의 중심부에 축조된 적석부 상면과 그 주위에 넓게 덮은 두꺼운 점토층으로 구분된다. 따라서 적석부 상면 아래가 먼저 성토되고 목곽 내부 매장과 적석부의 개부가 축조된 이후에 적석부 상면 윗부분이 조성되었다.

부장 공간을 보면 목관 내 피장자는 장신구를 장착하고 부장품 수장부에 유물을 매납한 후 의도적으로 목관 주위의 석단 상면에 유물을 부장하고 목곽의 뚜껑을 덮은 후 그 상부에 다시 토기와 장신구 등을 부장했다. 석단 상면에 15~20세가량의 여자 1명이 순장되었으며 내부에서 출토된 유물로 보아 또 다른 순장자가 있었을 것으로 추정된다.

황남대총 북분도 전체 외형은 반표주박형이며 북분만 놓고 볼 때에는 반구형이다. 봉토의 크기는 동서 80.0미터, 남북 50미터, 높이 22.9미터다.

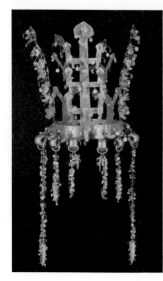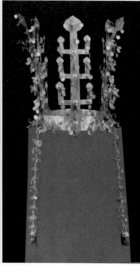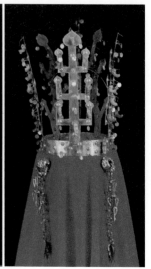

봉토는 고분의 중심부에 축조된 적석부 상면과 그 주위에 넓게 덮은 두꺼운 점토층으로 구분된다. 따라서 남분처럼 적석부 상면 아래가 먼저 성토되고 목곽 내부 매장과 적석부의 개부가 축조된 이후에 적석부 상면 윗부분이 조성되었다.

신라와 가야의 왕릉급 무덤에서 출토된 금관은 모두 7점(가야 1점)이다. 이 중에서 교동 금관을 제외한 황남대총 북분·금관총·서봉총·금령총·천마총 금관은 발굴조사에서 출토된 것이다. 학자들은 경주 일원에만 150여 기의 큰 무덤이 있는데, 그중 발굴된 것은 약 30여 기에 불과하므로 앞으로 발굴 여하에 따라 훨씬 많은 금관이 쏟아져나올 것으로 추정한다.

지금까지 금관을 출토한 무덤은 5세기 후반부터 6세기 전반경으로 소위

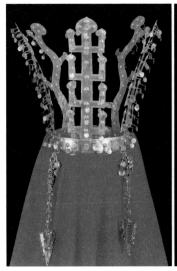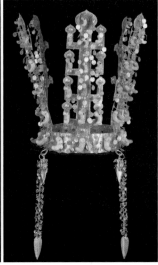

■ 신라의 왕릉급 무덤에서 출토된 금관은 모두 6점이다. 이 중에서 교동 금관을 제외한 황남대총 북분·금관총·서봉총·금령총·천마총 금관은 발굴조사에서 출토된 것이다. 왼쪽부터 황남대총 금관, 금관총 금관, 서봉총 금관, 금령총 금관, 천마총 금관.

4명의 마립간 시대에 만들어진 것으로 왕의 숫자보다 많다. 왕비나 왕의 가족도 금관을 썼기 때문이다. 경주를 제외한 경상도 일대에서 금동관이 많이 출토되는데, 이들도 5세기 후반부터는 금관처럼 '출' 자 모양으로 통일되는 경향을 보인다. 이는 경주의 사로국이 경상도 일대의 소국을 복속시킨 뒤 그 수장에게 일정한 지배권을 인정하면서 금동관을 비롯 각종 장신구를 하사함으로써 지배복속 관계를 유지한 흔적으로 추정된다.

발굴의 한 획을 그은 천마총

황남대총과 함께 반드시 방문해야 할 곳은 천마총이다. 경주의 고분공원인 대릉원에서 관람객이 무덤 내부 안으로 들어가 내부의 모습을 볼 수 있

경주역사유적지구

도록 한 무덤이 바로 천마총으로 천마총은 심야에도 내부를 공개한다.

1971년 6월 평소 경주에 대한 강한 애착을 지녔던 박정희 대통령은 경주를 직접 둘러보고 신라 천년고도를 방치해서는 안 된다며, 신라고도는 웅대雄大 · 찬란燦爛 · 정교精巧 · 활달豁達 · 진취進取 · 여유餘裕 · 우아優雅 · 유현幽玄의 감이 살아날 수 있도록 개발할 것을 지시했다. 개발계획에 포함된 내용 가운데 신라 최고 · 최대의 무덤인 황남대총을 발굴 조사하고 내부를 공개해 관광자원으로 하고자 하는 계획이 들어 있었다. 발굴 결과 황남대총보다는 시기가 다소 늦으며 피장자의 성별은 남성으로 판단되었다.

황남대총은 높이 25미터, 하부 길이가 120여 미터나 되는 대형 부부묘다. 그때까지도 이렇게 큰 신라 무덤을 발굴한 경험이 전혀 없었으므로 황남대총과 약 130미터 떨어진 지점에 인접해 있는 비교적 규모가 큰 155호분(동서 60.0미터, 남북 51.5미터, 높이 12.7미터)을 시험적으로 발굴해 황남대총을 발굴하기 위한 경험을 축적한다는 방침을 세우고 발굴에 착수했다.

그런데 시험 대상의 발굴 무덤에서 어느 누구도 예상치 못한 흔히 말하는 대박이 터졌다. 찬란한 신라 금관은 물론 금제의 호화로운 허리띠와 그 장식은 물론 목에 걸었던 경식頸飾, 천마도 등 무려 1만 1,526점에 달하는 엄청난 유물이 출토된 것이다.

그중 천마도의 크기는 가로 75센티미터, 세로 56센티미터, 두께 0.6센티미터로 용도는 '말다래'다. 장니障泥라고도 불리는 말다래는 말안장에서 늘어뜨려 진흙이 사람에게 튀는 것을 막는 장식이다. 말안장의 좌우에 매달던 것이므로 처음 발굴될 때는 2장이 겹쳐 있었다. 한 장은 심하게 훼손되어

■ 천마도의 용도는 '말다래' 다. 말다래는 말안장에서 늘어뜨려 진흙이 사람에게 튀는 것을 막는 장식이다.

있었으나 같은 그림으로 된 나머지 한 장은 무사해 이것이 국보 제207호다.

천마도는 신라뿐 아니라 삼국시대 전체를 통틀어 벽화를 제외하면 가장 오래된 그림이며 신라 회화 작품으로는 유일하다. 천마는 흰 말이 말갈기와 꼬리털을 날카롭게 세우고 하늘을 달리는 모습이다. 고구려 고분벽화의 그림과 비교해 날카로운 묘사력이나 힘찬 생동감은 뒤떨어지지만 천마도가 공예품의 장식화임을 감안하면 매우 뛰어난 자질을 갖고 있는 공예가가 그린 것으로 추정된다. 그림은 화려하지는 않지만 붉은색, 흰색, 검은색을 이용해 단아한 느낌을 주는데, 색깔을 내는 칠감의 원료는 흰색이 호분胡粉(돌가루)이며 검은색은 먹, 붉은색은 주사朱砂와 광명단이라는 일종의 납화합물이다.

천마도는 당시 흔히 쓰이는 천이나 비단, 가죽이 아니라 나무껍질을 이용했다는 점에서 학계의 큰 주목을 받았다. 재료가 무슨 나무인지가 관심사였는데, 임업연구원은 목판의 재질은 백화수피白樺樹皮라고 발표했다. 백화수피의 백화는 흰자작나무를 뜻하므로 그림은 흰자작나무 껍질 위에 그린 것이다.

자작나무 껍질로 만든 말다래는 고신라시대에 접어들어 비로소 본격적으로 등장하는데, 자작나무 껍질 세공은 오늘날에도 시베리아에서 남러시아 지방까지 민간 도구 · 민속공예품 제작에 사용되는 일반적인 소재이자 전통 기술이다. 그러므로 천마를 그린 캔버스로 한반도 남쪽에서 잘 자라지 않는 흰자작나무를 사용했다는 것은 이 무덤의 주인공이 북방 기마민족 계열임을 보여주는 증거로 자주 제시되었다.

그러나 적외선이 쏘아낸 '천마'는 아주 유감스럽게도 '불굴 기백'과는 영 거리가 멀다. 오히려 입을 턱 하니 벌린 채 이빨을 다 드러내놓고 웃는 듯한 모습은 해학적이기까지 하다. 물론 정수리 부분의 막대기가 뿔이 아니라 불꽃(일종의 신기)이라는 견해도 제기되었다. 국립경주박물관은 경주 금령총에서 출토된 기마인물형 토기처럼 뿔이 아니라 갈기를 묶은 매듭이라고 발표했다. 고구려 덕흥리 고분벽화에 '천마지상天馬之像'이라고 쓰인 천마 그림이 영향을 주었을 것이라는 것이다.

한편 천마총 출토품에서 대나무로 만든 말다래에서 새로운 천마도 한 점이 41년 만에 확인되었다. 이 죽제 말다래는 얇은 대나무살을 엮어 바탕판을 만들고, 그 위에 마직 천을 덧댄 뒤 천마 문양이 담긴 금동판 10개를 조합해 금동못으로 붙여 장식했다. 이로써 천마총에서 확인된 천마도는 백화수피에 그린 그림 2점 외에 새로 확인된 1점까지 총 3점으로 늘어났다.

천마총에서 발굴된 금관도 유명한데 X선형광분석기XRF로 분석한 결과 금관은 평균 97.5퍼센트 정도의 순금이 포함되어 있었다. 황금의 비율을 캐럿K으로 바꾸면 23.4캐럿으로 거의 순금으로 금관이 만들어져 있음을 알 수 있다. 나머지 성분은 은이다.

한편 재래적인 방법으로 유물의 비교 검토를 통해 이 무덤이 서기 500년 전후에 조성된 것으로 해석되어 이들 오차가 거의 150년이나 되지만 일부 학자들은 소지왕 또는 지증왕으로 추정한다. 앞으로 새로운 방법으로 경주 고분공원 내의 고신라 무덤을 새롭고 과학적인 방법으로 발굴 조사할 기회가 마련되면 정확한 조성연대가 밝혀지고 무덤의 주인공도 밝혀질 것으로 추정된다. 또한 학자들은 이 고분 축조에 투여된 노동력은 최소한 8,900명이나 되며 축조 기간은 90일로 추정했다.

대릉원에는 금관총 정도의 왕릉급으로 보이는 고분만도 20여 기에 달하므로 이들 모두 최고 지배자의 무덤이 아닌 것은 사실이다. 이들 적석목곽분이 건설될 당시의 마립간은 내물왕(356~402), 실성왕(402~417), 눌지왕(417~458), 자비왕(458~479), 소지왕(479~500), 지증왕(500~514) 등에 지나지 않기 때문이다. 학자들은 이들 대형 무덤은 마립간 시대의 정치사회적 특성상 갈문왕葛文王(신라 때 왕의 친척에게 주던 직위로 왕과 비란 호칭을 사용했고 따로 신하를 거느렸다)이나 신라6부 중 당시에 특히 영향력이 있었던 대표적 귀족들의 무덤도 있을 것으로 추정한다.

남산지구

유네스코 세계문화유산으로 지정된 경주역사유적지구는 5구역으로 나뉘었지만, 경주가 평탄한 대지에 건설되었으므로 접근하는 것이 비교적 수월하다. 반면에 남산지구는 포석정과 같은 과학유산과 왕릉 같은 불교와 연관이 없는 문화재도 있지만 야외박물관이라 불릴 정도로 온 산이 불교 문화재로 뒤덮여 있다. '남산을 보지 않고 경주를 논할 수 없다'고 할 정도이므로 남산 전체가 사적 제311호로 지정되어 있다.

금오봉과 고위산(수리산)이 있는 남산은 경주 일대에서 보기 드문 기암괴석들이 산재하며 수십 개의 작은 골짜기에 소나무 숲이 신비한 분위기를 자아낸다. 금오봉은 타원형으로 이루어졌으며, 금거북이가 서라벌 깊숙이 들어와 편하게 앉아 있는 형상이라고 한다. 『삼국유사』에도 남산으로 표현되어 있는데, 해발 500미터 미만의 낮은 산이기는 하지만 산은 산이므로 남다른 산행을 각오해야 한다.

불탑 96기, 불상 118기, 석등 22기, 사찰터 147곳, 왕릉 13기, 고분 37기 등 지금까지 발견된 유물만 672점이다. 이 중 국보와 보물 13점, 사적 13개소, 중요민속자료 1점, 문화재자료 3점, 지방유형문화재 11점, 지방기념물은 2점으로 남산 자체가 하나의 거대한 유물로 살아 숨 쉬는 담 없는 역사박물관으로 볼 수 있다.

신라의 사찰, 남산

남산을 불국토로 여긴 신라인들은 1,000년을 두고 간수했으므로 남산
자체가 그대로 신라의 사찰이며 신앙처라는 것은 과언이 아니다. 역사학자
박홍국은 경주 남산을 두고 '신라인의 마음'이라고 했고 시인 이하석은 남산
을 '아득한 옛사람들의 꿈길을 찾아가는 길이며, 화강암의 굳은 덩어리에 아
로새겨진 시간의 뒷길을 서성이는 것이며, 무엇보다 성지순례의 길'이라고
했다.

남산은 동서 길이 13킬로미터, 남북 길이 8킬로미터로 40여 개의 계곡
이 있는 468미터의 금오산과 494미터의 고위산을 합쳐 부르는 이름이다. 높
이는 비록 높지 않지만 수십 개의 작은 골짜기 사이로 난 길과 수많은 기암이
함께 어우러져 신라인들의 믿음이 깃들어 있는 곳이다. 금오산은 남산을 통
칭하는 이름으로도 쓰이며 김시습의 『금오신화』도 이곳에서 저술되었다. 신
라 시조인 박혁거세의 탄강 설화가 얽힌 나정蘿井, 신라 최초의 궁궐 자리인
창림사터, 신라 종말의 비극을 맞았던 포석정터가 남산에 있다. 사실상 신라
의 역사는 남산에서 막을 열고 닫았다고 볼 수 있다.

모든 신라인은 남산을 신령들이 사는 신성한 장소로 숭배했지만, 불교
가 들어오자 남산의 바위가 석가모니의 진신眞身이라는 믿음으로 바뀌기 시
작했다. 민속신앙과 불교가 융화되기 시작한 것으로 남산에 마애불이 많은
것은 그 때문으로 추정된다. 유네스코가 지정한 남산지구의 세계문화유산은

모두 37점이다.

많은 문화재가 있지만 국보급이 하나 밖에 없는 것은 이곳의 유물들이 야외에 있으므로 보존 상태가 좋지 않고 완성도도 다소 떨어지기 때문이라는 설명도 있지만 하나하나 남다른 유서가 있는 문화재들이다. 한편 유네스코 세계문화유산으로 지정된 남산지구 목록 안에 신라 내물왕릉이 있는데 이는 착오다. 우선 내물왕릉은 남산에 있는 것이 아니라 경주동부사적지대(사적 제161호)와 월성지구의 내물왕릉계림월성지대(사적·명승 제2호)인 계림 안에 있기 때문이다.

남산 돌아보기

경주 시내에서 35번 도로를 타고 남산을 들어가기 전에 우선 워밍업으로 대릉원지구 말미에 있는 세계문화유산인 경주 오릉, 이차돈과 연계되는 신라 최초의 사찰 홍륜사지興輪寺址(사적 제15호), 김유신과 연계되는 재매정, 월정교(사적 제457호), 천관사지(사적 제340호)를 먼저 방문한다.

오릉은 신라시조 박혁거세의 능으로 알려진 곳으로 『삼국사기』에는 신라시조 박혁거세와 제2대 남해왕, 제3대 유리왕, 제5대 파사왕 등 신라 초기 4명의 박씨 왕과 혁거세의 왕후인 알영왕비 등 5명의 무덤이라 되어 있다.

물론 현재 박혁거세의 능으로 알려진 능이 확실하게 혁거세릉으로 확인된 것은 아니다. 내부 구조는 알 수 없으나 무덤의 겉모습은 경주 시내에 있는 다른 삼국시대 신라 무덤과 같이 둥글게 흙을 쌓아올린 원형 봉토무덤이다. 1호 무덤이 높이 10미터로 가장 크며, 2호 무덤은 표주박형으로 봉분이

2개인 2인용 무덤으로 뒤로 갈수록 점점 규모가 작아진다. 이러한 대형 원형 봉토무덤은 신라에서는 4세기 이후 등장하는 것으로 박혁거세 당시의 무덤 형식은 아니다. 특히 경주에 있는 고분 대부분이 정확한 주인공을 알 수 없는데 'OO왕릉'으로 알려진 것도 쾌릉(원성왕릉)이나 흥덕왕릉 등 소수를 제외하면 정확히 확인된 것은 아니다.

오릉 남쪽에 박혁거세를 모신 사당인 숭덕전(지방문화재자료 제254호)이 있다. 1429년(세조 11)에 지은 후 재건과 수리를 거듭하다 1723년(경종 3)에 숭덕전으로 사액되었다. 경내에는 1759년(영조 35)에 세운 박혁거세와 숭덕전의 내력을 기록한 신도비가 있다. 숭덕전 위에는 알영의 탄생지로 전해지는 알영정이 있다. 알영정 비각에는 1929년에 세워진 '신라시조왕비탄강유지'라는 비석이 있으며 그 우측에 알영 우물이 있다. 두꺼운 사각석재 3장으로 닫아 놓은 우물 안에는 지금도 우물물이 고여 있다. 알영과 박혁거세가 태어난 나정은 직선거리로 800미터 정도의 거리에 있다.

신라 최초의 사찰로 알려진 흥륜사는 오릉의 북쪽에 있는데, 1910년경에 우연히 금당터로 보이는 토단土壇과 신라 최대의 석조石槽·석불 등이 발견되어 흥륜사터로 추정된 곳이다. 신라의 불교는 역동적인 역사 과정을 보여주는데, 바로 흥륜사와 이차돈의 연계다. 조카인 이차돈의 순교를 빌미로 법흥왕은 불교를 공인하고 사찰을 짓게 하는데 그 사찰이 바로 흥륜사다. 흥륜사는 544년(진흥왕 5) 2월에 준공되었는데 일반 사람들도 출가出家해 승려나 비구니가 되어 부처를 모시는 것이 허락되었다.

물론 신라 최초의 사찰은 이보다 훨씬 오래전이다. 제13대 미추왕 3년

■ 신라 최초의 사찰로 알려진 흥륜사는 1910년경에 우연히 금당터로 보이는 토단과 신라 최대의 석조 · 석불 등이 발견되어 흥륜사터로 추정하고 있다.

(264)에 성국공주成國公主의 병을 고구려의 고승 아도阿道가 고쳐주었는데, 그 보상으로 왕이 소원을 묻자 아도는 신라의 일곱 가람터 중 천경림에 사찰을 짓기를 원했다. 미추왕이 이를 허락하자 신라 최고 성지의 천경림에 사찰이 들어섰는데 이 이름도 흥륜사다. 이 당시 아도는 매우 검소해 억새를 얽어 움막집을 짓고 이곳에 거처하면서 불도를 강설하니, 마침 하늘에서 꽃이 떨어

졌기에 흥륜사라고 했다고 하므로 연대가 다소 차이나지만 어떻든 흥륜사가 최초의 사찰이라는 데는 동일하다.

흥륜사는 대법회를 주관하는 도량이 되면서 신라의 국찰로 승승장구하는데, 4월 초파일의 석가탄신일에 맞추어 탑돌이를 하는 풍습은 신라 흥륜사에서 시작되었다고 한다. 『삼국유사』에 의하면, 불국사와 석굴암을 창건한 김대성이 전생에 밭을 보시한 절이 흥륜사이고 김현金現이 호랑이와 인연을 맺었다는 사찰도 이곳이라고 기록되어 있다. 절터에 있었던 신라시대의 석조물 가운데 가장 큰 석조가 현재 국립경주박물관에 보관되어 있다. 또한 '신라의 미소'로 일컫는 사람 얼굴 모양의 수막새가 출토된 곳도 이곳이다. 현재 1980년대에 새로 지은 흥륜사가 자리하고 있으며 대웅전을 중심으로 종각과 이차돈 순교비가 세워져 있으며 경내에 흥륜사터가 보존되어 있다. 한편 현 흥륜사터에서 '영묘사'라고 새겨진 기와조각이 출토되어 선덕여왕 때 창건된 영묘사터로 보기도 하는데, 국립경주박물관에는 앞에 설명한 출토물들이 발견된 위치를 영묘사로 적고 있다.

흥륜사를 나와 흥륜사터와 월성터의 중간에 있는 재매정으로 향한다. 1.5미터가량의 화강암을 벽돌처럼 쌓아올려 만든 사각형 우물인데 학자들은 이 일대가 김유신 장군의 집이 있었던 자리로 추정한다. 1993년 발굴 조사에서 우물의 깊이는 5.7미터이며, 가장 넓은 부분은 1.8미터이고, 바닥의 지름이 1.2미터다. 우물 옆에 비각이 있는데 비각 안에 조선 고종 9년(1872)에 이만운이 쓴 비석이 있다.

선덕여왕 13년(644), 김유신은 소판蘇判이 되었고, 그 해 9월에 상장군이 되어 군사를 거느리고 백제의 성열성省熱城·동화성同化城 등 일곱 성을 공격해 크게 승리했다. 다음 해 정월에 돌아왔으나, 아직 왕을 배알하기도 전에 백제의 대군이 신라의 매리포성買利浦城을 침공한다는 급보를 받고, 김유신은 처자도 만나보지 못한 채 출정해 백제군을 맞아 2,000명을 베어죽이거나 사로잡았다. 그 해 3월에 왕이 귀환하라고 했으나 김유신이 집으로 가기도 전에 또다시 백제의 군사들이 침공했다고 하자 이번에도 집에 들어가지도 못하고 집에서 50미터 떨어진 곳에서 말을 멈추었다.

이때에 집사람들은 모두 문밖으로 나와서 장군이 오는 것을 기다렸는데 자신의 집 앞을 지나면서 가족들을 보지도 않고 우물물을 떠오게 하여 말 위에서 마시고는, "우리집 물맛은 옛날 그대로구나" 하고 떠나니 이를 보는 모든 군사가 "대장군도 이와 같은데, 우리야 어찌 골육의 가족들과 이별함을 한탄하겠느냐" 하며 김유신을 따라 싸움터로 나갔다는 이야기가 전해진다. 이때 백제군은 김유신이 온다는 소식을 듣고 싸우지도 않고 도망쳤다고 한다.

월정교는 경주 최씨 가옥 옆에 있는데 통일신라 최고 전성기의 화려한 궁성 교량으로 신라 왕경 서쪽 지역의 주된 교통로로 사용되었을 것으로 추정된다. 이 두 다리는 교대와 교각을 모두 대규모 화강암을 다듬어 만든 돌다리로 모양과 크기, 돌못(동틀돌) 사용법, 퇴물림식(위로 올라갈수록 조금씩 안으로 들여쌓는 방식)으로 만들었다. 월정교는 21세기의 첨단기술이 동원된 가운데 역사적 고증 과정을 거쳐 복원 중인데 길이 66미터, 폭과 높이가 각각 9미터 규모다. 사업비가 무려 235억 원이나 투입될 정도로 야심찬 작품이다.

다음으로 김유신 일화 중에서 잘 알려진 천관사지로 향한다. 천관사지

■ 월정교는 통일신라 최고 전성기의 화려한 궁성 교량으로 신라 왕경 서쪽 지역의 주된 교통로로 사용되었다.

는 도당산 서쪽 기슭에 있는데 김유신이 사랑하던 기생 천관天官의 집을 사찰로 바꾼 곳으로 전해진다. 김유신은 어머니의 엄한 훈계를 명심해 함부로 남과 사귀지 않았는데 우연히 기생 천관의 집에 유숙했다. 그러나 어머니의 훈계를 들은 뒤 천관의 집에 들르지 않았는데 어느 날 술에 취해 집으로 돌아오던 길에 말이 이전에 다니던 길을 따라 천관의 집에 이르렀다. 김유신이 잘못을 깨닫고 타고 갔던 말의 목을 베고 안장을 버린 채 집으로 돌아왔다. 훗날 김유신은 삼국을 통일한 뒤 사랑했던 옛 여인을 위해 천관의 집터에 사찰을 세우고 그녀의 이름을 따라 천관사라 했다. 천관사는 고려 중기까지 존재했

경주역사유적지구

던 것으로 기록에 남아 있다.

제1구역 : 서남산 (1)

천관사를 지나 남산 서남쪽 비탈에서 만나는 첫 답사지는 박혁거세가 알로 태어난 곳인 나정이다. 대체로 지신족 계통의 신인神人들은 강변·해변·우물·동굴 곁에서 탄생한다. 반면 박씨족은 유이민으로서 천신족 관념을 포용하고 있다. 하늘에서 나정 곁에 이상한 기운이 내려와 박혁거세를 탄생시켰고 그 징후로 말이 나타났기 때문이다. 그 현장이 나정으로 신라는 여기서부터 1,000년, 정확히 말하자면 기원전 57년부터 935년까지 993년간 존속했다.

이곳에는 박혁거세를 기리는 유허비를 비롯해 신궁터로 추정되는 팔각 건물지, 우물지, 담장지, 부속건물지, 배수로 등이 남아 있지만 현재는 공터다. 특히 팔각건물지는 한 변의 길이가 8미터나 되고 네모난 담장을 두른 것으로 보아 신라의 신궁터로 추정되어 학자들은 이곳 나정이 박혁거세를 제사 지내는 신전으로 보기도 한다. 대궐은 나정 남쪽 언덕 위 현재의 창림사터에 세웠다.

나정 인근에 박혁거세 이전에 서라벌 땅을 다스렸던 6부 촌장들을 제사지내는 양산재가 있다. 신라가 박혁거세에게서 건립되기 전 진한 땅은 알천 양산촌, 돌산 고허촌, 취산 진지촌, 무상 대수촌, 금산 가리촌, 명활산 고야촌의 여섯 촌이 나누어 다스렸는데 이들이 박혁거세를 신라의 첫 왕으로 추대했다. 이후 신라 제3대 유리왕이 6부 촌장들의 신라 건국 공로를 영원히 기리기 위해 6부의 이름을 고치고 각기 성을 내렸는데 양산촌은 이씨, 고허촌은 최씨, 진지촌은 정씨, 대수촌은 손씨, 가리촌은 배씨, 고야촌은 설씨로 이들이 각기 시조 성씨가 되었다.

인근에 남간사지 석정(지방문화재자료 제13호), 일성왕릉(사적 제173호), 남간사지 당간지주(보물 제1188호), 창림사지, 경주 배리윤을곡마애불좌상(지방유형문화재 제195호)이 있다. 창림사지에서 서쪽으로 방향을 틀면 곧바로 경주포석정지(사적 제1호), 지마왕릉(사적 제221호), 배리삼존석불입상(보물 제63호), 경애왕릉(사적 제222호)이 연이어 등장한다.

배리삼릉은 경애왕릉에서 북쪽을 응시하면 소나무 사이로 보인다. 삼릉은 8대 아달라왕(재위 154~184), 52대 신덕왕(912~917), 53대 경명왕(917~924)이 그 주인공들이다. 그런데 이들은 모두 박씨다. 또한 삼릉과 포석정 사이의 6대 지마왕, 장창골에 있는 일성왕도 박씨다. 시조인 박혁거세도 이곳 나정에서 출생했다. 선도산 일대가 김춘추 일가의 산소였듯이 남산 서쪽 일원은 박씨들의 터전으로 볼 수 있다.

불국사, 석굴암, 다보탑, 석가탑, 안압지 등 대부분의 유명 경주 문화재들이 통일신라시대 작품이지만, '배리삼존석불입상'은 7세기 전반의 '고신라'의 작품으로 경주에서도 희귀한 유산이다. 원래 높이 2.75미터의 본존여래입상과 오른쪽 협시보살입상은 같은 장소에, 왼쪽 협시보살입상은 조금 떨어진 곳에 흩어져 있던 것을 1923년 현재와 같이 경주 남산 배리, 일명 선방골禪房谷에 수습·복원해놓은 것이다.

배리삼존석불입상은 당시 신라의 수도 경주에서 만들어진 대형 석불로

■ 나정은 박혁거세가 태어난 곳이다. 이곳에는 그를 기리는 유허비를 비롯해 신궁터로 추정되는 팔각건물지, 우물지, 담장지, 부속건물지, 배수로 등이 있었지만 현재는 공터다. 나정과 남간사지 당간지주(아래).

는 가장 시대가 빠른 것으로 이후 경주에서 크게 유행한 석불의 첫 장을 열었다는 데 커다란 의미가 있다. 한 가지 아쉬운 것은 이들 불상을 보호하기 위해 보호각을 설치해 조도가 떨어지면서 불상의 원래 조형미가 상당히 사라졌다.

삼릉 옆으로는 남산 남쪽으로 오르는 대표적 삼릉골 등산로가 나 있는데 이곳에서 상선암, 바둑바위, 금오산을 거쳐 각지로 방향을 잡을 수 있고이 역으로도 가능하다. 사시사철 시원한 계곡물과 바람이 끊이지 않는다 하여 냉골이라는 이름으로도 널리 알려져 있는데, 이 골짜기에 '삼릉계곡 석불좌상(보물 제666호)'을 비롯해서 수많은 불상이 포진해 있어 남산 필수 답사지로 각광받고 있지만 등산을 해야 볼 수 있다.

배리삼존석불입상을 지나면 곧바로 포석정과 지마왕릉이 있다. 포석정은 경상북도 경주시 배동, 경주 남산의 서쪽에 있는 석구石構로 사적 제1호로 지정되어 있다. 대한민국 사적 제1호로 지정될 정도로 중요성이 부여되었다는 뜻이다.

포석정은 신라 패망의 현장으로 더 잘 알려진 비운의 장소이기도 하다. 경애왕은 왕위에 오른 지 3년째 되던 해 11월 비빈과 종척들을 데리고 포석정에서 연회를 열었는데 갑자기 후백제 견훤의 군사들에게 습격을 당한다. 경애왕은 호위병도 없이 병풍을 손수 가리고 광대들에게 군사를 막게 한 후 이궁으로 달아났지만, 곧바로 견훤에게 사로잡혀 왕비와 부하들 앞에서 자결한다. 이후 효종 이찬의 아들 부傅가 왕위에 올라 신라 최후의 경순왕이 되지만, 그도 왕위에 오른 지 몇 년 안 돼 견훤에게 항복함으로써 신라는 패망

■ 포석정은 물이 포어 모양을 따라 만든 수구로 흐르면 물 위에 띄운 술잔으로 술을 마시며 시를 읊고 노래를 부르면서 즐기도록 인공적으로 만든 수로다.

한다.

　신라의 최후를 목격한 포석정이 설치된 포석정지는 경주 서쪽 후궁後宮 또는 이궁원離宮苑으로 면적이 약 1만 제곱미터이며, 약 2.3킬로미터 상류에 최대 저수용량 약 1만 8,000세제곱미터 내외의 안골샘못에서 물을 끌어들인 것으로 여겨진다. 포석정은 동서의 긴축 10.3미터, 가운데 회측 길이 4.9미터이며 수로의 폭은 일정치 않으나 평균 30센티미터 정도며 깊이도 일정치 않지만 평균 22센티미터다. 측벽을 다양한 크기의 63개 석재를 이용해 만들었는데, 높이는 20센티미터 정도인데도 폭은 15센티미터 정도로 매우 안정된 구조로 되어 있으며 수로의 입구와 출구의 낙차는 40센티미터 정도다. 물이 포어鮑魚 모양을 따라 만든 수구水構로 흐르면 물 위에 띄운 술잔으로 술을 마시며 시를 읊고 노래를 부르면서 즐기도록 인공적으로 만든 수로이다.

이를 유상곡수流觴曲水라는 시회詩會로 부르는데 중국 동진東晉 때의 저장성의 작은 도시 사오싱紹興에서 명필 왕희지王羲之에게서 비롯되었다. 왕희지는 난정蘭亭에서 가까운 문인 41명을 초대해 시회를 즐겼다. 난정이 포석정과 다른 것은 자연석을 이용해 물길을 만들었고 그 규모도 훨씬 크다. 명대에 편찬된 〈난정수회도蘭亭修會圖〉는 그 당시의 풍경을 생생하게 보여주는데, 연꽃 속에 술잔을 넣어 물 위에 띄워 놓고 유상곡수를 즐기는데 시를 짓지 못한 사람은 벌칙으로 술 3잔을 마셔야 했다고 적혀 있다.

포석정에서 건물 흔적도 발견되었고 1999년에는 '포석鮑石'이란 글자가 새겨진 기와조각도 발견되었다. 기와조각이 나온 곳은 포석정 모형전시관을 건립하려는 포석정 남쪽의 4,300제곱미터의 부지로 시굴 조사 과정에서 가로 12센티미터, 가로 16센티미터의 기와에 나뭇가지 무늬와 함께 포석이란 글자가 새겨진 기와조각 6점이 출토된 것이다. 기와에 새겨진 포자는 포석정을 뜻하는 포鮑 자가 아니라 포砲 자인데 학자들은 포鮑 자를 약자화해 쓴 것으로 추정한다. 참고적으로 포석정은 경주에만 있는 것이 아니라 창덕궁 후원의 깊숙한 옥류천 개울가에도 있다. 포석정과 지마왕릉 사이로 산행도로가 있는데, 이곳에서 경주 배리윤을곡마애불좌상과 남산 신성을 답사할 수 있다.

성 부근에서 남산성 안에 세워졌으리라 추측되는 남산 신성비가 모두

9개가 발견되었는데, 발견 순서에 따라 남산 신성 제1비에서 제9비라는 명칭이 붙었다. 크기와 형태가 일정하지 않으며 제1비와 제9비만 원형인데 현재 국립경주박물관에 보관되어 있다. 흥미로운 것은 비에 적힌 글로 남산성을 쌓기 위해 전국의 사람들이 모여 일정한 길이의 성벽을 맡아 쌓았으며, 만일 성벽이 3년 안에 무너지면 천벌을 받을 것이라는 맹세가 새겨져 있다. 한마디로 성을 쌓는 데 동원된 모든 사람이 이런 서약서에 서명했다는 뜻이다.

제1구역 : 서남산 (2)

남산신성과 포석정을 지나 남산지구 문화유산의 백미라고 볼 수 있는 용장마을이 있다. 남산의 계곡이 40여 개소이며 등산로는 60여 곳이나 된다고 알려지는데, 용장마을부터 등산로를 잡은 것은 김시습 유적지를 비롯해 용장사지마애여래좌상(보물 제913호), 경주 남산 용장사곡 석불좌상(보물 제187호), 경주 남산 용장사곡 삼층석탑(보물 제186호)은 물론 남산의 절경 등을 볼 수 있으며 이어서 금오산에 오르면 원하는 다음 답사지를 마음껏 선택할 수 있기 때문이다.

용장마을로 올라가면 두 가지 장점이 있다. 첫째는 한국 최초의 한문소설인 『금오신화』의 작가 김시습이 용장골에 놓았다는 설잠교를 건널 수 있다. 설잠雪岑은 말년에 승려 생활을 할 때 김시습이 쓴 법명으로 '눈 덮힌 산봉우리'라는 뜻이다. 물론 지금 남아 있는 설잠교는 근래 건설된 것이지만 김시습의 체취를 느낄 수 있다.

둘째는 '세계에서 가장 높은 탑'의 전모를 볼 수 있다. 세계에서 가장 높은 탑이라는 표현은 설잠교에서 용장사터로 오르는 등산로의 안내판에도 적혀 있다. 용장골과 탑상골의 갈림길에 있는 이 안내판은 용장사곡 삼층석탑을 '아득한 구름 위 하늘나라 부처님 세계에 우뚝 솟은 세계에서 가장 높은 탑'이라고 말한다. 실제로 탑은 4.5미터 정도에 지나지 않는데도 이런 표현이 나오게 된 것은 설잠교 바로 못 미처에 있는 돌다리에서 바라보면 산 전체가 탑의 기단처럼 보이기 때문이다. 남산 전체를 기단으로 삼고 해발 약 400미터 지점에 자리를 잡았다면 용장사곡 삼층석탑은 높이가 분명 404.5미터에 이른다.

용장사터로 올라가는 마지막 단계에는 무려 높이 5미터 정도를 밧줄로 잡고 올라가야 하는 등 등산의 진수를 맛봐야 하지만 올라가자마자 놀라운 작품이 나타난다. 용장사지마애여래좌상과 용장사곡 석불좌상이다.

마애여래좌상은 8세기 후반의 작품으로 지상에서 높지 않은 바위 면에 새겼는데 머리 둘레의 두광頭光과 몸 둘레의 신광身光은 2줄의 선으로 표현했다. 얼굴은 비교적 풍만하고 입은 꼭 다물어 입 양끝이 돌 속으로 쏙 들어갔다. 코는 크고 긴 편인데 코에서 반달처럼 휘어진 선이 눈썹을 이룬다. 눈은 바로 뜬 편이며 눈썹과 더불어 음각선으로 둥글게 표현되어 있어 볼록한 입과 입 양끝의 보조개 같은 묘사와 함께 얼굴 전체에 미소를 만들고 있다.

마애여래좌상 앞에는 그보다도 놀라운 불상이 있는데 웬만한 문화재 애호가나 역사 여행 취미가라면 사진만은 어디선가 반드시 보았을 1.4미터의 용장사곡 석불좌상이다. 삼층석탑처럼 보이는 대좌는 기단부가 자연석이고 간석과 대좌가 탑의 지붕돌 모양처럼 놓여 있는데 모두 둥근 모양의 특이한

■ 용장사곡 삼층석탑은 '아득한 구름 위 하늘나라 부처님 세계에 우뚝 솟은 세계에서 가장 높은 탑'이다.
남산 전체를 기단으로 삼고 해발 약 400미터 지점에 자리를 잡았다면 용장사곡 삼층석탑은 높이가
404.5미터에 이른다.

형태다. 2미터가 조금 넘는 대좌 위에 모셔진 특이한 구조로 되어 있는데, 1932년 일본인들에 의해 복원되었지만 머리 부분은 사라졌다. 손과 몸체 일부가 남아 있는데, 대좌에 비해서 불상은 작은 편이다. 이 석불은 둥근 형태의 대좌뿐 아니라 연꽃 무늬도 분명하고, 옷자락도 깔끔해 보존 상태가 좋은 불상의 하나로 총 높이는 4.5미터다.

용장사의 압권은 용장사곡 석불좌상에서 약 10미터 위에 우뚝 솟아 있는 용장사곡 삼층석탑이다. 높이는 10여 미터에 지나지 않지만 들어가는 길을 알려주는 안내판이 없어 지나치기 쉽다.

용장사의 법당터보다 높은 곳에 세워진 이 탑은 통일신라시대에 조성된 것으로 추정되는데, 자연 암반을 다듬어 아랫기단으로 삼고 그 위에 면마다 기둥새김 셋이 있는 윗기단을 설치해 산 전체를 기단으로 여기도록 고안되었다. 천연의 조건에다 인공적 요소를 가미해 석탑을 만든 신라인들의 재주를 엿볼 수 있다. 세계에서 가장 높은 탑이라는 말도 여기에서 나온 것인데, 학자들은 불교에서 말하는 세계의 중심인 수미산을 상징하는 것으로도 추정한다.

윗부분이 사라져 탑의 높이는 4.5미터밖에 되지 않지만 하늘에 맞닿은 듯이 높게 보여 자연과의 조화미가 돋보여 통일신라 하대의 대표적인 걸작으로 꼽힌다. 현재의 탑은 1922년에 흩어진 탑 돌들을 모아 재건한 것으로 당시 조상에 의하면 2층 몸돌 상부에 한 변이 15센티미터 정도인 방형 사리공이 있었다고 한다.

금오봉은 타원형으로 이루어졌으며, 금거북이가 서라벌 깊숙이 들어와 편하게 앉아 있는 형상이라고 하는데 남산의 어느 코스를 답사하더라도 금오봉이 기준이 되므로 남산 답사를 많이 할수록 금오봉도 여러 번 오르게 된다. 현재는 소나무 숲으로 둘러싸여 금오봉 정상의 전망이 좋다고는 볼 수 없지만, 동쪽 기슭은 남산순환도로와 인접해 있고 서쪽으로 조금 내려서면 경주 시가지가 한눈에 내려다 보인다.

금오봉에서 통일전, 포석정, 칠불암, 삼릉골, 용장골로 되돌아갈 수 있는데 여기서는 삼릉골로 향하는 길을 적는다. 금오봉에서 삼릉골까지의 길은 부드러운 능선길로 발걸음을 가볍게 하는데 '기도를 하면 아기를 낳게 된다'고 알려지는 상선암이 나타난다. 상선암은 남산에서 가장 높은 곳에 있는 암자인데, 상선암 못 미쳐 삼릉계곡마애석가여래좌상(지방유형문화재 제158호)이 나타난다. 마애석가여래좌상은 남산의 북쪽 금오봉에서 서북쪽으로 뻗어 내리다가 작은 봉우리를 형성한 바둑바위가 남쪽 중턱에 있다.

남산의 바둑바위라 하여 석국石局(바둑판)이 그려져 있을 것으로 생각하지만 바둑판은 그려져 있지 않다. 반면에 평평한 바위 위에서 여러 명이 바둑을 둘 수 있는 공간으로는 충분하다. 바둑바위에서 절경을 바라보면서 바둑을 둔다면 그지없는 낭만과 향취를 느낄 수 있을 것이므로 바둑바위라고 이름을 붙였는지 모른다.

문화재 보고, 삼릉골

바둑바위 하부를 구성하는 자연 암반에 6미터 높이에 새겨진 삼릉계곡 마애석가여래좌상의 머리는 거의 입체불에 가깝고 그 아래는 선으로만 조각되어 있는데 깎아내리다가 그만둔 듯 거칠다. 이같이 신체의 대부분을 선각으로 처리하는 방식은 신라 말기부터 나타나기 시작한 것으로 추정된다.

풍만한 얼굴에 눈썹은 둥글고 눈은 반쯤 뜨고 입은 굳게 다물었지만 두툼한 두 뺨과 입 언저리에는 조용한 미소가 깃들어 있다. 민머리에 턱은 주름이 지고 귀는 어깨까지 큼직하며 옷은 양 어깨에 걸쳐져 있다. 가슴 부분의 벌어진 옷 사이로 속옷의 매듭이 보이며 오른손은 엄지와 둘째, 셋째 손가락을 굽혀 가슴에 올렸고 왼손은 무릎에 얹었다. 결가부좌한 양 다리의 발 표현과 연꽃대좌가 아주 특이한데 전체적인 양식으로 보아 통일신라 후기에 만들어진 것으로 추정된다.

상선암 마애여래좌상 동쪽에 높이 약 13미터, 길이 25미터가 넘는 상사바위가 있다. 이 바위는 상사병에 걸린 사람이 바위 위에 올라가면 효험을 볼 수 있다 하여 '상사바위'라 불린다. 바위 뒤쪽에는 가로 1.44미터, 높이 56센티미터, 깊이 30.3센티미터의 작은 감실이 있는데 많은 사람이 기도한 흔적이 보인다. 바위 중간쯤 가로 파인 틈에 많은 돌이 쌓여 있는데 기도한 사람들이 소원 성취를 점쳐 본 흔적을 볼 수 있다. 돌을 던져 그곳에 얹히면 소원이 이루어진다는 증거이고 던진 돌이 떨어지면 바위신이 뜻을 받아주지 않았다는 증거라 한다. 그 아래에 어깨까지 높이가 불과 0.8미터에 달하는 목이 없는 석불입상 1구가 놓여 있다. 남산에서 가장 작은 불상으로 추정되는

■ 자연 암반에 6미터 높이에 새겨진 삼릉계곡 마애석가여래좌상의 머리는 거의
입체불에 가깝고 그 아래는 선으로만 조각되어 있다.

데, 시무외인과 시여원인의 수인으로 보아 삼국시대의 불상으로 추정된다.
이는 바위 신앙과 불교 신앙이 합쳐진 신라 민중 신앙의 모습을 볼 수 있다.

삼릉계곡 정상 밑에 있는 소박한 암자인 상선암은 답사로의 이정표가
되는 곳이므로 반듯이 지나쳐야 하는 곳이다. 삼릉계곡에서 올라갈 때 다소
가파른 길로 옛날부터 스님들이 수련을 하거나 참선을 하던 장소이지만 상

선암의 위치 때문에 방문객들이 식수를 얻어가는 장소로 잘 알려져 있다. 그러나 약수가 콸콸 샘솟는 여름철과는 달리 겨울에는 암자에서조차 식수를 얻는 것이 매우 어렵다.

상선암에서 약간 휴식한 다음 이어서 내려가는 길이 즐겁다. 삼릉계곡 석불좌상, 삼릉계곡 선각여래좌상(지방유형문화재 제159호), 삼릉계곡 선각육존불(지방유형문화재 제21호), 삼릉계곡 마애관음보살상(지방유형문화재 제19호)이 연이어 나타나며 유명한 '목 없는 석불좌상'이 나타난다. 이 불상은 손과 머리가 파손되었으나 몸체가 풍만하고 옷주름이 유려해 조각 형태를 볼 때 통일신라시대의 우수한 조각품으로 평가된다.

이들 불상을 감상하면서 삼릉으로 내려오면 어렵게만 생각되던 남산 남쪽을 성공리에 답사한 셈이 되지만 지나치지 않아야 할 장소가 있다. 삼릉 입구의 경애왕릉에서 오른쪽 샛길(일명 삿갈골)을 따라 숲 안쪽으로 들어가면 경주 남산 입곡석불두(지방유형문화재 제94호)가 있는데 위치가 모호하여 지도만 보고는 찾기 어려운 곳에 있다. 여하튼 목적지를 찾는 데 약간 고생을 했더라도 머리와 가슴 부분, 허리 밑 부분, 대좌의 세 부분으로 남아 있는 석불입상을 보면 툴툴하는 마음은 사라질 것이다.

서남산에 있는 약수계곡 마애입불상(지방유형문화재 제114호)을 답사하는 것도 상당한 공이 필요하다. 약수골은 안질에 효과가 있는 약수가 나온다 하여 붙은 이름인데, 약수골에서 금오산 정상으로 가는 다소 가파른 길에 세계문화유산으로 지정된 단 하나의 마애불이기 때문이다. 올라가는 도중에 정리되지 않은 목 없는 불상이 나타난다. 석가여래상으로 결가부좌며 항마촉지인을 표시하고 있는데, 이 부근 어디엔가 묻혀 있을 머리를 찾을 수 있다면 9세기 초의 걸작품으로 태어날 수 있을 것이다. 목 없는 불상까지는 비교적 평탄한 길이며 이곳에서 마애입불상까지는 약간 가파른 오르막길이지만 무난하게 목적지인 약수계곡 마애입불상에 도착할 수 있다.

단 하나라 하지만 남산의 많은 마애불 가운데 가장 규모가 큰 것으로 몸체는 높이 8.6미터, 폭 4미터나 된다. 머리와 몸체가 지름 9센티미터 되는 철봉으로 연결되었음을 알 수 있는 흔적이 남아 있으며 머리의 크기를 1.8미터 정도로 계산하면 이 불상은 10.4미터나 되는 거대한 불상이다. 몸의 오른쪽 바깥을 거칠게 다듬기만 하고 광배를 조각했던 흔적은 없다. 머리는 다른 돌을 조각해서 얹은 구조로 아쉽게도 사라져 목 부분만 부근에 남아 있다. 부처의 발은 만들어 붙인 것이고 오른쪽 발이 아래로 굴러 떨어진 것을 따로 불상 앞에 옮긴 것이다.

제2구역 : 남남산

제2구역 남남산 지역은 남산 답사에서 가장 어려운 구역이다. 답사지 자체는 남산 열암곡 석불좌상(지방유형문화재 제113호), 남산 침식곡 석불좌상(지방유형문화재 제112호), 천룡사지 삼층석탑(보물 제1188호), 백운대 마애석불입상(지방유형문화재 제206호) 등 4곳에 지나지 않지만 산행을 기본으로 해야 하는 데다 여타 지역처럼 답사할 곳이 밀집해 있는 것이 아니라 분산되어 있으므로 소요 시간도 만만치 않다. 또한 오지 중 오지에 있으므로 한마디로 답사에 이력이 있는 사람이라 할지라도 길을 잘못 들 경우가 많아 정확하게 찾아가는 것이 만만한 일이 아니다. 특히 수풀이 울창할 때 부정확한 지도를 갖고 이정표로 찾아가려면 큰 코 다치기 십상이다.

남남산의 첫 답사지는 남산 열암곡 석불좌상이다. 용장골, 약수골을 지나쳐 울산 방향으로 가다가 노곡리, 백운암으로 좌회전 후 조금 가면 백운암으로 들어가는 간판을 보고 좌회전, 계속 산쪽으로 가면 마을을 지나면서 새로 포장된 길이 나온다. 길을 계속 따라 올라가면 주차장과 열암곡 석불좌상으로 올라가는 산길을 알려주는 팻말을 만난다. 비교적 잘 정비된 산길을 20여 분 정도 올라가면 높이 1.8미터의 석불좌상이 나타난다. 크기는 그다지 크지 않지만 작은 불상이 현재와 같은 면모를 갖게 되는 데는 매우 재미있는 이야기가 있다.

원래 석불좌상은 머리가 사라진 채 불상 주위에 광배와 대좌가 흩어져 있었는데, 문화재지킴이들은 상식적으로 이곳과 같이 교통이 불편한 곳에서 도굴꾼들이 불상의 머리만 떼어 가지는 않았을 것으로 생각했다. 주변에서 사라진 불두를 찾을 수 있다는 생각으로 많은 지킴이가 동원되어 인근을 찾기 시작했다. 이들의 예상은 틀리지 않았는데 2005년 경주남산연구소 김구석 소장의 부인이 석두를 발견했다.

사라졌다고 알려진 불두가 극적으로 발견되자 경주시가 국립경주문화재연구소에 복원을 의뢰했다. 불두와 10여 조각으로 깨진 광배, 하대석 조각들을 구조 보강 작업으로 접합 복원하고 대좌의 부재 중 유실된 중대석은 비슷한 시기에 조성된 불상 형식에 따라 재현해 3단의 8각 연화대좌 위에 당당하고 풍만한 몸체에 광배와 대좌를 제대로 갖춘 높이 4미터의 장대한 석불좌상으로 2009년 1월 다시 태어났다.

열암곡 석불좌상이 극적으로 발견되었지만 더 놀라운 제2막이 일어난다. 남산지킴이들은 신라인들이 이곳에 이 정도의 석불좌상을 만들 정도라면 인근에 다른 석불들이 있을지도 모른다고 생각했다. 이 경우 어딘가에 알려지지 않은 석불들을 찾는 기초적인 방법은 과거 신라인들이 다녔음직한 도로를 찾는 것이다. 현대의 경주인들이 다니던 길이 아니라 신라인들이 다녔음직한 길을 찾자는 것인데 그들의 생각은 옳았다. 2007년 5월 남산지킴이들이 과거의 길을 찾던 중 한 사람이 낙엽 때문에 넘어졌는데 누워서 일어나려고 할 때 무언가 커다란 조각의 흔적을 보았다. 이것이 한국을 놀라게 한 엎드린 형태로 발견된 80여 톤으로 추정되는 거대한 대형 마애석불이다. 석조입상은 얼굴이 지면에 노출되지 않아 콧날이 완벽하게 남아 있는 코가 암반에 5센티미터 정도 떨어진 채 불상의 콧날까지 완벽하게 남아 있을 정도로 보존 상태가 뛰어났다.

두 번째 길은 남산에서 가장 찾기 어렵다는 침식곡 석불좌상으로 향한다. 열암곡 석불좌상에서 길이 좋은 숲길을 20여 분 오르면 봉화대가 나타난다. 서쪽 국경에서 일어난 일은 봉화를 통해 선도산성에 전해지고 동쪽 국경에서 생긴 일은 명활산성에 전해진 후 이어서 왕이 있는 반월성으로 전하므로 왕은 곧바로 대안을 마련할 수 있었다. 현재는 봉화대 자체가 사라졌지만 석축을 쌓았던 흔적은 찾아볼 수 있다. 봉화대에서 고위산까지 가는 길목 양옆으로 소나무 숲이 있어 삼림욕으로도 적격이다. 정확한 길을 찾으면 아무리 가뭄이 들어도 샘물이 마르지 않고 약수 중의 약수라는 말이 있어 현재도

■ 열암곡 석불좌상(왼쪽)은 발견 당시 불상의 머리만 없었
는데, 2005년에 발견했다. 침식곡 석불좌상은 머리와
광배는 사라졌지만 삼단대좌를 갖추는 등 나머지 부분
들은 대체로 남아 있다.

경주인들이 자주 애용한다는 석수암이 나온다. 석수암을 지나면 찾는 것이
만만치 않다는 석불좌상이 나타난다.

불상 높이 95센티미터의 침식곡 석불좌상은 석굴암 본존불의 형식을 이
은 신라 말기의 촉지인여래좌상이다. 머리와 광배는 사라졌지만 삼단대좌를
갖추는 등 나머지 부분들은 대체로 잘 남아 있다. 목에 삼도三道가 뚜렷하며,
방형의 신체는 부풀은 젖가슴의 윤곽까지 표현했지만 체구가 빈약하고 조각

경주역사유적지구

기법이 투박해 생동감이 없다는 지적도 있지만, 이 불상은 사람들의 소원을 잘 들어주는 등 영험이 있다고 알려져 마을 사람들이 자체적으로 경비를 부담해 복원했다고 한다.

남산에서 비교적 찾기 어렵다는 침식곡 석불좌상을 답사했다면 다음 일정은 경쾌하지 않을 수 없다. 천룡사지 삼층석탑을 찾아가기 위해 우선 남산에서 가장 높은 고위산으로 향한다. 고위산 가는 길목에 논이나 밭을 가꾼 흔적은 물론 무덤이 곳곳에 있어 과거에 이곳에 사람이 살았던 흔적이 곳곳에서 보이는데, 이곳에서 어렵게 살던 사람들을 경주 인근의 산업시설에서 흡수해 현재는 단 한 사람도 살지 않는다고 한다.

고위산에서 천룡사지를 향하는 길은 하산길이지만 다소 가팔라 주의가 필요한데 곳곳에서 금오봉, 용장사곡 삼층석탑, 연화대, 비석대, 이영재 등을 멀리 볼 수 있다. 한마디로 장관 중에 장관인데 유명한 전설이 깃든 분암糞岩 (똥바위)도 보인다.

천룡사의 중요성을 알려주는 이야기도 되는데 처녀가 똥을 누었다는 것은 속세의 모든 것을 내보냈다는 것을 의미하며 그때 처녀가 누운 똥이 현재 이상한 돌로 변한 것으로 분암의 전설이 되었다고 한다. 고위산 전설과 기암석들을 보면서 계속 내려오면 경주시 내남면 고위산 천룡곡天龍谷의 천룡사에 이른다. 천룡사는 대한불교조계종 제11교구 본사인 불국사 말사로, 신라 때 창건되었으나 폐사되었다가 복원된 사찰인데 경내가 무려 약 66만 1,157제곱미터에 달할 정도로 매우 큰 사찰이었다고 한다. 천룡사는 고사高寺라고도 불리는데 천녀와 용녀 두 딸을 둔 부모가 딸을 위해 세웠다고 한다.

천룡사의 삼층석탑도 원래 무너져 있었는데 1989년부터 석탑 자리를 비롯해 주변을 발굴 조사한 결과, 석탑의 위치·방향, 묻혀 있었던 석탑재들이 확인되어 이들을 수습하고 기단부 일부와 상륜부의 부족한 부재를 보충해 고증을 거쳐서 1991년 복원한 것이다.

인근에 부도탑과 석조, 대형 맷돌이 보이는데 외부 형태로 보아 비석이 사라진 귀부처럼 보이는 돌이 있지만 불경을 새긴 당석幢石을 꽂은 윤장대輪藏臺로 추정한다고 한다. 윤장대는 책장의 일종으로 불교에서는 경전을 넣은 책장을 돌리면 경전을 읽는 것과 같은 공덕을 쌓을 수 있다고 한다. 윤장 또는 전륜장轉輪藏·전륜경장轉輪經藏이라고도 하는데 중심에 기둥을 세우고 기둥에 의지해 원형 또는 다각형의 나무장을 올린 뒤 여기에 경전을 넣고 손잡이로 돌릴 수 있도록 만든다. 윤장대는 글자를 모르거나 불경 읽을 시간이 없는 신도들을 위해 만들어진 불구로, 중국 양梁나라의 선혜대사가 처음 만들었다고 알려져 있는데, 윤장대를 돌리는 것이 부처가 설법하는 것을 진리의 바퀴를 돌린다고 한 것에서 비롯되었다고 인식한다. 예천 용문사의 대장전 전각 내 좌우에 있는 팔각형 윤장대는 보물 제684호로 지정되었고 충남 논산 관촉사, 강화도 보문사, 충북 진천군 보탑사 등에 있는 윤장대가 유명하다.

　　남남산에 속하지만 백운대 마애석불입상은 앞에 설명한 세 곳과는 전혀 다른 곳에 있으므로 별도의 일정을 잡아야 한다. 경주시 내남면 명계리의 백운대 마을 동쪽 마석산磨石山(531미터) 정상 아래에 있다. 시간은 다소 걸리지만 이정표만 따라가면 비교적 완만한 오름길로 쉽게 찾을 수 있다. 높이 7.28미터, 너비 6미터가량의 각형암벽角形岩壁 위에 원형으로 파고 새긴 높이 4.6미터에 달하는데 통일신라시대에 널리 사용되던 당척唐尺으로 환산하면 약 16자에 해당하므로 장륙불상丈六佛像으로 추정된다. 이 미완성 마애불상은 화강암 마애불상의 제작 과정을 보여주는 귀중한 예로 알려진다.

제3구역 : 동남산 (1)

남산의 동쪽을 의미하는 동남산은 통일전을 기준으로 좌측과 우측으로 나뉘어지는데 먼저 좌측을 향한다. 동남산 좌측으로는 서출지(사적 제138호), 남산리삼층석탑(보물 제124호), 염불사지 삼층석탑(사적 제311호), 칠불암마애불상군(국보 제312호), 신선암마애보살반가상(보물 제199호) 등이 기다린다.

통일전 바로 옆에 있는 연못이 유명한 서출지書出池다. 서출지는 이름 그대로 글이 나온 연못이다. 소지왕 10년(488) 궁 밖으로 거동하니 쥐가 나타나 '까마귀가 가는 곳을 따라가라'고 했다. 왕이 그 말대로 따라가 이 연못에 이르자 연못 속에서 한 노인이 봉투를 주었는데 그곳에는 '거문고 갑을 쏘시오'라고 쓰여 있었다. 왕이 궁으로 돌아와 활로 거문고 갑匣을 쏘니 그 속에 숨어 있던 궁녀와 승려가 화살을 맞고 죽었다.

그 뒤로 이 못을 '서출지'라 하고 정월 보름에 까마귀에게 찰밥을 주는 '오기일烏忌日'이라는 풍속이 생겼다고 한다. 지금도 경주 지방에는 정월 보름날 아이들이 감나무 밑에다 찰밥을 묻는 '까마귀밥 주기' 풍속이 있는데 그래서 그런지는 몰라도 경주 전체가 까마귀 천지다. 현재 이 연못 안에는 조선 현종 때 임적任勣이 건설한 정면 3칸 측면 2칸의 'ㄱ'자형인 이요당二樂堂이라는 소박하고 아름다운 건물이 있다. 서출지는 그리 큰 연못은 아니지만 연꽃과 둘레에 있는 수백 년 된 배롱나무들이 제철에는 절경을 연출한다.

서출지에서 봉화골 방향으로 조금 들어가면 남산리삼층석탑, 염불사지 삼층석탑이 나타난다. 이곳에서 봉화골을 30분가량 오르면 칠불암마애불상군이 기다리고 있는데, 남산의 어려운 곳을 이미 주파한 터라 그다지 어렵지

■ 서출지는 이름 그대로 글이 나온 연못이다. 그리 큰 연못은 아니지만 연꽃과 수백 년 된 배롱나무들이
　제철에 절경을 이룬다.

않은 길이다. 칠불암마애불상군은 바위에 일곱 불상이 새겨져 있다는 뜻인데, 모두 화려한 연꽃무늬 위에 앉아 있다. 높은 절벽을 등진 뒤쪽 자연 암석에 삼존불이 있고 그 앞쪽에 4면에 불상이 조각된 돌기둥이 솟아 있다. 칠불 왼쪽에는 석등과 탑의 부재로 보이는 돌들을 모아 세운 탑이 있다.

가파른 산비탈을 평지로 만들기 위해 동쪽과 북쪽으로 높이 4미터가량의 돌축대를 쌓아 서쪽 바위 면에 기대어 자연석을 쌓고 높이 4.68미터, 길이 8.4미터의 불단을 만들었다. 불단 위에 네모난 바위를 얹어 면마다 여래상을 새겨 사방불을 모셨는데, 모두 연꽃이 핀 자리에 앉아 있는 모습으로 각기 방향에 따라 손 모양을 다르게 하고 있다. 암석의 크기가 동면과 남면은 크고 서면과 북면은 작으므로 불상도 대소 차이가 있어 큰 것은 약 1.2미터, 작은 것은 70~80센티미터 정도인데 조각이 정밀하지 못하며 얼굴과 몸체는 단정하나 몸체 아래로 갈수록 정교함이 떨어진다. 사방불 모두 연화좌에 보주형 두광을 갖추고 결가부좌했다. 네 불상의 명칭을 확실히 정하는 것은 어렵지만 방위와 수인, 인계印契로 볼 때 동면상은 약사여래, 서면상은 아미타여래로 추정된다. 남면과 북면 불상의 존명을 확실하게 알지 못하지만 경전대로라면 남면상은 보생여래, 북면상은 불공성취여래다.

사방불 뒤로 1.7미터 정도 떨어져 있는 서쪽에 높이 5미터, 너비 8미터 되는 절벽 바위 면에 거의 입체불에 가깝게 돋을새김한 삼존불이 있다. 삼존불의 본존 좌상은 높이 약 2.7미터로 조각이 깊어서 모습이 뚝뚝하고 위엄과 자비가 넘친다. 대좌의 왼쪽 어깨에만 걸치고 있는 옷은 몸에 그대로 밀착되어 굴곡이 실감나게 표현되어 있다.

흔히 '남산에 문화재가 많은 것이 아니라 남산 자체가 문화재'라고 하지만, 남산에서 칠불암마애불상군은 유일한 국보로 혹자는 '남산의 꽃'이라고 말한다. 경주에서 체류할 시간이 많지 않은 사람이라 할지라도 칠불암마애불상군은 반드시 방문해야 한다. 삼존불이 새겨진 바위의 측면에 돌 홈이 나 있는데, 이것으로 보아 원래 지붕을 갖춘 전실이 있었던 것으로 추정되기도 한다.

칠불암마애불상군에서 직접 보이지 않지만 뒤편 절벽 꼭대기에 신선암마애보살반가상이 있다. 칠불암마애불상군의 우측으로 가파른 바윗길을 줄을 잡고 나무를 붙들면서 올라가는 것은 물론 절벽을 옆으로 타고 아슬아슬하게 들어가야 하는데 오른쪽이 암벽, 왼쪽이 아찔한 낭떠러지이지만 겁을 먹고 뒤로 돌아설 필요는 없다. 절벽 위 좁은 길을 20여 미터 들어가면 사람 3~4명이 설 수 있을 만한 공간이 나오는데 절벽 바위 면에 얕게 조각된 보살상이 보인다.

바위 면은 남쪽을 향하고 있는데 비가 와도 젖지 않도록 바위 윗면을 조금 앞으로 경사지게 깎아내고 높이 1.5미터, 너비 1.27미터 되는 배광 모양의 얕은 감실을 파 돋을새김으로 보살상을 만들었다. 오른손은 꽃을 잡고 있으며 왼손은 가슴에 대고 있으며, 오른발은 의자 아래로 내려 연화대를 밟고 반가좌를 하고 있는데 손에 든 꽃 등을 보아 관세음보살의 자세다. 깎아지른 듯한 절벽 아래로 낭산이 깔려 있고, 그 너머로 토함산이 한눈에 들어오며 그 너머로는 동해의 푸른 물결이 출렁이는 듯한 절경이 이어진다. 남산에서 바라보는 천하의 절경으로 마애불을 '구름 속의 마애보살'이라고도 부른다.

제3구역 : 동남산 (2)

동남산의 서쪽을 답사한 후 되돌아 나와 통일전에서 몇 걸음 걸으면 화랑대교육원이 나오는데, 이곳에 경주 남산동 석조감실(지방문화재자료 제6호)이 있다. 이 감실의 크기는 높이 2.5미터, 내부 공간의 바닥 길이 1미터, 높이 1.4미터, 깊이 0.9미터다. 남향으로 다듬지 않은 장대석으로 지대석을 삼고 그 위에는 방형판석 4매를 결구해 불상을 안치하는 공간을 만들었다. 판석의 내면은 다듬고 외면은 다듬지 않은 것을 사용했으며 입구 바닥에는 연화문 대석을 놓았다. 어떤 성격의 불상을 모신 곳인지 확실히 알려지지는 않았지만 좌불을 안치했을 것으로 추정된다.

석조감실을 보고 나와 우측으로 발길을 돌리면 곧바로 정강왕릉(사적 제186호)과 헌강왕릉(사적 제187호)을 만나며 이어서 미륵골 보리사가 인근에 있다. 남산에서 가장 규모가 큰 사찰인 보리사에는 남산에서 가장 완벽한 원형을 보존하고 있는 미륵곡석불좌상(보물 제136호), 보리사마애석불(지방유형문화재 제193호)이 있다.

미륵곡석불좌상은 보리사의 대웅전 옆에 있다. 미륵곡석불좌상은 높이 2.44미터, 전체 높이 4.36미터에 이르는 대작이다. 안내판에는 '경주 남산에 있는 석불 가운데 가장 완전한 것'이라고 당당하게 적혀 있는데 경주에서 가장 아름다운 불상으로 꼽힌다.

높이 2.7미터, 폭 1.9미터인 광배는 별도로 마련된 돌을 댄 것으로 연꽃의 바탕 사이사이에 7좌座의 작은 와불, 그 옆에 불꽃 무늬를 새겼다. 오른손은 무릎 위에 올려 손끝을 아래로 향하게 하고 왼손은 배 부분에 대고 있다. 작은 화불이 있는데 부처의 빛이 비치는 곳마다 그곳에 부처가 있다는 뜻이다. 배광 가장자리에 돌아가며 불길을 새긴 것은 부처의 위력을 나타낸다. 특히 배 모양의 광배 뒷면에는 모든 질병을 구제한다는 약사여래좌상이 선각되어 있는데, 왼손에 약그릇을 들고 있다. 앞뒤로 불상이 새겨진 희귀한 예다. 높이 1.35미터의 연화대좌는 겹으로 쌓은 목련의 밑받침에 팔각의 간석을 세우고 앙련을 조각했다. 팔각의 중대에는 각 모서리에 기둥 형태가 조각되어 있다.

미륵곡석불좌상을 본 후 내려오면서 보리사 입구에 보리사마애석불이 있다. 앞으로 약간 기운 바위 면에 광배 형태로 가운데 부분을 약간 안으로 파서 1.5미터가량 되는 얕은 감실을 만든 다음, 그 안에 90센티미터 정도의 부처를 양각으로 새겼다. 머리에는 나선형 머리카락이 표현되고 얼굴은 두툼하고 세밀하게 조각해 자비 넘치는 잔잔한 미소를 띠고 있다. 보리사마애석불이 남산에서도 유명한 것은 탁월한 위치 때문이다. 이곳에서 도리천이

■ 미륵곡석불좌상(왼쪽)은 '경주 남산에 있는 석불 가운데 가장 완전한 것'이고, 보리사마애석불은 얼굴은
두툼하고 세밀하게 조각해 자비 넘치는 잔잔한 미소를 띠고 있다.

라 불리는 낭산, 선덕여왕릉, 사천왕사터, 망덕사터는 물론 멀리 황룡사터까
지 한눈에 보이므로 약 50미터 오르막길을 올라가야 하는 고통 정도는 곧바
로 사라질 것이다.

　다음 행선지는 탑골이다. 남천 옆의 대웅전을 갖춘 소박한 옥룡암(불무
사)으로 들어가면 곧바로 높이 10미터, 둘레 30미터의 커다란 부처바위에 탑
골마애조상군(보물 제201호)이 나타난다. 이곳은 통일신라시대에 신인사라는
사찰이 있었던 곳으로 남쪽에 3층 석탑이 있어 '탑곡塔谷'이라 부른다. 거대

한 바위에 만다라적曼陀羅的인 회화처럼 묘사한 34개의 마애석불들로, 신인종 神印宗 계통의 사찰에 딸린 것으로 추정된다. 남쪽은 다른 3면보다 훨씬 높은 대지臺地이며, 목조 건물의 터와 탑과 석등의 유품들이 남아 있어 남면 불상을 주존主尊으로 하는 사찰로 7세기 무렵의 작품으로 추정된다.

부처바위가 남다른 중요성을 부여받고 있는 것은 북쪽 면에 한국 학자들이 그토록 고대하던 작품을 볼 수 있기 때문이다. 바로 선덕여왕이 세운 황룡사 9층 목탑의 원형으로 보이는 탑과 7층의 목탑이 새겨져 있다. 통일신라 시대부터 금당 앞에 2개의 탑을 세우는 쌍탑이 주류를 이루는데 이 탑들도 쌍탑을 묘사한 것으로 추정된다.

두 기의 탑은 기단부, 탑신부, 상륜부가 완전히 갖추어져 있다. 동쪽의 9층탑은 2중 기단 위에 세워져 있는데 1층은 비교적 높고 다음 층부터는 낮다. 추녀의 폭과 각 층의 높이는 올라갈수록 축소되어 3.7미터 높이에서 9층 지분이 삼각으로 끝을 맺는다. 추녀 끝마다 풍경이 달려 있고 탑꼭대기에는 상륜부가 있다. 특히 상륜부에는 노반과 복발, 앙화 위에 많은 풍경이 달린 보륜이 5겹으로 되어 찰주에 꽂혀 있고 그 위에 수연, 용차, 보주에 이르는 부분이 모두 나타나 있어 몽골군의 침입 때 불타 사라진 황룡사 9층 목탑의 원형으로 추정된다.

서쪽 탑은 동탑보다 조금 높은 위치에 자리 잡았는데 동탑과의 간격은 1.53미터다. 역시 2중 기단 위에 7층으로 솟았으며 그 모양은 동탑과 같은 형식이다. 이들 두 탑 중앙에 석가여래가 연꽃 위에 앉아 있는 모습이 새겨져 있는데 여래상의 손은 옷자락에 감추어져 있다. 머리 위로 천개가 떠 있는데 이 천개는 인도처럼 더운 나라에서는 빛을 가리기 위한 양산처럼 사용되는 것이나 한국에서는 높은 사람의 신분을 돋보이게 하는 데 사용되었다. 천개 위로 천녀 두 사람이 날고 있다. 옥련암은 시인이자 독립운동가인 이육사가 요양했던 암자로 유명하다.

부처바위에서 멀지 않은 곳에 군위삼존석굴(국보 제109호)과 더불어 석굴암의 원형으로 인식되는 경주 남산 불곡(부처골)마애여래좌상(보물 제198호)이 있다. 남천을 사이에 두고 낭산의 선덕여왕릉과 반대편쯤 되는 지점에 있는데 경주에서는 '할매 부처'라 부른다. 높이 1.4미터의 불곡마애여래좌상은 부처골 입구에서 약 300미터 거리에 있는데 높이 3미터, 폭 4미터 정도의 바위에 깊이 60센티미터, 높이 1.7미터, 폭 1.2미터 정도 되는 굴을 파고 그 안에 모셔져 있다. 장창골 애기부처(장창골미륵삼존불), 배리삼존석불입상과 함께 남산에 있는 불상 중 가장 오래된 것으로 손꼽히는데 대략 7세기 초반에 만들어졌다고 추정되며 선덕여왕의 모습을 본떠서 만들었다는 이야기도 전해진다.

남산이 신라 불상의 보고이자 신라 조각의 산실인데 이는 재료 면으로도 설명이 된다. 남산은 작게 갈라지는 편마암으로 이루어진 경주 주변의 다른 산과 달리 화강암 바위산 때문이므로 조각하는 데 큰 어려움이 없었기 때문이다.

명활산성지구

『삼국사기』에 의하면 서라벌은 신라 초기부터 외부 세력에 의해 많은 침공을 받았다고 한다. 이러한 침입에서 서라벌을 지키기 위해 주위의 산에 성곽을 쌓아 국방에 대비했다. 그러나 신라는 수도를 보호하기 위해 고구려·백제와는 달리 도성 전체를 하나의 성벽으로 둘러싸지 않고 대신 동서남북의 높은 산 정상에 산성을 축조했다. 즉, 동쪽에는 명활산성, 서쪽에는 서형산성과 부산성, 남쪽에는 남산신성과 고허성, 북쪽에는 북형산성이 그것이다.

경주 산성 중에서 세계문화유산으로 지정된 것은 남산지구에 포함된 남산신성을 제외하고 명활산성(사적 제47호) 하나뿐이다. 명활산성만 등재된 것은 다듬지 않은 돌을 사용한 신라 초기의 산성을 대표하기 때문이다. 남쪽의 환등산을 둘러싸고 테뫼식山頂式 토성을 먼저 쌓았다가 나중에 북쪽에 골짜기를 둘러싼 포곡식包谷式 석성을 쌓았다.

테뫼식이란 산 정상을 중심으로 하여 산의 7~8부 능선을 따라 거의 수평되게 한바퀴 둘러 쌓은 것을 말하는데, 머리띠를 두른 것 같다 하여 테뫼식이라 하고 멀리서 보면 시루에 흰띠를 두른 것같이 보이므로 '시루성'이라고도 한다. 대체로 규모가 작고 축성 연대가 오래된 산성은 대부분 이에 해당하는데 단기 전투에 대비한 성곽이라 할 수 있다. 포곡식이란 성곽 안에 하나 또는 여러 개의 계곡을 감싸고 축성된 것으로 규모가 테뫼식보다 크다. 기본적으로 성곽 내에 수원지가 있고 활동 공간이 넓은데다 외부에 대한 노출도 테뫼식보다 훨씬 적다. 일반적으로 테뫼식성에서 시대가 경과함에 따라 점

■ 명활산성은 다듬지 않은 돌을 사용한 신라 초기의 산성으로 남쪽의 환등산을 둘러싸고 테뫼식 토성을 먼저 쌓았다가 나중에 북쪽에 골짜기를 둘러싼 포곡식 석성을 쌓았다.

차 포곡식으로 축조되거나 성곽의 규모를 확대하면서 만드는데 명활산성이 이에 해당한다. 경주시 천군동과 보문동에 걸쳐 있는데 전체 길이가 약 5.6킬로미터로 결코 작은 성은 아니다.

이 성의 정확한 축성 연대는 알려지지 않았지만 실성왕(이사금) 4년(405) 왜군이 이 성을 공격하다 철수했다는 『삼국사기』의 기록으로 보아 그 이전임을 알 수 있다. 이때는 북으로는 고구려, 동으로는 왜적의 침입을 자주 받았던 때로 명활산성은 남산신성·선도산성·북형산성과 함께 동해로 쳐들어

경주역사유적지구

오는 왜구에 대항하기 위해 건설되었던 것으로 추정되는데 이 당시는 토성이었다.

자비왕(마립간) 16년(473) 7월에 산성을 개수하고 소지왕(마립간) 10년(488)에 거처를 옮겨가기까지 13년 동안 궁성으로 사용했는데, 이것은 당시 신라의 정황이 매우 급박했던 것임을 알 수 있다. 당시 고구려의 광개토대왕에 의해 백제의 개로왕이 아차성에서 살해되고 그의 아들 문주왕이 웅진으로 천도했으며 죽령과 동해안을 고구려가 위협하던 상황을 고려하면 자비왕이 명활산성으로 옮긴 것은 고구려의 남진에 대비한 것으로 볼 수 있다.

한편 551년에 이 성을 대대적으로 보수할 때 어떤 사람들이 어느 구간을 맡아 공사했는지 등의 정보를 상세하게 적은 비석이 근처 포도밭에서 발견되어 신라 산성 연구에 일조했다. 또한 1988년에는 진흥왕 때의 '명활산성작성비'가 발견되어 당시의 상황을 알려주고 있으며, '명활산성비'로 보이는 비석 조각도 안압지에서 발견되었다.

선덕여왕(647) 때 당시 국무총리에 해당하는 상대등 비담이 쿠데타를 일으킨 곳도 이곳이다. 비담의 쿠데타와 진압 과정은 비교적 잘 알려져 있다. 상대등이었던 비담은 "여왕이 존재하는 한 나라가 옳게 다스려질 리가 만무하다"는 이유를 내세워 명활산성을 근거지로 반란을 일으켰다. 정부군인 김유신 장군의 부대가 반월성에 본진을 두고 10여 일간 공방전을 벌였으나 승부가 나지 않았다.

그러던 어느 날 밤에 큰 별이 월성에 떨어졌다. 이것을 본 비담의 무리들이 여왕이 패망할 징조라고 외치자 그 함성은 천지를 진동시키는 것 같았다.

선덕여왕은 이 소리를 듣고 어찌할 바를 몰랐으나, 김유신 장군은 허수아비를 만들어 연에 매달아 띄워 올리니, 불덩이가 하늘로 올라가는 것 같았다.

이튿날 김유신 장군이 사람을 시켜 선전하기를, "월성에 떨어졌던 별이 어젯밤에 도로 하늘로 올라갔다" 하여 적군의 마음에 동요를 일으켰다. 또한 김유신 장군은 백마를 잡아서 별이 떨어졌던 곳에서 제사를 지내면서 악이 선을 이기고 신하가 왕을 이기는 괴변이 없기를 기도했다. 마침내 김유신 장군은 군사들을 독려해 명활산성에 주둔한 반란군을 총공격하여 승리를 거두었다.

황룡사지구

황룡사지구는 국립경주박물관, 안압지와 지척의 거리에 있는데 공터만 남아 있는 사적 제6호의 황룡사지와 국보 제30호로 지정된 분황사탑만 포함된다. 이 두 사찰은 흥륜사와 함께 신라 초기 사찰 가운데 대표적인 것으로 꼽는다. 특히 황룡사는 신라의 사찰 가운데 가장 큰 절로 대지가 약 6만 6,115제곱미터, 동서가 288미터, 남북이 281미터에 달한다. 황룡사터는 진흥왕 14년(553) 원래 사찰을 지으려고 한 장소가 아니라 궁궐을 지으려고 했던 곳이다. 그런데 우물 속에서 황룡이 나오는 바람에 신라 변방 9개 나라의 항복을 받아낼 수 있다는 믿음으로 궁궐 짓기를 포기하고 황룡사를 지었다는 설화가 『삼국유사』에 전해진다.

황룡사는 자비왕 12년(469)에 신라 왕경의 도시계획인 방리제坊里制가 실시된 이후에 만들어진 것이다. 신라 왕경에서 하나의 방坊의 크기는 대략 동서 160미터, 남북 140미터 정도로 추정되고 있다. 발굴 결과 황룡사의 경계는 동서 288미터, 남북 281미터로 이것은 대체로 4개의 방리를 차지할 정도로 넓은 면적이다.

황룡사터는 1976년부터 1983년까지 8년에 걸쳐 발굴되었는데, 이때 원래 늪지였던 땅을 매립해 대지를 만들었다. 황룡사터는 발굴 결과 가람 규모와 배치의 변화가 3번 있었음이 밝혀졌다. 창건 당시의 1차 가람은 중문과 남회랑, 동서 회랑을 놓아 백제의 1탑1금당 형식이었다. 황룡사라면 645년에 완성된 9층 목탑을 빼놓을 수 없는데, 이 탑은 높이가 80미터에 이른다.

흥미로운 것은 『삼국유사』에 9층 목탑을 세우면 아홉 나라가 복종한다고 했는데 아홉 나라를 보면 왜, 중화, 오월, 탁라, 응유, 말갈, 단국, 여적, 예맥으로 이 중에는 백제와 고구려는 빠져 있다. 이것은 신라가 백제와 고구려를 이질적인 국가가 아니라 당연히 합쳐져야 할 대상으로 여기고 있었다는 것을 의미한다는 추정도 있다.

여하튼 중건된 2차 가람은 9층 목탑을 건립하면서 완공했는데 내부를 구획하던 회랑을 제거했다. 중문을 창건 가람의 남쪽에 새로 설치하고 그 북쪽에 목탑·중금당·강당을 남북 일직선상에 배치하고 중금당의 동쪽과 서쪽에 동서 금당을 남향으로 배치한 1탑3금당의 배치 형식을 취하고 있다. 그 후 통일신라시대에 종루와 경루를 정방형으로 개조하고 동서 회랑을 개조해 남북자오선을 중심축으로 중앙에 금당, 그 좌우에 또 다른 전각, 그 남방에 탑, 북방에 강당, 탑 전방좌우에 또 다른 건물, 중문과 강당 좌우로 장방형으

■ 황룡사터는 진흥왕 14년에 사찰을 지으려고 한 장소가 아니라 궁궐을 지으려고 했던 곳이다. 황
 룡사터와 목탑 심초석(아래).

로 회랑을 두른 1탑3금당의 변형된 가람 형식을 하고 있다.

특히 황룡사는 호국사찰로 만들어졌기 때문에 국가적인 법회가 자주 열렸고 자장이나 원광과 같은 스님들이 이곳에서 강의를 했다. 실제로 신라에서 거국적으로 황룡사탑을 지은 공을 인정받아 신라가 고구려와 백제를 통일했다는 설명도 있다. 황룡사에는 솔거가 그린 벽화가 있었다. 벽화 속의 노송이 실물과 꼭같이 그려져서 자주 새들이 앉으려다 미끄러졌으나 황룡사의 스님이 새로 색칠을 한 이후로 새들이 다시는 오지 않았다고 한다.

황룡사에는 금동장륙존상이라 불리는 불상을 모신 대좌가 있는데 높이가 4.5미터에서 5미터에 달하는 거대한 불상이 있었다고 알려진다. 『삼국유사』에 의하면 인도의 아소카 왕이 쇠와 금으로 불상을 만들려다 실패한 뒤최후로 배에 구리 5만 7,000근, 황금 4만 푼과 삼존상의 모양을 그린 그림을 실어 바다에 띄어 보내면서 인연 있는 곳에서 조성되기를 빌었더니 이 배가 신라에 닿았다. 이들 재료로 진흥왕 35년(574) 불상을 만들었다는 것이다. 이런 내용은 이 불상의 기원을 불교의 고향인 인도와 연결시키려는 의도로 추정된다. 황룡사탑이 건설된 지 20여 년이 지나 곧바로 신라가 고구려와 백제를 통일했다.

현재 금당 주위에 남아 있는 3개의 석조대석이 바로 이 금동장륙존상을 안치했던 대좌다. 이 대좌만 보아도 불상의 크기를 짐작할 수 있다. 대좌는 자연 그대로 생긴 바위의 윗면을 일단 평평하게 고른 뒤 장륙상의 발이 들어가게 홈을 파 넘어지지 않도록 고정시켰다. 앞부분이 넓고 뒤로 갈수록 좁은 형태인데, 이런 모양은 좌우협시불의 대좌도 마찬가지다. 황룡사의 자랑거리는 이뿐이 아니다. 황룡사에는 754년에 주조된 황룡사 대종이 있었는데 종은 에밀레종의 4배나 된다고 알려진다.

발굴 결과 유물이 4만 여 점에 이르렀는데 목탑지 심초석 밑에 있는 넓은 판석 중앙에는 사리를 봉안했던 네모난 사리공舍利孔이 패어 있었고, 그 위에 석재의 덮개가 있었다고 한다. 황룡사의 유물 중 학자들을 놀라게 한 것은 황룡사 강당 자리 동북쪽에서 출토된 높이 18.2센티미터, 최대 폭 105센티미터의 대형 치미다. 이와 같은 크기의 치미는 한국은 물론 일본이나 중국에서도 유례가 없이 큰 것이다. 치미는 길상과 벽사의 의미로 궁궐이나 사찰의 용마루 끝에 사용되던 장식기와인데, 이렇듯 거대한 치미가 사용된 건물이 얼마나 웅장했는지 짐작할 수 있다. 이 치미는 워낙 크기 때문에 한번에 굽지 못하고 아래위 둘로 나누어 만들었다. 양쪽 옆면과 뒷면에 교대로 연꽃무늬와 웃는 모습의 남녀를 엇갈리게 배치했다. 현재 국립경주박물관에 소장되어 있다.

황룡사탑은 워낙 높은 관계로 몇 번이나 벼락을 맞고 보수를 거듭했는데, 1238년 몽골의 침입 때 완전히 소실되어 현재는 기둥을 세웠던 초석만 남아 있다. 9층 목탑 자리는 한 변의 길이가 사방 22.2미터, 높이 183척, 상륜부 42척, 합해서 225척(80미터)으로 바닥 면적만 해도 약 495제곱미터이며 요즈음 건물로 치면 약 20층이 된다.

모전석탑 분황사

신라인들이 '석가모니 이전 세상에 서라벌에 있던 7군데 사찰터의 하나'로 꼽던 중요한 사찰이 황룡사와 담장을 같이하고 있는 분황사다. 분황사는 '향기로운 왕'이란 뜻으로 선덕여왕 대인 634년에 세워졌는데 이때는 신라가 백제의 침공으로 어려움을 겪고 있었다. 따라서 분황사는 부처의 힘을 빌려 국가의 어려움과 여왕 통치의 허약성을 극복하려는 호국적 염원을 담고 지은 것이다.

분황사에는 신라의 유명한 승려들이 머물렀다. 643년 당나라에서 공부한 자장이 귀국하자 선덕여왕은 그를 대국통大國統으로 모시고 분황사에 머물게 했다. 자장은 황룡사 9층탑을 세울 것을 건의했고 신라 불교의 교단 조직과 승려들에 대한 일체의 규정을 정비했다. 분황사는 신라의 명필 혜강을 비롯해 원효가 머물렀던 곳이기도 하다. 원효는 분황사에서 『화엄경소』를 편찬하다가 마치지 못하고 입적했다. 그의 '십문화쟁사상'은 여러 교파의 차이를 화쟁해 통합하려는 것이다. 이러한 그의 사상은 삼국통일을 이룬 무열왕과 문무왕의 정치 성향과 부합되는 측면도 있으므로 크게 모셔졌다. 아들 설총이 그의 유골을 부수어 소상塑像(진흙을 빚어 만든 상)을 만들어 분황사에 모셨는데 예를 올릴 때면 소상도 고개를 돌려 돌아보았다고 한다. 이 소상은 『삼국유사』를 지은 일연 스님이 활동하던 13세기 후반까지도 얼굴을 돌린 채로 남아 있었다는 이야기가 전한다.

분황사에는 경덕왕 14년(755)에 구리 36만 6,000근으로 주조한 약사상과 솔거率居가 그린 관음보살상 벽화가 있었다고 전해진다. 황룡사에 모셔진 장륙존상이 5만 7,000근이었다니 얼마나 큰 불상이었는지 짐작할 수 있다. 또한 사찰의 전각 벽에 있었던 천수대비千手大悲 벽화는 매우 영험이 있어 눈

먼 여자아이가 노래를 지어 빌었더니 눈을 뜨게 되었다는 이야기도 전한다. 그러나 당대에 신라의 거찰 중 하나였으나 현재는 국보 제30호인 분황사석탑, 경상북도 유형문화재 제97호인 화쟁국사비, 경상북도 문화재자료 제9호인 석정石井 등이 남아 있다.

분황사탑은 전탑 양식을 채택했으나 재료는 벽돌이 아니고 석재다. 이 탑은 장내석으로 구축한 단층의 기단을 갖추고 있으며, 그 중앙에는 탑신부를 받기 위한 널찍한 1단의 화강암 판석 굄대가 마련되어 있다. 탑의 재료는 흑갈색의 안산암이다. 즉, 안산암을 소형의 장방형 벽돌같이 절단해 쌓아올린 것이다.

신라에서 석재로 불탑을 축조한 백제와는 달리 모전석탑으로 불탑을 축조한 이유로 강우방 박사는 당대에 신라에서는 벽돌을 구울 만한 기술이 없었기 때문이라고 적었다. 벽돌을 구울 수 있는 기술이 없으므로 결이 일정한 안산암을 이용해 벽돌 모양으로 다듬고 탑을 쌓았다는 것이다.

분황사의 또 다른 특징은 기단이 아주 넓다는 점이다. 그러므로 네 귀퉁이의 사자가 탑에서부터 상당히 떨어져 있다. 현재 분황사탑은 사방불에 공양하려면 노천에서 의식을 거행해야 하는 것은 물론 비를 가려줄 시설이 없다. 그러나 과거의 많은 탑은 사방으로 퇴를 덧달아 참예參詣하는 이들이 비 맞지 않고 예불할 수 있도록 배려했다. 현재 감실로 들어가는 문 좌우에는 불국토를 수호하는 수문장인 금강역사상이 새겨져 있다. 이후 감실을 생략하고 1층 사방 벽면에 약간 부조해 조상彫像하는 구조로 바뀐다.

1989년 문화재관리국이 조사한 결과에 의하면 분황사 석탑은 비례 면

■ 분황사는 '향기로운 왕'이란 뜻으로 선덕여왕 대인 634년에 세워졌다. 분황사탑은 전탑 양식을
채택했으나 재료는 벽돌이 아니고 석재다.

에서 7층, 경내에 남아 있는 모전석의 양을 감안하면 9층이 된다고 발표했다.
7층일 경우 높이는 41.6미터, 9층일 경우에는 48.5미터에 이르는 매우 큰 탑
으로 과거에 '백탑'이라고 불렀던 것으로 보아 탑을 하얗게 회칠했다는 추정
도 있다. 기단은 한 변 약 13미터, 높이 약 1.06미터 크기가 제각기 다른 막돌
로 쌓았다. 밑에는 상당히 큰 돌을 쌓았고 탑신 쪽으로 갈수록 경사가 급하
다. 기단 위에는 화강암으로 조각한 동물 한 구씩 네 모퉁이에 배치했는데 동
해를 바라보는 곳에는 물개, 내륙으로 향한 곳에는 사자가 있는데 조각 솜씨
가 수준급이다.

1965년 분황사 후면 30미터쯤 떨어진 우물에서 많은 석불이 발견되었다. 이 불상들은 현재 국립경주박물관 뜰에 진열되어 있는데 모두 머리가 떨어진 것들이다. 조선시대에 척불斥佛이 한창일 때 지방의 유생들이 분황사를 비롯한 근처에 있던 석불들을 부수어 우물에 던져넣은 것으로 추정된다.

화쟁국사비는 원효를 기리는 비로 1101년(고려 숙종 6)에 세운 것이다. 숙종은 원효와 의상이 동방의 성인인데도 비석이나 시호가 없다는 것을 애석하게 여겨 원효에게 대성화쟁국사라는 시호를 내리고 비석을 세우게 했다. 그후 방치되어 있었는데 비신碑身을 받쳤던 비대碑臺가 사찰 근처에서 발견되자 김정희金正喜가 이를 확인하고 비대좌 위쪽에 '차신라화쟁국사지비석此新羅和諍國師之碑蹟'이라고 써놓았다.

탑 옆에 있는 석정은 삼룡변어정三龍變魚井이라고 불리는 신라시대의 우물로 틀의 외부는 8각, 내부는 원형인데, 이것은 불교의 팔정도와 원융圓融의 진리를 뜻한다. 이 우물은 매우 흥미로운 전설을 갖고 있다. 이 우물에 3마리의 호국룡이 살고 있었다. 그런데 795년(고려 원성왕 11)에 당나라의 사신이 이 용을 3마리의 물고기로 변신시킨 뒤 잡아서 길을 떠났다. 하루 뒤에 두 여인이 원성왕 앞에 나타나서 사실을 아뢴 뒤 남편을 찾아줄 것을 호소했다. 왕이 사람을 시켜 당나라 사신을 쫓아가서 빼앗아 우물에 놓아주고 다시 살게했는데, 그 뒤부터 '삼룡변어정'이라 부르게 되었다는 것이다. 1,000년 전에 만들어졌던 신라시대의 우물을 지금도 그대로 사용할 수 있을 정도인데, 우물(샘)로서 문화재로 지정된 것은 이곳 우물과 전라북도 고창군 신림면 외화리에 있는 조선시대의 효감천孝感泉(전북기념물 제43호)뿐이다.

월성지구

황룡사지구 인근의 월성지구에는 월성을 중심으로 경주 첨성대(국보 제31호), 경주 계림(사적 제19호), 경주 월성(사적 제16호), 경주 안압지(사적 제18호) 등이 세계문화유산으로 등재되었다.

해방 이후 첨성대는 줄곧 천문대로 알려졌다. 『삼국유사』에 간단하기는 하지만 "선덕여왕 때 돌을 다듬어 첨성대를 쌓았다"는 기록이 있다. 즉, 첨성대란 별을 바라보는 시설물이라는 설명이다. 더불어 첨성대가 별을 보았다는 증거로 첫째 대지보다 높고 둘째 꼭대기에 사람이 서서 별을 바라볼 수 있는 공간이 존재한다는 것이다. 특히 두 번째 특징은 신라시대에 세워진 다른 시설과는 성격을 달리하므로 별을 보는 용도 외에는 달리 설명할 방법이 없다는 것이다.

그런데 천문대라 하면 높은 산에서 별을 보기 편하고 각종 기구가 있어 보기 힘든 별도 관찰하는 곳으로 인식한다. 그러나 첨성대의 높이가 10여 미터에 지나지 않는데다가 상부로 올라가는 계단을 설치하지 않았다는 점을 볼 때 첨성대가 천문대의 역할을 했다고는 믿기지 않는다는 주장이 제기된 것이다. 첨성대의 내부가 자연석인 상태로 있으며, 한밤중에 하늘을 보고 재빨리 상부에 보고하기에는 탑 내부가 너무 어둡고 좁으며 발 디디는 곳도 불안하며 위험스러워 과연 이곳에서 하늘을 봐야 하는지 의문이었다.

신라 최초의 여왕이었던 선덕여왕은 바로 33천, 즉 도리천을 지배하는 제석천왕에 대한 신앙심이 독실했다고 알려졌다. 선덕여왕은 신라 왕조에서 특이한 사람이다. 성골이 왕위를 계승하던 신라에서 진평왕을 마지막으로 남자 왕위 계승자가 없어 진평왕의 큰딸인 선덕여왕이 대를 이은 것이다. 그러나 선덕여왕의 왕위 승계는 평탄치 못했다. 국내에서는 왕위 계승에 따른 반란이 일어났고 외교적으로도 당나라에서 사신을 통해 왕을 남자로 교체하라고 압력을 가할 정도였다.

왕이 되었어도 여러 가지 역학상 힘의 한계를 절실하게 느끼고 있던 선덕여왕은 도리천에 묻어 달라고 유언했는데, 그녀의 유언은 여자이기 때문에 살아서 제대로 왕 노릇을 하지 못했으므로 환생해서는 도리천의 왕이 되어 남자의 삶을 다시 살아 진정한 제왕이 되고자 하는 갈망이라고 설명했다. 첨성대가 천문대라기보다는 특정 목적이 있는 건물이라는 뜻이다. 특정 목적에는 당대의 정치적인 목적도 포함된다. 선덕여왕 재위 중에 무려 신라는 11차례나 크고 작은 전쟁을 치렀다. 그중 두 번을 제외하고는 모두 외부의 침략인데 선덕여왕은 특히 남자가 아니라 여자였다. 여왕은 신라의 왕권을 강화하고 민심을 수습할 수 있는 방안이 필요했는데, 그런 맥락에서 천명天命과 관련된 첨성대를 세웠다는 것이다. 즉, 분황사를 세웠던 것과 같은 차원에서 첨성대를 일반적인 천문대라기보다는 상징성이 강한 구조물을 택했다는 것이다.

이들 설명과 더불어 강력하게 제시된 것은 첨성대가 제단이라는 설명이다. 이 주장은 일견 이해하기 쉬운 면이 있지만 곧바로 반론에 부딪혔다. 『삼국사기』에 의하면 신라는 일월제 즉 해와 달에 대한 제사를 본피유촌本彼遊村에서 지냈고, 별에 대한 제사인 영성제를 영조사 남쪽에서 지냈다고 했다. 말하자면 첨성대가 아닌 딴 곳에서 하늘에 대한 제사를 지냈으므로 당연히 첨성대는 제단이 아니라는 것을 증명한다는 것이다.

첨성대가 남다른 것은 접착제를 사용하지 않고 무거운 돌(한 개의 무게는 평균 357킬로그램)을 쌓은 중력식 구조물로 만들었다는 점이다. 높이는 9.108미터, 밑지름 4.93미터, 윗지름 2.85미터이며 전체 무게는 264톤이다. 특히 첨성대가 하늘과 연계될 수 있는 부분은 첨성대 중앙에 있는 창문이 정남향으로 춘분과 추분에 태양이 남중할 때 광선이 첨성대 밑바닥까지 완전히 비친다는 점이다. 하지와 동지에는 아랫부분에서 완전히 광선이 사라지므로 춘하추동의 분점分点과 지점至点 측정에서 중요한 역할을 한다. 서투른 아이디어로 첨성대를 만든 것은 아니라는 설명이다.

계림

첨성대의 과학성을 본 후 월성지구에 있는 계림鷄林으로 향한다. 글로만 보면 먼 곳에 있는 곳처럼 보이지만 지척지간이다. 계림은 나정과 더불어 신라인들이 매우 중요시하던 장소다. 1963년 사적 제19호로 지정되었으며 면적은 7,300제곱미터다. 물푸레나무·홰나무·휘추리나무·단풍나무 등의 고목이 울창하며, 신라 왕성王姓인 김씨의 시조 김알지金閼智의 탄강誕降 전설이 있는 숲이다.

김알지는 신라 미추왕(262~284)과 내물왕(356~402)의 선조인데 『삼국사기』「미추왕조」에는 알지가 세한勢漢을 낳고 세한이 아도阿道, 아도가 수류首留, 수류가 욱보郁甫, 욱보가 구도仇道를 낳고, 구도는 미추를 낳았다는 알지를 시조로 하는 경주 김씨의 세보世譜를 소개하고 있다.

『삼국사기』에 따르면 김알지의 탄생과 함께 신라는 국호를 서라벌에서 계림으로 고쳤다고 한다. 계림이란 국호는 다시 사로斯盧로 바뀌었다가 지증왕 4년(505)에 신라로 고정된다. 그러나 계림은 후대에도 신라를 가리키는 말로 흔히 사용되었다. 일연 스님은 『삼국유사』에 천축국天竺國(인도) 사람들이 신라를 '구구타예설라矩矩吒醫說羅'라고 불렀는데 '구구타'는 닭을 말하고 '예설라'는 귀하다는 뜻이라고 적었다. 또한 인도 사람들은 "신라 사람들이 닭신을 받들기 때문에 날개깃을 꽂아서 장식한다"고 적었다.

김알지의 탄생신화는 김씨 집단이 일찍부터 외부에서 이주해온 집단임을 암시한다. 탈해왕은 김알지를 태자로 책봉하지만(탈해왕은 석씨) 왕위에 오르는 것을 사양한다. 이는 아마도 김알지를 정점으로 하는 이주세력이 아직 완전한 지배세력으로 성장하지 못했다고 해석된다. 경주 김씨가 왕이 되는 시기는 262년 미추왕이 13대 왕으로 등극하는데 그는 김알지의 6세손이다. 근래 발굴된 자료에 의하면 신라의 김알지(가야의 김수로 포함)는 중국과 혈투를 벌이던 흉노 휴저왕의 황태자였던 김일제의 후손으로 신라 56왕 중 38명의 왕을 배출했다.

신라 17대 내물왕(재위 356~402)의 무덤인 내물왕릉(사적 제188호)은 계림 안에 있는 무명의 무덤과 함께 있다. 내물왕은 김씨 성으로는 미추왕에 이어 두 번째로 왕이 되며 비로소 김씨 성에 의한 독점적 왕위 계승이 이루어진다. 마립간이란 왕 명칭을 처음 사용했고, 중국 전진前秦과의 외교 관계를 통해 선진문물을 수입했다. 백제와 왜의 연합세력이 침입하자 고구려 광개토

■ 내물왕릉은 신라 17대 내물왕의 무덤으로 높이 5.3미터, 지름 22미터의 둥글게 흙을 쌓은 원형 봉토무
덤이며 밑둘레에는 자연석을 이용해 둘레석을 돌렸다.

대왕에 도움을 요청해 위기를 모면했으며, 이를 계기로 국력이 비약적으로
발전한다.

내물왕릉은 높이 5.3미터, 지름 22미터의 둥글게 흙을 쌓은 원형 봉토무
덤이다. 밑둘레에는 자연석을 이용해 둘레석을 돌렸다. 무덤 주변을 사각형
으로 둘러싸고 있는 담장터 흔적이 있어 일찍부터 특별히 보호된 것으로 보
인다. 당시 신라 무덤의 내부 형태는 거대한 규모의 적석목곽분이나, 이 무덤
은 규모가 작고 둘레석이 있는 것으로 보아 내부 조사가 아직 이루어지지 않
았지만 횡혈식 석실분일 가능성이 제기되고 있다. 한편 황남대총을 내물왕

릉으로 보는 견해도 있다.

경주 월성

경주 월성은 파사왕 2년(101)에 축조된 왕궁이다. 그동안 신라 왕들은 혁거세왕이 창림사터에 쌓은 엉성한 궁궐에서 살았지만 나라 형편이 좋아지자 번듯한 왕궁을 건설한 것이다. 월성은 계속해서 신라의 왕성이었는데 5세기 후반 명활산성에서 왕족들이 거처한 것을 제외하고는 계속 왕성으로 남아 있었다. 전체 길이는 약 1.8킬로미터에 지나지 않는 작은 토성인데 높이는 남쪽이 다른 쪽보다 좀 낮다. 성벽과 바로 접해 있는 남천이 자연적인 해자 구실을 했기 때문이다. 동쪽과 서쪽, 북쪽에는 인공으로 해자를 만들었는데, 1979~1980년에 북쪽 해자를 발굴한 뒤 일부 구간을 복원했다. 이때 뻘 속에서 많은 목간이 나왔다.

월성은 위에서 바라본 모습이 반달 모양 같다고 해서 반월성이라고도 부르며 국왕이 거처하는 곳이라는 뜻으로 '재성在城'이라고도 불렀다. 석탈해는 이곳을 왕성으로 정했는데 제5대 파사왕 때 왕성으로 면모를 갖추기 시작했다. 파사왕은 석벽을 쌓아 성의 구실을 하도록 한 후 파사왕 22년(101) 금성에서 월성으로 이거했다. 최초의 궁궐터로 알려진 창림사터는 풀로 지붕을 덮고 나무울타리를 두른 간단한 시설로 알려지므로 반월성이야말로 궁궐다운 면모를 갖춘 최초의 궁궐로 생각하는데, 현재 남아 있는 유적으로는 조선시대에 축조한 석빙고뿐이다.

월성이 궁성이 되면서 점차 궁궐 영역을 확장해 전성기에는 귀정문, 인

■ 현재 남아 있는 월성 유적으로는 조선시대 때 축조된 석빙고뿐이다. 월성은 위에서 바라본 모습이 반달 모양 같다고 해서 '반월성'이라고도 부른다.

화문, 현덕문, 무평문을 비롯해 월상루, 명학루, 망덕루 등의 누각이 있었고 성 안에는 건물들이 조밀하게 들어서 있었다고 한다. 둘레에는 인공 해자를 설치했으며 남쪽은 절벽 밑을 흐르는 남천을 해자 삼아 석벽을 쌓았다고 한다. 현재 월성은 대대적으로 발굴 작업을 벌이고 있으므로 조만간 실체가 우리 앞에 나타날 것이다.

안압지雁鴨池는 임해전臨海殿으로도 불린다. 안압지는 문무왕 14년(674)에 만들어졌는데 안압지는 기러기와 오리가 노니는 연못이라는 뜻이다. 안압지는 통일 과정에서 많은 영토를 넓혀 부를 축적하자 통일신라가 위용을 과시하기 위해서 축조한 것이다. 『삼국사기』에는 국왕이 임해전에서 연회를 베푼 기록이 여러 번 나온다. 후백제 견훤에게 살해당한 뒤에 즉위한 경순왕이 고려의 도움을 청하기 위해 왕건을 초청해 연회를 베푼 곳도 이곳이다. 그러므로 경순왕이 연회를 베푼 2~3년 후 나라를 고려 왕건에게 바치는 것도 이곳에서의 연회와 무관하지 않다고 볼 수 있다.

못은 동서 길이 약 190미터, 남북 길이 약 190미터의 장방형 평면이며 세 섬을 포함한 호안湖岸 석축의 길이는 1,285미터다. 석축을 보면 불국사의 석축, 불국사의 천장, 남산신성의 석축 등에서 보이는 동틀돌이 나타나 안압지의 비중을 알 수 있다. 못의 깊이는 1.8미터 정도이며 바닥에는 강회와 바다 조약돌을 깔았다. 가운데에는 우물 모양의 목조물을 만들어 그 속에 심은 연뿌리가 연못 전체로 퍼져나가지 못하게 했다. 못가의 호안은 다듬은 돌로 쌓았는데 동쪽과 북쪽은 굴곡으로 만들고 서쪽과 남쪽은 건물을 배치했다. 서쪽 호안은 몇 번 직각으로 꺾기도 하고 못 속으로 돌출시키기도 했다. 따라서 못가 어느 곳에서 바라보더라도 못 전체가 한눈에 들어오지 않으며 연못이 한없이 길게 이어진 듯 보인다. 못 속에 섬이 세 곳이 있는데 크기가 서로 다르다.

1970년대 발굴에서 물을 끌어들이는 입수구가 동남쪽에서 발견되었고 북쪽에서는 배수시설이 발견되었다. 입수구를 통과한 물은 1미터 정도 되는 높이에서 떨어지며 폭포 같은 소리를 내도록 설계되었다. 조선시대에 이곳을 방문했던 김시습은 "용의 목구멍에서 토해내는 물소리가 급하다"라는 시를 남긴 것을 볼 때 입수구에 용머리가 있었으리라 추정되지만 현재는 보이지 않는다.

또한 발굴 조사로 3만여 점의 유물이 출토되었다. 가장 많이 출토된 것은 2만 4,000점에 달하는 기와와 전塼류다. 용도별로 보면 수막새, 암막새, 수키와, 암키와, 특수기와, 장식기와, 바닥에 깔거나 벽이나 불단 등에 장식되었던 전塼 등이다. 전 가운데 옆면에 당의 연호를 사용한 보상화 무늬가 있는 것과 벽사의 의미로 사용된 귀면와들이 돋보인다. 이들의 대부분은 국립경주박물관에 별도로 전시중이다.

당시 바닥의 뻘 속에서 신라시대의 통나무 배가 발견되었다. 완형 1척과 2척분의 파편이다. 완형은 3개의 나무를 통으로 파서 배 모양을 만든 후 비녀장 모양의 막대기를 안쪽 바닥에 앞뒤 하나씩 가로질러 조립한 것으로 한국 배의 실물로는 가장 오래된 배다. 통나무 배가 발견될 수 있었던 것은 뻘 속에 묻혀 있었기 때문에 썩지 않고 보존되었던 것이다.

유물 중에서 큰 주목을 받은 것은 초심지를 자르는 데 사용했던 길이 25.5센티미터 크기의 금동초심지가위다. 잘린 심지가 떨어지는 것을 막기 위해 날 바깥에 반원형의 테두리를 세웠으며, 손잡이 쪽에 어자문魚字文과 당초무늬를 화려하게 장식해 당시의 금속 제조 수준을 알려준다.

신라 귀족들의 생활을 알 수 있는 유물들도 발견되었다. 가장 크게 주목받은 것은 목제 주사위다. 높이 4.8센티미터에 14면으로 된 이 주사위에 쓰여 있는 글대로 따라하게 되어 있는데 '술 다 마시고 크게 웃기', '술 석 잔 한꺼번에 마시기', '다른 사람이 귀찮게 해도 가만히 있기' 등이 새겨져 있어 신라인들의 해학을 알 수 있다. 나무를 사용해 실물에 가깝게 만든 남근도 있었

다. 남근은 세인의 주목을 끌었는데 고대사회에서는 남자의 성기를 신성시
하는 경향이 있었다. 남녀가 결합해 아이가 태어나는 것을 경이롭게 생각했
기 때문인데, 일부 학자들은 어떻게 갖고 놀았는지 정확히 알 수 없지만 놀이
용으로 사용했을 것으로 추정한다.

경주역사유적지구

제

12

장

제 주 화 산 섬 과 용 암 동 굴

삼다三多, 즉 '돌 많고 바람 많고 여자 많다'는 말은 제주도 풍물을 단적으로 설명해주는 표현이라고 할 수 있다. 제주도가 넓은 바다 한가운데 있는 섬이기 때문에 바람이 많으며 바람과 함께 살아오면서 바람을 막아 이기기 위한 지혜로 돌을 많이 이용하는 것도 당연한 일이다. 제주도 토양은 화산회가 쌓여서 만든 것이기 때문에 매우 가볍다. 그러므로 바람이 불면 흙가루와 함께 애써 뿌린 씨앗이 날아가야 하는데도 돌이 많기 때문에 돌자갈 사이에 있는 토양과 씨앗을 보존해주므로 오히려 농작물이 제대로 자랄 수 있게 한다.

다른 지역 농민들은 돌만 보면 파헤쳐 버리지만 제주도에서는 돌자갈을 귀찮게 여기지 않고 오히려 기름작지(기름자갈)라며 귀히 여긴다. 특히 밭이나 들에 만들어진 돌담들은 자연을 이겨내려고 노력한 제주인들의 눈물과 땀이 쌓여서 만들어진 것이다. 바로 그런 제주도의 특성을 인정받아 제주도의 화산섬과 용암동굴이 한국에서는 유일하게 유네스코 세계자연유산으로 등재되었다.

제주도는 한국의 최남단에 있는 화산섬으로 유라시아판 가장자리에 있으며 목포와는 142킬로미터, 서울과는 450킬로미터, 부산과는 268킬로미터, 일본 쓰시마섬과는 240킬로미터 떨어져 있다. 동은 남해와 동중국해를 사이에 두고 일본의 쓰시마섬과 나가사키長崎현과 마주 보고 있고, 서는 동중국해를 사이에 둔 중국의 상하이, 남은 동중국해에 면하고 있으며, 북은 남해를 사이에 두고 한반도와 마주 보고 있다.

총면적은 1,848.4제곱킬로미터로 경상북도의 1/10이며 한국에서 가장 작은 도道다. 경지 면적은 490제곱킬로미터로 전체 면적의 26퍼센트이며 이 비율은 전국의 경지 면적 값보다 다소 높다. 경지 면적은 1.9퍼센트에 불과한데 이는 제주도가 화산섬으로 지질의 투수성이 높아 항시 흐르는 하천의 유수가 없고 수리시설이 부족하기 때문이다.

지질 특성으로 설명한다면 해저 열점, 즉 수심 100미터 아래에서 발달한 화산섬으로 동서 직경 74킬로미터, 남북 직경 32킬로미터의 동북동 방향의 장축을 가지는 타원체를 이룬다. 약 180만 년 전에 시작한 화산활동으로 형성된 섬은 중앙에 해발 1,950미터의 한라산이 있고 많은 수의 오름(기생화산체)들이 섬 전체에 산재한다.

그러나 제주도의 생성 역사를 보면 그야말로 놀라울 정도로 연대가 높지 않다. 제주 화산섬이 만들어지기 전 제주도 일대는 굳어지지 않은 점토와 모래층(미고결 퇴적층: U층)이 있던 얕은 바다였다. 약 180만 년 전 바다 속 지하에서 약한 지층을 뚫고 마그마가 상승하면서 물과 격렬하게 반응한 수성화산 활동이 발생해 수많은 응회환tuff ring(수성화산 분출에 의해 높이가 50미터 이하, 층의 경사가 25도보다 완만한 화산체)과 응회구tuff cone(수성화산 분출에 의해 높이가 50미터 이상, 층의 경사가 25도보다 급한 화산체)들이 생겨났다. 이후 오랜 시간 이들 화산체들이 파도에 깎이고 해양 퇴적물과 함께 섞이기를 반복하면서 100여 미터 두께의 서귀포층이 형성되었다. 서귀포층은 제주도 형성 초기 화산활동 흔적을 알려주는 것은 물론 이 층 내에서 조개류, 산호, 성게, 상어이빨 등 다양한 종류의 화석이 발견되어 당대의 해양환경을 알려주는 중요한 자료가 된다.

서귀포층이 퇴적하면서 원시 제주도는 해수면 위로 점점 성장했는데 55만 년 전부터 용암이 분출하면서 넓은 용암지대들이 만들어졌으며 용암이 겹겹이 쌓이면서 한라산을 중심으로 수성화산 활동이 발생해 성산일출봉 응회구와 응회환 같은 수성화산체들이 생겨났다.

오늘날 제주도의 모양이 만들어지기까지는 적어도 네 단계의 화산 활동기를 거친 것으로 알려지고 있는데, 현재의 제주도 해안선과 지형은 제4기 화산 활동기로, 제3기 한라산이 솟은 이후 계속된 후화산활동 시기에 해당한다. 10만 년 전에서 2만 5,000년 전까지이며, 오름은 이 시기에 생겨났는데 기록에 의하면 약 1,000년 전의 화산 활동을 끝으로 현재 제주도의 모습이 갖춰지게 되었다.

그러므로 제주도는 현무암 용암들과 극히 일부의 응회암으로 구성되는

■ 한라산은 해발 1,950미터의 산으로 약 180만 년 전에 시작한 화산 활동으로 형성되었다.

화산 활동에 기인하는 다양한 형태의 화산지형이 발달하고 있다. 한라산을 중심으로 생성되는 순상화산체와 성산일출봉과 같은 소규모 단성화산체, 현무암 용암의 분출로 형성되는 용암동굴들이 대표적이다. 이외에도 조면암 돔dome, 용암의 유동으로 형성되는 주상절리 현무암 응회암 단애, 화산 활동의 형태의 변화에 기인하는 복합화산체 등이 있으며 화산 활동기에 형성되는 조류 혹은 인간의 족적화석이 발견되기도 했다.

제주도가 한반도에서 특별한 가치를 갖고 있는 것은 마지막 빙하 최성

제주 화산섬과 용암동굴

기(2만~1만 5,000년 전)에 제주도와 한반도, 중국 대륙, 일본과 타이완이 서로 연결된 '연륙連陸설' 때문이다. 연륙설에 의하면 당시 동중국해와 황해는 육지로 연결되었으며 해안선도 제주도 동쪽에 있어 일본과의 사이에 있었다고 추정된다.

이러한 연륙설은 한라산의 높은 지대에 자라고 있는 암매, 시로미(불로초를 찾으러 진시황제의 명령으로 왔던 서복이 불로초라며 진시황에게 바쳤다는 전설이 있다), 들쭉나무 등과 같은 극지 고산식물들로 증빙된다. 이들 종의 분포기원으로 보면 신생대 제4기 후기, 즉 1만 5,000~1만 8,000년 전 시기인 최대 빙하 발달 시기 동안 해수면이 최저로 낮았을 때는 현재보다 138~143미터 낮았다는 것이다. 그러므로 제주도는 빙하가 점진적으로 축소하는 만빙기를 거쳐 1만 년 전부터는 기온이 상승해 현재와 같은 해수면에 도달하자 섬으로 고립되었으므로 극지 고산식물들이 제주도에 고착식물로 자라게 되었다는 것이다.

전 세계 1만여 개의 화산은 용암류에서 형성된 순상화산과 폭발 물질과 용암이 섞여 형성된 성층화산으로 분류된다. 순상화산은 대개 하와이 제도에서 보이는 것처럼 현무암으로 구성되며 돔 모양을 이룬다. 이에 반해 성층화산은 안산암으로 구성되며 일본의 후지산처럼 더 가파른 원추형의 모습을 띤다. 이들 두 종류 중 순상화산이 생성되는 빈도가 훨씬 낮았지만 지난 1만 년간 형성된 1,500개 화산 중 10퍼센트만이 순상화산에 속한다. 순상화산은 거의 대부분 해저나 호상弧狀 열도, 혹은 지각이 다른 깊은 침입대侵入帶에 형성된다. 따라서 대륙지각판에 순상화산이 있는 경우는 상대적으로 드물다.

그런데 제주도는 대륙판에 형성된 대규모 순상화산으로 안정된 대륙지각판의 연변에 있는 해양 환경의 맨틀 융기mantle plume에 화산이 형성된 특이한 경우로 대양판 경계 지역에 화산이 형성된 경우는 아이슬란드와 갈라파고스제도, 캄차카반도의 호상 열도가 있다. 이는 제주도 화산 지형이 세계적으로 드문 경우라는 것을 알려준다.

바로 이런 점들이 제주도의 위상을 더 높게 전 세계에 인식시키면서 유네스코 세계자연유산 등재로 이어지는 근거 중에 하나다. 세계유산위원회는 2007년 6월 27일 유네스코 세계유산위원회 제31차 총회에서 한국의 첫 세계자연유산으로 '제주 화산섬과 용암동굴'을 등재 의결했다. 세계자연유산은 한라산천연보호구역과 성산일출봉, 거문오름 용암동굴계 등 3개소다. 이 중 거문오름 용암동굴계는 거문오름과 벵뒤굴, 만장굴, 김녕굴, 용천동굴, 당처물동굴을 포함한다.

세계자연유산 전문가 자문그룹인 세계자연보전연맹은 제주유산지구에 대해 '현저한 세계적 가치'를 지닌 곳으로 평가했다. 세계자연보전연맹은 거문오름 용암동굴계가 세계에서 가장 아름다운 동굴 시스템으로 이를 경험한 사람들에게 대단한 시각적 감동을 준다고 설명했다. 거문오름 용암동굴계는 길이나 양적 규모, 복잡한 통로 구조, 동굴 내부의 용암들이 잘 보존되고 있어 2차 석회생성물로 장관을 연출하는데 이와 같은 석회장식의 풍부하고 다양한 특징은 세계용암동굴 중에서 알려진 바가 없다고 강조했다.

또한 한라산은 계절에 따라 색과 구성이 달라지는데 특히 지질학적 가치와 관련해 세계에서 몇 안 되는 대규모 순상화산으로 독특한 특징을 갖고

제주 화산섬과 용암동굴

있다고 평가했다. 성산일출봉에 대해서는 요새 모양의 성산일출봉의 벽면이 해양으로 돌출해 독특한 경관을 연출하며 그 독특한 구조와 특징으로 수중 분출 화산의 이해를 돕는 세계적 수준의 가치를 갖고 있다고 극찬했다.

한라산천연보호구역

한라산의 산체는 약 30~20만 년 전에 시작된 스트롬볼리안Strombolian형의 수중 분출을 시작으로 약 2,700년 전의 마지막 분출로 이루어진 아스피테Aspite형 순상화산체의 전형적 양상을 보여준다. 스트롬볼리안 분출은 마그마의 가스 기포gas bubble인 분석이 사이다의 거품과 같이 터져나와 화산체를 만든 것이다. 반면에 조용하게 용암이 흘러나오는 분출을 '하와이hawaiian형 분출'이라 한다.

한라산 정상부에는 화구호인 백록담과 영실기암의 주상절리(화산암에 주로 형성되는 기둥 모양의 절리), 약 3만~2만 5,000년 전 형성된 조면암 돔dome, 그보다 후기 분출에 의해 형성된 조면현무암, 용암대지 등 다양한 화산학적 특징을 보이고 있으며 독특한 식물상과 어울려 빼어난 경관을 구성하고 있다. 조면암은 SiO_2 함량이 무게 대비 55~69퍼센트이고 Na_2O와 K_2O 함량이 무게 대비 6~11퍼센트 범위에 해당하는 미립질의 화산암을 뜻하며, 조면현무암은 SiO_2 함량이 무게 대비 45~52퍼센트이고 Na_2O와 K_2O 함량이 무게 대비 5~7퍼센트 범위에 해당하는 미립질의 화산암을 뜻한다.

한라산 분화구는 직경 550미터, 깊이 108미터, 둘레 1,720미터, 면적 21만

제곱미터의 오목한 지형의 화구호를 이룬다. 분화구의 테두리를 이루는 서측 절반은 조면암으로 이루어지나 동쪽 절반은 약 2,700~2,650년 전 하와이형으로 분출된 조면현무암으로 이루어진다. 이것은 이 분화구가 형성된 최후기의 화산 활동이 최소한 두 가지 형태의 다른 분출 이벤트event를 갖는 혼합돔composite dome임을 보여주고 있다.

한라산의 지형은 풍화나 침식작용보다는 100여 차례에 걸친 화산의 분출과 융기에 의해 비교적 원지형이 생생하게 노출된 유년기의 특징을 갖는다. 이러한 지형적 특성은 기후의 영향과 더불어 영실의 병풍바위, 오백나한, 탐라계곡 등의 절경을 만들어주었다.

용암이 갖는 주상절리의 발달과 풍화에 의한 지형적인 특징으로 한라산은 한반도의 어느 곳에서도 찾아볼 수 없는 독특한 경관을 이룬다. 특히 한라산 정상 서남쪽 산허리에는 깎아지른 듯한 조면암질의 기괴한 암석 무리가 모여 신비로운 자태를 보여주고 있는데, 석가여래가 설법하던 영산靈山과 흡사하다 하여 이곳을 '영실'이라고 부른다. 이곳은 미륵존불암으로 불리는 조면암체를 중심으로 좌측의 대형 주상절리를 발달시키는 조면암의 병풍바위와 우측의 오백나한상으로 불리는 조면현무암이 흑색을 띠는 현무암들과 대조되어 빼어난 경관을 이루므로 한라산천연보호구역 중에서 가장 많이 찾는 곳이다.

한라산 정상에는 옛날 신선들이 백록白鹿을 타고 물놀이를 했다는 전설이 전해오고 있는 화구호가 있으며 백록담으로 불린다. 백록담 북쪽으로는 탐라계곡이 움푹 들어가 있는데 구상나무 군락으로 이루어진 이 주변에는

■ 한라산 정상에는 옛날 신선들이 백록을 타고 물놀이를 했다는 전설이 전해오고 있는 화구호가 있으며 백록담으로 불린다.

장구목, 왕관릉, 삼각봉, 큰두레왓, 선녀바위 등의 기암절벽들이 둘러싸고 있다. 탐라계곡은 Y계곡과 더불어 제주도에서는 가장 깊고 큰 물줄기가 있다.

한라산에는 지리적·지사적 특징으로 인해 수많은 특산식물을 포함해 2,000여 종의 관속식물이 자생하고 있다. 특히 해발고도에 따라 주로 온대낙엽활엽수림대에서부터 한대침엽수림대까지 다양한 식물분포를 보여준다. 해발 1,500미터 이하의 온대낙엽활엽수림대의 주요 수종은 서어나무류, 참나무류, 벚나무류, 단풍나무류 등이다. 초본식물로는 제주조릿대, 둥굴레, 풀솜대, 개족도리 등이 분포되어 있다. 해발 1,500미터 이상의 한대침엽수림대의 주요 수종은 구상나무, 주목 등이 분포하고 섬매발톱나무, 들쭉나무, 눈향나무, 시로미 등의 소관목과 제주조릿대, 섬바위장대, 한라장구채, 구름떡쑥, 눈개쑥부쟁이, 좀민들레 등의 초본류가 분포한다.

한라산천연보호구역은 세계 유일의 구상나무 숲으로도 중요한 위치를 점하고 있다. 특히 구상나무는 학명이 아비에스 코리아나*Abies koreana* 곧 '한국의 전나무 종류'라는 뜻을 가진 식물이다. 백록담을 중심으로 해발 1,400미터까지 약 603만 제곱미터에 달하는 면적에 순림을 형성하고 있는데, 이는 세계 최대 규모의 구상나무 숲이다. 특히 소나무과科의 구상나무는 1900년대 초 유럽으로 건너간 뒤 개량되어 고급 크리스마스트리로 쓰이고 있다.

구상나무가 자라는 곳은 거의 주목, 땃두릅, 가시오가피 등과 고도로 볼 때는 비슷하다. 가시오가피, 땃두릅은 산삼과 거의 같은 서늘하고 햇빛이 직접 쪼이지 않는 나무 그늘에서 잘 자라는 반면 구상나무와 주목은 볕이 잘 드는 곳에서 자란다.

제주도에 이렇게 넓은 구상나무 숲이 형성된 이유로는 빙하시대에 번성하던 전나무류가 빙하기 말엽의 따뜻한 기후조건 때문에 멸종되고 기온이 낮은 일부 고산지대의 나무들이 살아남았을 것이라고 추정된다.

그런데 2008년 3월 국립환경과학원은 한라산 고산지대의 명물인 구상나무 숲이 30여 년 만에 3분의 1가량 줄었다는 충격적인 발표를 했다. 지구온난화로 기온이 상승하면서 한대 지역 수종樹種인 구상나무가 서서히 고사하고 있다는 것이다. 인공위성과 항공기 사진 분석을 통한 연구 결과에 의하면 30여 년간 한라산의 기온이 평균 1.2도 올라 온대활엽수인 참나무 종류의 서식지가 넓어지면서 구상나무 숲이 쇠퇴했다는 설명이다.

한편 제주도에는 3,300여 종의 곤충을 포함해 4,000여 종의 동물이 서식하는데, 곤충은 극북구계와 동양계가 공존하는 특성도 지니고 있다. 더욱이 한라산은 오랫동안 한반도와 격리되어 있었으므로 모주둥이노린재, 제주양코스키딱정벌레, 제주풍뎅이, 제주은주둥이벌, 참뒤영벌과 같은 특산종이 자란다. 그리고 포유류에는 맹수는 없으나 노루와 오소리, 제주족제비 등이 살고 있다.

제주 동물 중에 멧돼지와 대륙 사슴도 있었으나 멸종된 것으로 알려져 있다. 현재 한라산에서 가장 큰 포유류인 노루는 한때 멸종 위기에 있었으나 당국의 보호정책과 도민의 노루 보호운동에 힘입어 지금은 개체수가 늘어나 한라산 각지에 서식하고 있다.

성산일출봉

세계자연유산으로 등재된 성산일출봉(천연기념물 제420호)은 홍적세 후기인 약 4~12만 년 전에 해저에서 분출 형성된 화산으로 서치형Surtseyan type의 수중 분출에 의해 형성되어 응회구의 형태를 보인다. 그러나 현재 보이는 성산일출봉은 약 5,000년 전 얕은 바닷속에서 폭발한 화산 활동에 의해 만들어진 소형 화산체(오름)다.

마그마가 상승하던 중 지하수나 지표수를 만나면 마그마는 급히 식고 물은 끓게 되는데, 이와 같은 반응은 매우 격렬하게 일어나 강력한 폭발이 일어난다. 이와 같은 현상을 수성화산 활동이라 하는데 일출봉, 수월봉, 당산봉, 송악산, 우도 등 약 15개가 수성화산 활동에 의해 형성된 것이다. 즉, 일출봉은 제주도의 수많은 분화구 중에서는 드물게 바다 속에서 수중 폭발한 화산체로 뜨거운 용암이 물과 섞일 때 일어나는 폭발로 용암이 고운 화산재로 부서져 분화구 둘레에 원뿔형으로 쌓여 있다. 특히 분출 도중 화구의 위치가 이동해 원래 2개의 분화구로 이루어져 있었으나, 동쪽의 분화구가 파도에 깎여나가고 지금은 서쪽 분화구만 남아 있는 상태다. 본래는 육지와 떨어진 섬이었으나 너비 500미터 정도의 사주沙洲가 1.5킬로미터에 걸쳐 발달해 일출봉과 제주도를 이어놓았다.

일출봉 분화구의 최고 정상은 182미터이며 분화구 내의 최저고도는 98미터다. 계란형의 분화구는 장경 570미터, 면적은 2.64제곱킬로미터이며 분화구 위는 99개의 바위 봉우리가 빙 둘러 서 있다. 한때는 분화구 안에서 농사를 짓기도 했다는데 현재는 온통 억새밭이다. 분화구 서쪽 바위 틈에는 '생이물'이라는 샘이 있는데, 물의 양이 아주 적어 참새들이나 먹을 정도라고 한다. '생이'는 참새같이 작은 새를 일컫는 제주말이다.

그 모습이 거대한 성의 모습을 닮아 성산城山이라 하며, 해돋이가 유명해 일출봉이라고 한다. 한라산 주변 370여 오름 가운데 3면이 수직 암석으로 바다에 박혀 있는 유일한 예다. 본래 바다 위에 떠 있는 화산섬이었는데, 1만 년전 파도에 의해 침식된 퇴적물들이 해안으로 밀려들어와 쌓이면서 육지와

■ 성산일출봉 분화구의 최고 정상은 182미터이며 분화구 내의 최저고도는 98미터다. 한때는 분화구 안에서 농사를 짓기도 했다는데 현재는 온통 억새밭이다.

연결되었다. 이러한 지형을 육계사주陸繫沙洲(섬과 섬 또는 섬과 육지를 연결하는 모래 언덕)라고 한다. 예부터 성산일출봉은 '영주십경瀛州十景'의 하나로 알려지는데, 거신巨神 설문대할망의 전설은 그야말로 황당하면서도 신선하다.

　설문대할망은 슬하에 무려 500명의 자녀를 둔 몸집이 거대한 할머니로, 빨래할 때에는 한쪽 다리는 관탈섬, 다른쪽 다리는 마라도에 놓고, 성산일출봉을 빨래 바구니로 삼고, 우도를 빨랫돌로 삼을 정도였다. 하루는 설문대할망이 피곤하여 한라산을 머리에 베고 누웠지만 꼭대기가 뾰족하여 잠을 잘 수 없었다. 그래서 일어나 주먹으로 산 정상을 탁 치니 움푹하게 패여 백록담이 되었다. 다시 자려고 누웠는데 머리는 편하지만 발 뻗을 곳이 마땅치 않지만 나몰라라 하고 두 다리를 쭉 펴면서 두 발로 범섬을 툭 차자 범섬에 구멍이 뚫렸고, 이 구멍이 오늘날 범섬의 해식동굴인 '콧구멍'이다.

설문대할망은 힘도 세서 삽으로 흙을 떠서 7번 던졌더니 한라산이 되고, 신고 다니던 나막신에서 떨어진 흙 한 덩이씩이 오름이 되었다고 한다. 또는 치마로 흙을 나르면서 한 줌씩 떨어뜨린 것이 오름이라고는 말도 있다. 그런데 이 할머니에게는 속곳이 없었다. 설문대할망은 제주도 사람들에게 속곳을 지을 명주 100동을 마련해주면 제주도와 목포를 잇는 다리를 놓아주겠다고 했다. 그러나 제주 사람들이 애써 모은 명주가 99동밖에 안 되어, 결국 제주도는 육지와 연결되지 못하고 말았단다. 제주도 바닷가에 불쑥 내민 곶들은 이때 설문대할망이 육지와 연결하려고 준비하던 흔적이라고 전한다.

어느 해 할머니가 흉년이 들어 먹을 것이 없으므로 바다에 나간 아들들에게 주려고 큰 솥에 죽을 쑤다가 발이 미끄러져서 솥에 빠져 죽고 말았다. 밤늦게 돌아온 아들들은 이런 사정도 모르고 허겁지겁 죽을 퍼먹었다. 죽을 맛있게 먹은 뒤 솥 밑바닥에 어머니의 나막신이 나오자 그제야 어머니를 먹어 치운 것을 안 아들들은 피눈물을 흘리며 그 자리에서 자결하여 바위로 굳어졌다고 한다. 한라산 영실기암, 곧 오백장군상이 바로 그 바위이며 한라산의 자랑거리인 붉은 철쭉꽃은 설문대할망의 아들들이 흘린 피눈물 자국이라고 한다.

성산일출봉 옆에 우도가 있는데 우도는 설문대할망의 오줌발 때문에 떨어져 나갔다고 한다. 그리고 오조리 식산봉과 일출봉은 그녀가 오줌을 누면서 다리를 걸쳤던 자리다. 일출봉을 빨래 바구니로, 우도를 빨래판으로 삼았다는 이야기도 있다. 특이한 전설을 갖고 있는 성산일출봉은 거북이가 헤엄쳐 나아가는 듯한 형상을 보이고 있는데다 일출을 배경으로 더할 수 없는 장관을 빚어내 '해 뜨는 오름'이라고도 불린다.

2.64제곱킬로미터의 넓은 분화구 안에는 풀밭이 펼쳐져 커다란 원형 경기장을 연상케 한다. 이 풀밭은 예부터 성산리 주민들의 연료와 초가지붕을 이는 띠의 채초지採草地와 방목지放牧地로 사용되었기 때문에 나무는 거의 없고 억새와 띠 등의 식물군락을 이루고 있다.

분화구의 서북쪽 부분을 제외하고는 파도에 의해 침식되어 절벽을 이루고 있으며, 동북쪽으로 침식단애가 분화구 정상부에 이르도록 접근되어 있다. 화산 활동이 중단된 이후 지금까지 진행 중인 해안 파식작용으로 침식되고 있다. 바다와 접하는 3면의 침식 사면에서 응회구의 내부 구조가 보인다. 침식되지 않은 나머지 한 면에서 분출 과정에 형성된 응회사면이 남아 있어 비록 오래전 화산 활동에 의한 지형이지만 지금까지 자연 그대로의 모습이 잘 보존되어 있다.

성산일출봉 등반로 주변에는 등경돌 바위를 비롯해 수직으로 뾰족하게 서 있는 거대한 바위들을 볼 수 있다. 성산일출봉 분출 당시, 화산체 주변에는 굳어지지 않은 많은 화산재가 가파른 사면을 형성하면서 쌓였다. 화산재 지층 위로 비가 내리면 빗물은 사면을 따라 흘러내리면서 지층을 침식시키며 점차 아래로 깊어진 지형을 형성하고, 상대적으로 침식을 덜 받은 지층은

■ 성산일출봉 분화구 안에는 풀밭이 펼쳐져 커다란 원형 경기장을 연상케 한다. 이 풀밭은 예부터 나무는 거의 없고 억새와 띠 등의 식물군락을 이루고 있다.

시간이 지남에 따라 수직으로 서 있는 형태로 남게 된 것이다.

응회구를 구성하는 암상은 각력암breccia, 화산력 응회암lapilli tuff, 층상 응회암bedded tuff, 이질 사암muddy sandstond, 사암sandstone 등이 혼재되어 9개의 퇴적상sedimentary facies을 형성하고 있으며 분출과 퇴적의 반복 과정을 거치면서 분화구 사면에 급화층리graded bedding, 탄산구조bedding sag 등과 같이 화산학적 학술적 가치가 뛰어난 프레아토마그마틱 분출에 의한 구조들이 보인다.

제주 화산섬과 용암동굴

성산일출봉 응회구의 분화구 주변에는 화성쇄설층火成碎屑層(화산분출물이 쌓인 층)이 최고 45도까지 가파르게 쌓여 있고 사면 아래쪽에는 이 층들이 무너져 생긴 사태沙汰와 암설류巖屑流 기원의 층들이 쌓여 있다. 응회구의 가장자리에는 화쇄난류火碎亂流(화산가스, 수증기, 화성쇄설물이 뒤섞여 격렬히 흐르는 현상)와 낙하에 의해 쌓인 층이 얇게 나타난다. 그 위로는 분출이 끝난 후 응회구가 침식되어 생긴 재동층再動層(다시 한 번 운반되어 쌓인 층)이 덮여 있다.

이와 같이 성산일출봉 응회구는 사발 모양의 분화구를 잘 간직하고 있을 뿐만 아니라 해안 절벽을 따라 다양한 내부 구조를 보여주고 있는 것으로도 유명하다. 즉, 성산일출봉은 파도에 의해 그 외부 구조 대부분이 침식되면서 내부 구조와 지층이 절벽에 그대로 드러나 있다는 점에서 특이하다.

성산일출봉의 자랑은 제주도의 동단부에 있고 해안에 접해 높은 고지를 형성하고 있으므로 내륙에서는 물론 바다 쪽에서 바라보는 일출봉의 빼어난 경관에 있다. 특히 화구 분지 바닥과 거의 같은 높이로 침식된 동남쪽 분화구의 커진 벽 아래로 내려다보이는 해식 절벽과 망망대해는 한반도의 그 어느 곳보다도 아름다운 절경을 자랑한다. 특히 일출봉을 중심으로 성산포 해안 일대는 청정해역이며 동남쪽의 해안은 비교적 넓은 조간대潮間帶가 발달하고 서남쪽은 조하대潮下帶의 암반층이 잘 발달하고 있다.

그 외 해안식물은 녹조류·갈조류·홍조류 등 총 127종이 발견되어 한국 해조상을 대표할 수 있는 다양한 종류의 해조류가 자라고 있는 것으로 밝혀졌다. 또한 이곳은 제주분홍풀, 제주나룻말로 지칭되는 신종 해산식물의 원산지로 세계적으로 주목을 받고 있는 지역이기도 하다. 성산일출봉에는

83과 187속 226종의 식물이 분포하고 있는데 환경부 법정보호식물인 풍란 *Neofinetia falcata*도 자라고 있다. 또한 고란초 등 8종의 희귀식물과 돌토기고사리 등 9종의 식물종이 제주도에서만 볼 수 있다.

성산일출봉 응회구 밑에는 물을 잘 통과시키는 두께 120미터가량의 용암이 놓여 있다. 바닷물에 잠겨 있던 이 용암이 물을 머금은 상태에서 화산이 분출되자 마그마가 이 물과 반응하여 강력한 수성화산 폭발을 일으키며 응회구를 만들었다. 또한 지하수와 바닷물이 이 용암을 통해 끊임없이 화도火道로 공급되자 일출봉의 분화구는 분석噴石(일명 송이)이나 용암으로 채워지지 않고 현재와 같은 사발 모양이 된 것이다.

그러므로 성산일출봉은 기저부 몇 미터를 제외한 응회구의 대부분이 해수면 위에서 쌓여 만들어진 것이다. 따라서 성산일출봉은 물 속에서 만들어진 후 융기한 수중화산水中火山이 아니다. 간조 때 물 밖으로 드러나는 성산일출봉의 기저부에는 파도의 작용을 지시하는 퇴적구조가 나타나는 반면 그 위로는 탄낭彈囊(화산탄이나 화산괴가 떨어져 지층이 아래로 휜 구조)과 같이 일출봉이 해수면 위에서 쌓였다는 것을 알 수 있는 구조들이 나타나기 때문이다. 여기에서 화산탄이란 용암이 공중에서 회전하면서 고구마 모양을 이루어 떨어진 것으로 크기는 64밀리미터보다 큰 것을 말한다.

수성화산 폭발이 일어날 경우 마그마와 물이 어떤 비율로 섞이느냐에 따라 뜨겁고 건조하거나 차갑고 습한 분출물이 터져나온다. 이러한 현상으로 만들어진 것이 콩알 크기의 화산쇄설물pyroclast(화산 폭발에 의해 형성된 암석 부스러기) 표면에 젖은 화산재(화산 폭발에 의해 형성된 2밀리미터 이하 크기의 돌

부스러기)가 들러붙어 만들어진 피복화산력이다. 또한 분출물이 쌓인 후 물기를 머금은 층이 사태沙汰를 일으켜 경사면 아래에 기왓장이 겹치듯 지층이 쌓인 경우도 있다.

성산일출봉의 동남북쪽 절벽은 바다에 빠져 있고, 서쪽은 육지로 이어져 있어 바다에서 침입해오는 적을 공격하기에 좋은 조건을 갖춘 요새형이므로 오랫동안 국방의 요지로 활용되었다. 1271년(고려 원종 12) 김통정 장군이 이끄는 삼별초가 여몽연합군의 공세에 대비해 성산에 토성을 쌓았으며, 1597년(조선 선조 30) 임진왜란 때는 제주 목사 이경록이 수산진성水山鎭城을 잠깐 성산일출봉으로 옮긴 적이 있다고 알려진다. 일출봉 정상 동쪽에는 성산 앞바다에 자주 출몰하는 외적을 발견하면 신속히 상황을 전달하는 봉수대가 있다. 삼별초가 이곳에 있을 때 흥미 있는 전설이 알려진다.

김통정 장군은 설문대할망과도 연계된다. 일출봉 등산로 중간쯤 길목에 우뚝 서 있는 커다란 바위가 있는데, 설문대할망이 바느질을 하기 위해 불을 밝혔다는 '등경돌'이다. 전설에 따르면 설문대할망은 일출봉 분화구를 빨래 바구니로 삼고 우도를 빨랫돌로 하여 옷을 매일 세탁했다고 한다. 옷이 단 한 벌밖에 없었기에 날마다 빨래를 했으며 밤에는 헤진 곳을 꿰매 입었는데, 이때 성산일출봉 중턱에 있는 높이 솟은 바위에 접시불을 켜고 바느질을 하여 이 바위를 등경돌이라고 했다. 그런데 김통정 장군이 성산에 토성을 쌓을 때 그의 부인이 밤마다 등경돌에 불을 밝히고 바느질을 했는데, 부인이 불빛이 조금만 더 밝았으면 좋을 것 같다고 하자 김통정 장군이 돌덩이 하나를 주워다가 그 위에 얹어주고 불을 밝혔다. 그러므로 등경돌은 높이 솟은 바위에 다시 큰 바위를 얹어놓은 듯한 형상이 되었다고 한다.

그뿐만 아니라 1943년, 일본군이 성산일출봉을 요새화하기 위해 성산일출봉 아래 해안 절벽에 약 2년에 걸쳐 24개의 굴을 팠다. 이때 판 굴은 높이 3~5미터, 넓이 3미터, 길이 10~50미터 정도로, 3~4개를 서로 연결하기도 했다. 일본군은 굴 속에 폭탄과 어뢰를 가득 실은 쾌속정까지 위장해 감춰놓으면서 마지막 일전에 대비했지만, 제대로 사용해보지 못하고 패전했다. 이 굴을 뚫을 당시 일제의 수탈이 너무 가혹해 성산리 주민들 거의 대부분 이를 피해 다른 마을로 이주해갔다고도 한다. 현재 이 인공굴들은 해녀들의 탈의장으로 활용되고 있다.

성산일출봉을 세계자연유산으로 등재하기 위해 제주특별자치도가 기울인 노력은 특별하다. 우선 성산일출봉의 자연 경관을 훼손하던 대규모 호텔과 낡거나 낙후된 시설들을 제거했다. 또한 일출봉 트래킹 코스를 전반적으로 개선했다. 이와 같은 노력으로 한라산천연보호구역 탐방객 수는 2007년 100만 명을 돌파했는데 반해 성산일출봉은 120만 명이 방문했다.

성산일출봉은 환상적인 경관으로 많은 사람의 찬탄을 내게 하지만 일반인들이 직접 아름다운 경관 전체를 바라보는 것은 매우 어렵다. 실제로 성산일출봉 정상을 올라가더라도 커다란 분화구만 볼 수 있을 뿐이며 선박을 빌려 성산일출봉 주위를 돌아보는 것도 한 방법이지만 간단한 일은 아니다.

그러나 제주특별자치도세계자연유산본부에서 추천하는 다음 두 장소는 날씨가 여간 나쁘지 않는 한 성산일출봉의 경관을 볼 수 있다. 성산일출봉으로 들어가는 길목에 있는 바다박물관 입구 주변에서 지미오름과 성산일출봉을 함께 볼 수 있으며, 잘 알려진 섭지코지(바다 쪽으로 좁고 길게 뻗어 있는 육지의 한 부분인 '곶'에 해당하는 제주 방언)에서 보는 성산일출봉도 일품이다. 특히 유채꽃이 피는 시기에 이들 명소에서 보는 성산일출봉은 제주의 남다른 아름다움을 느낄 수 있을 것이다.

거문오름 용암동굴계

동굴은 원래 어둠의 공간이다. 그들의 신비를 밝히는 것은 오직 답사 연구자들이나 일반 방문객들을 위한 조명뿐이지만, 동굴이 주는 이미지는 매우 다양하다. 그만큼 동굴은 일반적으로 느낄 수 없는 분위기와 환경을 연출하기 때문이다.

자연동굴은 생성 원인에 따라 석회동굴(종유굴), 화산동굴(용암동굴), 해식동굴과 특수동굴로 구분되며 경사면에 따라 수평굴, 경사굴, 수직굴 등으로 나뉘는데 화산동굴을 제외하고 대부분 석회동굴이다. 이 중에서 대부분의 동굴을 구성하는 석회동굴은 인간이 지구상에 출현하기 오래전부터 지질연대의 과정을 통해 자연적으로 형성되었다. 적어도 수백만 년 전 광물질과 작은 해양 동물의 뼈가 얕은 해저에 쌓이면서 만들어진 석회암층에서 발견된다. 끊임없이 변화하고 움직이며 재배열하는 지각 변동으로 인해 오랜 세월 부서지거나 뒤틀려 커다란 덩어리를 이룬 석회암층은 깊은 곳에서부터 서서히 솟아오르는데, 이때 석회암층에 스며든 물이 썩은 부유물질과 합쳐져 산성酸性을 띠며 이것이 점차로 넓은 수로를 만들어 커다란 공동空洞을 형성하는 것이다.

반면에 용암동굴 또는 화산동굴은 화산이 폭발해 흘러나온 용암층 속에서 만들어지는 동굴을 뜻한다. 해식동굴은 바닷가의 절벽을 파고 든 동굴을 의미하고 강가의 절벽을 파고 든 동굴을 하식河蝕동굴이라고 부른다. 이밖에도 빙하굴, 파쇄굴, 절리굴 등이 있다.

세계의 대부분 동굴이 석회동굴임에 반해 세계자연유산으로 등재된 제주도의 용암동굴은 이와는 전혀 다르다. 즉, 화산의 영향에 의해 만들어진 것으로 연대도 제주도에서 화산이 폭발할 때 생겼으므로 매우 늦다고 볼 수 있지만, 이것이야말로 제주도의 용암동굴이 다른 세계자연유산과는 달리 특이성을 갖고 있는 이유다.

우선 현재 알려져 있는 용암동굴은 세계적으로 매우 국한된 지역에만 분포되어 있다. 세계에는 화산 지역도 많고 화산암 지역도 넓게 분포되어 있지만, 안산암으로 되어 있는 화산암 지역이 대부분이므로 화산동굴이 많이 생기지 못한다. 즉, 안산암 지역은 같은 화산암 지역이라도 암석의 성질상 용암동굴이 크게 발달하지 못하는 것이다.

현재까지 보고된 화산동굴의 수는 전 세계에 걸쳐 1,000여 개밖에 되지 않는다. 실제로 화산동굴의 세계적 분포를 살펴보면 미국과 이탈리아, 일본과 한국의 제주도·백두산 지역, 그밖에 중국 동북 지방인 만주 지방에 국한되어 있다. 미국에는 미국 서부와 하와이 제도에 집중 분포되어 있는데 전 세계 화산동굴의 2분의 1 이상인 500여 개소가 발견된다. 이탈리아의 에트나 화산 지역에서 170여 개소, 일본의 후지산 지역 등에서 100여 개소, 백두산

제주 화산섬과 용암동굴

에서 20개소, 헤이룽장성黑龍江省 지역에서 10여 개가 보고되고 있으며 지금까지 확인된 제주도의 화산동굴은 제주도의 171개 천연동굴 중 136개다.

천연동굴은 제주시에 17개, 서귀포시에 18개, 북제주군에 84개, 남제주군에 35개가 있다. 이 중 화산동굴은 제주시 14개, 서귀포시 11개, 북제주군 76개, 남제주군 35개 등이며, 해식동굴은 제주시 3개, 서귀포시 7개, 북제주군 8개, 남제주군 17개로 모두 35개소가 확인되었다. 더불어 천연동굴은 형성되었으나 입구가 인위적이거나 자연적으로 매몰 혹은 폐쇄되어 출입이 불가능해 내부를 확인할 수 없는 곳 등이 20여 개소로 정밀한 탐사 연구에 의해 제주도의 화산동굴은 더 많이 발견될 것으로 보인다.

제주도의 거문오름 용암동굴계가 세계자연유산에 등재될 수 있었던 것은 이와 같이 화산동굴이 희귀한 점도 있지만, 제주도는 370여 개나 되는 기생화산 즉 제주어로 '오름'을 갖고 있으며 지하에는 셀 수 없을 정도로 많은 오름이 존재한다. 기생화산의 숫자에서 세계 1위를 차지하는데 이들 기생화산은 수십만 년 전부터 최근 역사시대인 1007년까지 매우 활발한 화산 활동으로 만들어졌다.

거문오름 용암동굴계의 동굴들은 그 길이나 양적 규모, 복잡한 통로 구조, 동굴 내부의 용암 지형이 잘 보존되고 있으며 다양한 장관을 이루는 탄산염 2차 생성물, 접근 용이성에서 다른 용암동굴계가 갖지 못한 특성을 갖고 있다.

제주도의 특징 중 하나는 370여 개에 달하는 오름이다. 오름만으로도 제주도 전체를 아우를 수 있다고 설명될 정도로 제주 사람들은 오름 주변에

마을을 세웠고, 오름에 기대어 밭을 일궈 곡식을 키우고 목축을 해서 생활했다. 또한 신앙의 텃자리로 신성시하는 한편, 죽어서는 오름에 뼈를 묻었다. 그뿐만 아니라 오름은 숱한 제주 설화의 발생지였으며, 외적을 살피고 위기 상황을 연기나 횃불로 신호하는 봉수대를 오름에 설치했다. 한편 일제강점기와 4·3항쟁 때는 제주 민중의 항쟁 거점이 되기도 했다.

거문오름이 수많은 다른 오름과 차별화되는 점은 분화구에서 유출된 용암류가 용암협곡을 형성하며 하류로 흘러가서 '선흘곶'이라는 특이한 곶자왈 지형을 만들었다는 점이다. '곶'은 숲을 의미하고 '자왈'은 돌무더기를 뜻하므로 곶자왈이란 돌이 많은 숲을 의미한다. 선흘곶은 거문오름에서 분출된 용암류가 선흘마을의 동백동산까지 폭 1~2킬로미터를 유지하며 7킬로미터를 구불구불 흘러가면서 만들어졌다. 곶자왈이라는 공간을 만든 근원지도바로 거문오름의 기생화산이다. 거문오름을 제대로 보려면 정상에 올라가서바라보는 것이다. 거문오름 정상에서는 10여 개의 동굴로 이루어진 거문오름 용암동굴계를 만든 화산 분화구(굼부리)를 한눈에 볼 수 있는데, 분화구 내부에는 알오름이라는 작은 오름이 있고 분화구는 동북쪽으로 터져 있는 말발굽 형태를 띠고 있다.

여하튼 거문오름 용암동굴계는 제주 북동부 구좌읍과 조천읍에 분포하는 용암동굴 시스템으로 약 14킬로미터에 걸쳐 해안선을 향해 발달하고 있다. 거문오름 용암동굴계 내에 있는 용암동굴은 총 10곳으로 만장굴(7,416미터), 김녕굴(705미터), 뱅뒤굴(4,481미터), 선흘수직동굴(100미터), 웃산전굴(2,500미터), 북오름굴(200미터), 대림굴(200미터), 당처물동굴, 용천동굴, 월정남지미동굴(가칭) 등이 있다. 유네스코 세계자연유산에는 이 중 5개의 동굴즉 만장굴, 김녕굴, 뱅뒤굴, 용천동굴, 당처물동굴이 등록되었는데 유네스코에서 이들을 세계자연유산으로 지정할 때의 평가는 놀랍다. "전 세계에서 가장 아름다운 동굴계로 평가되고 있는 거문오름 용암동굴계는 전계가 없는뛰어난 시각적 충격을 준다. 거문오름 용암동굴계는 형형색색의 탄산염 동굴생성물들이 동굴의 천장과 바닥에 발달하거나 검은 동굴벽을 부분적으로장식하고 있어 비길 데 없는 유일한 장관을 보여준다."

거문오름

거문오름(천연기념물 제444호)은 제주도 한라산의 기생화산 중 하나로 제주시 조천읍 선흘리 산102-1번지 일대에 있으며 서검은이 혹은 서검은오름이라고도 불린다. 해발 456.6미터, 오름 자체의 높이는 112미터, 둘레 4,551미터, 면적 80만 9,860제곱미터에 달하며 유네스코에 등재된 '거문오름 용암동굴계'의 시발점에 있다.

지역 주민들 사이에는 분화구의 별칭으로 거물창(거멀창)이라고도 부르는데, 숲이 우거져 검게 보인다 하여 검은오름이라 부르고 있다. 그러나 학자들의 어원적 해석으로는 '검은'은 '신神'이란 뜻의 고조선 시대의 '곰, 감, 검'에 뿌리를 둔다고 풀이한다. 즉, '검은오름'은 '신령스러운 산'이라는 뜻이다.

거문오름에서 분출되어 선흘마을의 동백동산까지 흐른 용암류를 거문오름 현무암이라고 한다. 이 용암은 다공질이며 암회색을 띠는 알카리현무암이다. 광물 반정은 사장석, 감람석, 휘석이 함유되어 있는 휘석장석현무암 *Augite Feldspar Basalt*이다. 용암류의 두께는 거문오름에서 해발 250미터까지는 평균 3미터, 끝부분인 해발 110미터 지역에서는 두께가 1~2미터로 얇아진다.

제주도의 화산 활동기 중에서 제3기에 해당하는 약 50만 년 전에 제주도의 모습은 용암대지 형성기로 한라산 중심부에 약 400미터 높이의 비교적 평평한 순상화산체의 모습을 하고 있다. 이 시기에 분출한 대규모의 용암류가 만장굴을 비롯한 대규모의 용암동굴계를 형성시켰으며 파호이호이 용암류의 특징을 갖고 있다.

일반적으로 용암은 파호이호이 용암류pahoehoe lava flow와 아아 용암류aa

lava flow로 구성되는데, 이 용어는 하와이 지역에서 유래된 지질학 용어다. 파호이호이 용암류는 점성이 낮아 주스처럼 멀리 흐르는 특징이 있으며 용암류의 표면이 평평하고 새끼줄 구조ropy lava를 만들며 하부에는 용암동굴을 만드는 특징이 있다. 반면 아아 용암류는 꿀처럼 점성이 높아 비교적 천천히 흐르며 표면에는 바위나 자갈 크기의 클링커clinker를 형성한다. 아아 용암은 표면이 거칠고 울퉁불퉁해 맨발로 밟을 때 '아아!' 하고 아픈 소리를 낸다 하여 붙여진 이름이다. 제주도에서는 파호이호이에 용암을 '빌레 용암'이라 부르고 아아 용암을 '곶자왈 용암'이라고 부르는데, 거문오름은 곶자왈 용암류가 분포하는 지역이다.

그후 30만 년 전에 한라산을 중심으로 한 화산 활동이 시작되었는데 이 때 기생화산 활동이 수반된다. 고지대에서 해안선의 하류로 많은 양의 용암류를 분출시킨 이 화산 활동에 의해 한라산은 1,700미터 정도의 순상화산체를 형성했을 뿐만 아니라 대부분 현재 모습의 화산 지형을 형성했다.

지금부터 약 28만 년 전, 거문오름은 화산활동을 시작했는데 특징적인 것은 이미 존재하고 있던 용암동굴 속을 흐르면서 더욱더 견고한 동굴의 형태를 만들었다는 점이다. 또한 자갈이나 암석 덩어리로 이루어진 이곳에는 용암의 두께만큼이나 내부가 비어 있어 지표수는 모두 이곳으로 흡수되므로 주변에는 하천이 형성되기 어렵다. 그러므로 암반 덩어리들이 널려져 있으므로 토양이 쌓이지 못해 농경지로 활용할 수 없는 불모지가 된다. 이것은 역으로 아아 용암류 상에서 자연림이 울창하게 자랄 수 있는 환경이 된다. 즉, 제주도의 특징적인 식물이 모여 있는 곶자왈이 울창한 상록활엽수림을 보여주는 이유다.

거문오름 정상부에 커다란 화구가 깊게 패어 있고 그 안에 조그만 봉우리가 솟아올라 있으면서 동북쪽으로 크게 터진 말굽형 화구 등으로 이루어진 복합형 화산체다. 화구를 둘러싼 등성마루는 크고 작은 봉우리로 이어지면서 기복을 이루고 있는 것이 처음에는 원형 화구의 화산체가 형성된 후 용암류의 분출로 말미암아 북동사면 화구륜火口輪의 일부가 파괴되어 말굽형을 이룬 것으로 추정된다.

화구 중심으로 유출된 용암류의 침식계곡은 제주도 내 최대 규모로 전방으로 유선형의 골짜기를 이루며 약 4킬로미터 연속되어 나타난다. 오름 동남쪽의 목장지에서는 화구 없는 화산체인 용암암설류volcahic debris flow의 원추형 언덕들이 집중 분포되어 있다. 구성물질은 화산쇄설성 퇴적물인 스코리아scoria의 집합체상에 용암 전석들이 박혀 있는 형태다.

거문오름은 분화구의 동북쪽 화구면이 용암류의 유출로 인해 터진 형태인 말굽형 화구를 보여준다. 용암류의 흐름을 보여주는 용암협곡은 곶자왈과 함께 용암류의 표면이 붕괴되어 형성된 대규모 용암 함몰구들이 줄지어 형성되어 있으며 거문오름 수직굴과 같은 용암동굴을 형성하기도 했다.

거문오름은 지질, 지형, 식생의 측면에서 매우 다양한 요소를 갖는 지역으로 종 다양성이 높으며 특히 양치식물은 지리적인 입지가 비슷한 타 지역에 비해 독특한 식물상을 보인다. 거문오름 식물의 특징은 아열대·난대·온대에 걸쳐 출현하는 식물들이 공존하고 있는 등 다양한 환경을 보인다는 점이다.

■ 거문오름은 지질, 지형, 식생의 측면에서 매우 다양한 요소를 갖는 지역으로 종 다양성이 높으며 특히 양치식물은 지리적인 입지가 비슷한 타 지역에 비해 독특한 식물상을 보인다. 거문오름 풍혈(위)과 곶자왈.

그중에서도 다양한 양치식물의 교류 지역인데 현재까지 양치식물은 10과 28속 49분류군이 알려져 있다. 양치식물은 일반적으로 공중 습도와 온도에 따라 식물상의 패턴이 달라진다고 알려진다. 그런데 거문오름 지역은 다수의 암반과 암석지로 이루어진 용암하도, 함몰지, 토양층이 발달되고 적절한 광이 투과되는 낙엽활엽수림, 다소 건조한 초지 등 다양한 환경을 갖추고 있어 양치식물도 각각의 요소에 적응하면서 살아왔다고 볼 수 있다. 또한 지표면이 돌투성이라 오래전부터 경작을 하지 못해 자연적인 상태로 남아 국토개발로 인한 무차별적인 자연 파괴도 막을 수 있었다.

동백동산에는 '먼물깍'으로 알려진 습지가 분포하는데 다양한 동식물이 자생하고 보존 가치가 높아 람사르습지로 지정되었다. 동백동산 습지는 하천이나 호수 유역에 형성된 습지와 달리 곶자왈 지역에 형성된 내륙습지로 소규모 연못과 우기시 습지로 변하는 건습지 등이 분포한다. 특히 함몰지의 환경은 공중습도가 매우 높고 암석이 많아 착생양치식물이 자랄 수 있는 좋은 환경이 된다. 온도적인 측면에서도 특징적인 식물이 자라기에 적절하다. 암석 틈에서 발산되는 지하의 온도로 인해 거의 항온을 이루며 겨울에는 따뜻하나 여름에는 오히려 식물에게 차가운 기온을 제공해 아열대성 요소가 자리기 힘든 환경이 되기도 한다.

거문오름 내의 숲에는 교목-관목-초목의 혼합 산림구조와 곤충류를 비롯한 다양한 먹이자원이 분포하고 있기 때문에 직박구리, 제주휘파람새, 동박새, 곤줄박이, 박새, 멧비둘기, 흰배지빠귀, 호랑지빠귀, 큰오색딱따구리, 어치와 같은 텃새와 팔색조, 삼광조, 흰눈썹황금새와 같은 여름철새들의 번식지가 되고 있다. 특히 동백동산 습지는 산림 지역이 아닌 평지에 형성된 난대 상록활엽수림 지역으로 면적이 광활해 여러 종류의 야생동식물은 물론 긴꼬리딱새, 팔색조 등 다양한 희귀동식물이 서식하고 있다.

또한 거문오름은 외부의 방해 요인이 적고 노루의 먹이 자원이 분포하고 있어 노루의 안전한 서식지로도 유명하다. 특히 겨울철에는 한라산 일대에서 생활하던 노루들이 이곳으로 들어와 한겨울을 보낸다. 이 밖에 오소리, 제주족제비, 제주등줄쥐, 쇠살모사, 줄장지뱀 등이 서식하고 있다.

거문오름에서 성산일출봉처럼 화산탄도 발견되어 학자들의 주목을 받았다. 화산탄은 분석구噴石丘에서 쏘아 올려진 용암의 덩어리가 공중에서 회전하여 고구마 모양을 이루며 고구마형이 대부분이다. 이들 화산탄은 용암류 암석 속에 박혀 있는데, 이들이 분석들과 함께 분출되어 소똥처럼 엉겨 붙으면서 쌓인 집괴암의 일종이다. 집괴암이 쌓일 당시 화산체 주변에는 이미 많은 화산탄이 떨어져 있었고 화산탄과 분석의 분출이 증가함에 따라 서로 엉겨붙어 집괴암층을 만들었다. 이 집괴암층은 뜨거운 상태로 점차 두꺼워지면서 늘어붙어 용암과 비슷한 외형을 가진다. 거문오름에서 보이는 암석은 원래 놓인 위치에서 뒤집어진 위치로 놓여 있는데 화산탄이 떨어지고 분석들이 쌓여 엉겨붙고 무너져 내리면서 뒤집어져 현재 위치에 놓이게 된 것이다. 화산탄 주위에는 용암류 속에서 구른 흔적인 동심원상의 흔적을 찾아볼 수 있다.

특히 화산탄 내부에는 특징적인 검은색을 띠는 휘석 광물 작은 알갱이들이 반정으로 박혀 있는데, 이 광물은 맨틀mantle 기원물질로 수십 킬로미터 지각 하부에서 마그마와 함께 화산 활동의 양상을 연구하는 데 중요자료로 인용된다. 이 맨틀 포획체는 진녹색의 감람석 광물로 직경이 10센티미터 이상 된다.

용암동굴

제주도의 동굴은 반도에서 발견되는 석회암 카르스트 지형의 동굴과 규모나 크기와 내부 모양 면에서 유사하지만, 생성 원인이 완전히 다르다는 데 특징이 있다. 제주도의 동굴은 화산 분출 활동이 중지될 때 용암류의 일부가 계속 아래로 흘러 길고 텅 빈 공간이 만든 것이다. 이를 용암동굴이라 하는데 용암의 표면이 지붕처럼 굳어버리고 그 밑을 흐르던 용암이 빠져나가 생긴 동굴을 말한다.

유동성이 강한 용암이 중심 분출 또는 열하 분출해 느린 사면을 흐르면서 지표에 접한 부분은 열 손실로 굳어져 현무암이란 검은 표피를 만들고, 용암껍데기 아래의 지하에서는 미고결의 용암이 계속적으로 흘러내린다. 중력을 이기지 못한 용암은 굳어진 용암껍데기 말단부의 표피를 뚫고 흘러나간다. 이렇게 유동하던 용암이 빠져나간 지하의 빈 공간(공동)이 용암동굴이다. 용암동굴은 일반적으로 경관이 단순해 용암터널(용암수도)로도 불린다. 용암동굴은 세계 화산 지역 대부분의 현무암질 지대에서 관찰되고 있다. 엄밀한 의미에서 달은 물론 화성, 수성, 금성 등에서도 관찰되며 울릉도에도 작은 동굴들이 형성되어 있다.

용암터널 속에도 용암종유석, 용암석순 등이 발달하기는 하나 정교함이 없으며 그리 흔하지도 않고 검거나 검붉은색이다. 터널 측벽에는 용암이 빠져나가며 긁힌 흔적으로 수평 방향의 소흔scratch mark만이 남아 있는데 유네스코 세계자연유산에 포함된 만장굴, 김녕굴, 뱅뒤굴이 이 분류에 속한다. 그러나 제주도는 세계적으로 희귀한 2차원의 위종유동도 있는데 유네스코 세계자연유산으로 당처물동굴, 용천동굴이 포함되었다.

만장굴

제주도 사투리로 '아주 깊다'는 뜻의 '만쟁이거멀굴'로 불려온 만장굴은 오래전부터 주민들에게 알려져 왔으나, 출입구가 나무들로 가려져 있었고 굴이 깊고 위험해 탐색되지 않고 있었다. 그런데 1946년 제주도 초등학교에서 교편을 잡고 있던 부종휴 선생이 김녕초등학교 학생들과 함께 조명과 탐사 장비도 없이 짚신을 신고 횃불을 들고 지금의 만장굴 제1입구(미로 공원 주차장 뒤편)로 탐험을 시작했다. 이들은 2미터 길이의 노끈을 이용해 만장굴의 길이를 측정하면서 수차례 탐험 끝에 1947년 지금의 제3입구를 발견했다. 부종휴 선생은 길다는 의미의 '만庵', 제3입구의 옛이름인 '만쟁이거멀'의 '장丈'자를 따서 만장굴이라는 이름을 붙였다. 그러므로 이를 한자어 만장굴萬丈窟로 인식해 1만 장이나 되는 긴 굴로 인식하는 것은 틀린 것이다.

만장굴(천연기념물 제98호)이 최초 발견된 이후 큰 주목을 받지 못하다가 1965년 미국인이 양송이 재배장을 건설하면서 사람들의 관심을 끌었는데 양송이 재배가 실패해 철수했다. 이후 만장굴에 대한 본격적인 조사가 여러 곳에서 실시되었는데, 1968년 문화재관리국의 요청으로 '한국동굴협회조사

단'이 재조사에 착수한 후 본격적으로 제주도의 용암동굴에 대한 연구 조사가 진행되었고 1967년 4월부터 일반에게 공개되기 시작했으나 공식적인 개방은 1974년 1월부터다.

만장굴은 용암의 유출 방향을 따라 구불구불하게 형성된 단일 통로의 동굴이며 길이는 7,416미터로 동굴의 길이만 따지면 세계에서 11위에 해당된다. 동굴의 폭과 높이는 각각 최대 23미터, 30미터인 광대한 동굴이다.

만장굴은 거문오름 용암동굴계에서 가장 오래된 동굴이다. 동굴의 지질은 알칼리 감람석 현무암으로 약 30만 년 전부터 동굴이 만들어지기 시작해 약 20만 년 전에 현재와 같은 모습의 동굴이 완성되었다. 만장굴은 2층 굴로 형성되어 있다. 하층굴(주굴)과 2층굴(가지굴)의 길이는 각각 5,296미터, 2,120미터다.

만장굴의 입구는 모두 세 곳으로, 제1입구는 둘렁머리굴, 제2입구는 남산거머리굴, 제3입구는 만쟁이거머리굴이라 불리는데, 일반인에게 공개된 곳은 제2입구부터 제3입구까지 총 연장 3,977미터나 달하는데 이 중 1킬로미터를 개방하고 있다.

만장굴은 일정 크기를 유지하지 않고 좁아졌다 넓어졌다 하는데 천장이 낮은 곳에서는 가득히 붙어 있는 용암종유를 볼 수 있다. 이것을 '상어이빨'이라고도 한다. 용암선반(용암이 흘러내릴 때 공급량이 줄면서 벽면에 남은 용암층 일부로 점성이 약할 때 주로 생긴다)도 다양한 크기와 모양으로 나타나는데, 용암의 점성과 굳는 속도에 따라 차이가 난다.

양쪽 벽에 수평으로 새겨진 무늬와 홈은 바닥, 표면, 양쪽 가장자리 순으로 용암이 식으면서 남은 흔적으로 무늬는 점점 양이 줄어 표면이 낮아짐에 따라 그 단계별로 벽면에 흔적을 남긴 것이다. 이때 촛농이 눌어붙은 듯한 형태 혹은 엿가락처럼 늘어지거나 떨어져 쌓인 갖가지 형태가 만들어졌다.

바닥은 파손된 포장도로 같다. 이것은 용암의 성분과 점성에 따라 또 냉각되는 조건에 따라 형태적 차이가 난다. 만장굴 바닥의 일부에서 보이는 승상용암(새끼줄 무늬나 물결 무늬의 용암으로 벽면에 부착된 용암이 굳기 전 밑으로 흘러내린 것)도 이런 조건에 의해 생긴 것이다. 굴 외부 지표면의 승상용암은 굴 밖에서도 동굴이 뻗어나간 방향을 짐작하게 해준다.

입구에서 400미터 정도 들어가면 낙반석을 무더기로 모아둔 곳이 나오는데 이곳은 높이가 15미터로, 공개된 구간 가운데 천장이 가장 높다. 이 돌들은 천장이 무너져 쌓인 것으로 현무암층에는 주상절리가 발달해 있어 낙반落磐이 생기기 쉽다. 입구에서 500미터 지점부터 낙반이 듬성듬성 있고 선반 위에 소형 낙반도 있다.

600미터 지점에 만장굴에서 너비 2미터 높이 0.7미터 길이 3미터의 타원형 돌이 나온다. 천년 거북이가 그대로 굳어버린 것 같은 '돌거북'이 나오는데, 전체 모양이 제주 지형을 축소해놓은 모습으로 정교한 조각품처럼 보인다. 측벽이나 천장에서 떨어진 용암 덩어리가 천장의 무너진 틈으로 흘러들어온 용암에 실려 이동하다 용암의 양이 줄고 속도가 느려질 때 그 자리에서 굳어진 것으로 용암구熔岩球, Lava ball라고 불리는데 만장굴에는 21개의 용암구가 발견되어 세계에서 가장 많이 분포하고 있다.

650미터 지점부터 동굴은 다시 약간 좁아지는데 용암선반의 형태가 매

■ 만장굴은 거문오름 용암동굴계에
서 가장 오래된 동굴이다. 동굴의
지질은 알칼리 감람석 현무암으로
약 30만 년 전부터 동굴이 만들어
지기 시작했다. 만장굴 입구와 돌
거북(아래).

제주 화산섬과 용암동굴

우 아름답고 석회동굴의 유석(유벽, 동굴 벽에서 흘러내리는 지하수에 의해 생성되는데 폭포가 흘러내리는 듯한 경관을 이루기도 한다)과 같은 형태를 보여준다. 벽면에 처마처럼 늘어진 선반 밑에는 용암종유가 빽빽히 달려 있다.

일반에게 공개되는 마지막 1킬로미터 지점에는 2층 굴에서 흘러내린 용암이 1층 굴로 연결된 7.6미터의 석주가 있는데 이는 세계에서 가장 큰 규모다. 화산동굴 속에서 천장의 용암종유가 동굴 바닥까지 연장되어 바닥의 용암석순에 연결된 것인데 일단 용암동굴 속의 기온이 냉각되면 그 성장이 정지되므로 석주의 길이는 매우 작은 것이 보통인데 만장굴의 석주는 7.6미터나 된다. 석주의 내부는 가스가 빠져나가 비어 있다. 만장굴은 4차례의 용암 분출에 의해 만들어진 것인데, 동굴 대부분은 2차 분출에 의한 것이고 용암석주는 3차 분출 용암이 약한 천장을 뚫고 흘러내려 생성된 것이다.

일반에게는 공개되지 않고 있지만 1,450미터 지점에 장경 2미터가 넘는 용암구가 4개나 있으며 1,550미터 지점에 장경 4.3미터, 단경 3.2미터, 암반고岩盤高 1.7미터가 되는 만장굴 최대의 용암구가 보인다.

2,200미터 지점에서 낙석이 많이 보이며 용암구와 용암교도 나타나며 미니터널도 2개소 발견된다. 2,400미터 지점에 용암선반이 발달하고 있다. 3,100미터 지점은 3층으로 되어 있는데 주변에 용암종유가 측벽에 달려 있으며 길이는 대체로 10~15센티미터다.

만장굴 내부에는 용암종유, 용암석순, 용암석주, 용암유석, 용암곡석, 용암기포, 용암산호, 용암장미, 용암구, 용암표석, 용암교, 용암봉, 용암유선, 승상용암 등 용암동굴에서 볼 수 있는 다양한 미지형과 동굴생성물이 발달되어 있어 화산동굴의 박물관이라 해도 과언이 아니다. 한국의 용암구는 규모가 큰 것으로 널리 알려져 있는데, 세계 제일의 크기를 자랑하는 용암구가 제주도의 빌레못굴이다. 높이 2.5미터, 길이 7.2미터, 폭 5.2미터에 달한다.

용암교는 용암류가 흘러내릴 때 그 동굴의 바닥변이 그대로 냉각되어 동굴 벽면까지 계속되어 있는 것을 말하는데, 만장굴에서 크고 작은 21개의 용암교가 발견되었으며 특히 3단으로 된 특이한 용암교도 있어 세계의 이목을 끌었다. 현재까지 알려진 세계 최대의 용암교는 길이 140미터, 폭 5미터의 수산굴水山窟에 있다.

규산화硅酸華는 용암 중에 섞여 있던 규산이 동굴 벽면의 틈바구니로 나와 동굴 벽면에 부착된 것이다. 이것도 매우 희귀한 화산동굴 생성물 중 하나인데 만장굴 내부와 빌레못굴에서만 발견된다.

만장굴은 미니동굴Tube in Tube이 있는 동굴로도 유명하다. 동굴이 형성된 후 동굴 바닥에 다시 2차의 용암이 유입해 그 표면이 냉각되고 그 속에 가스공동空洞이나 유동공동을 형성하는 소형굴을 '동굴 속의 동굴'이라 해서 미니튜브 혹은 미니동굴이라고 한다. 만장굴에서는 이러한 미니동굴을 내부 곳곳에서 볼 수 있으며 빌레못굴에서도 발견되는데, 동굴 조성 측면으로 볼 때 매우 희귀한 예로 학술적 가치가 매우 높다. 한국은 미니동굴 분야에서도 세계 제일을 자랑하고 있는데 협재동굴계에 속하는 소천굴昭天窟은 길이 240미터에 달한다.

만장굴 내부는 입구 주변을 중심으로 점토와 유기물이 퇴적되어 있고 특히 제3입구의 상층굴에는 다량의 구아노guano가 넓게 퇴적되어 있다. 동굴

생물의 서식 환경은 제3입구의 상층굴이 가장 양호하며 제1입구와 제2입구 사이의 하층 주굴과 함께 거문오름 용암동굴계에서는 가장 많은 42종의 생물이 서식하고 있다.

거의 모든 동굴에 고유생물들이 살고 있는 것은 놀라운 일이 아니다. 동굴의 환경과 여건이 다른 지역과 상이한 경우가 많기 때문이다. 심지어 동굴의 환경에 너무도 잘 적응해 다른 환경에서는 살 수 없는 생물도 있다. 눈이 퇴화했거나 더듬이가 가늘고 다리가 긴 곤충류들이 오히려 살아가는 데 적합한 것이다.

동굴에 살고 있는 거주자로 박쥐는 가장 보편적이다. 아직도 인간이 박쥐에 대해 잘 알고 있지 못하고 소설이나 영화 속의 '드라큘라'에 경도되어 무서운 이미지를 떠올린다. 그러나 박쥐는 생각처럼 그리 무서운 동물이 아니다. 박쥐는 꽃을 수분授粉(암꽃술에 수꽃술의 꽃가루를 붙여주는 일)시키고 매일 밤 모기·파리·딱정벌레 등의 해충을 한 시간 동안 100마리 이상 잡아먹는 구충제이기도 하다. 만장굴 제3입구의 상층부에는 한국 박쥐의 대표종인 제주관박쥐와 긴날개박쥐 등 약 3만 마리가 서식하고 있는데, 현재까지 확인된 박쥐 군집으로는 한국에서 가장 큰 규모다.

만장굴은 안전상 1킬로미터의 구역만 일반에게 공개한다. 그런데 만장굴을 특별히 공개할 수 있었던 것은 육영수 여사와도 관련이 있다. 강신금 만장굴 관리 주무관은 육영수 여사가 만장굴을 방문했는데 동굴 여건이 나쁜 것은 물론 일정이 촉박해 다음해에 반드시 다시 들러 만장굴의 진면목을 보겠다고 이야기한 후 중도에서 답사를 포기했다. 제주도에서는 영부인이 다음해에 다시 들르겠다고 하니 대대적인 정비를 했는데, 육영수 여사는 다시 만장굴을 방문하지 못했다. 8·15 광복식전에서 저격당했기 때문인데 여하튼 이때의 정비 덕분에 사람들이 안전하게 만장굴을 돌아볼 수 있음은 물론이다.

김녕굴

김녕굴(천연기념물 제98호)은 남쪽의 만장굴과 별개의 이름으로 불리고 있지만, 만장굴과 동일한 동굴 시스템을 이루고 있다. 원래는 하나의 화산동굴계에 속했는데 두 동굴 사이에 함락부가 뚫려 2개의 동굴로 분리된 것이다. 만장굴과 김녕굴이 천연기념물 제98호로 함께 지정된 이유다. 즉, 김녕굴은 넓은 의미에서 만장굴계에 속하는데 위쪽의 덕천굴·발굴·절굴·개우샛굴 등도 한 줄기다.

김녕굴은 제주도에서 가장 먼저 확인되어 1962년 5월부터 관광지로 공개되었던 용암동굴로, 동굴의 모양이 구불구불해 뱀과 같은 모양을 하고 있어 김녕사굴 또는 뱀굴이라고도 불리고 있으며 전설도 매우 흥미롭다.

김녕리 마을 동쪽에 있는 사굴에는 다섯 섬들이 항아리만큼이나 큰 뱀이 있었다. 이곳 주민들은 매년 초 만 15세 되는 처녀와 오곡의 제물을 바쳤다. 그렇지 않으면 뱀이 나와 밭을 다 헤쳐 흉년이 들게 하고 사람들에게도 피해를 주었다. 그래서 매년 애꿎은 처녀 한 사람이 제물로 희생되었는데 양반 집에서는 딸을 내놓지 않았기 때문에 무당과 같은 천민의 딸이 항상 희생되었다.

조선 중종 때 서린(徐憐)이라는 판관이 19세의 나이에 부임해왔는데, 사굴 뱀의 이야기를 듣고 분개하며 바로 술과 떡을 준비하고 처녀를 올려 굿을 하도록 명하고 직접 군사를 이끌고 사굴로 쳐들어갔다. 굿이 한창 진행되자 과연 어마어마한 뱀이 굴에서 나와 떡과 술을 먹고 처녀까지 잡아먹으려 했다. 이 때 서린이 군졸들과 함께 달려들어 장검으로 뱀을 찔러 죽인 후 불에 태웠다.

여기에서 전설은 두 가지 결론으로 나뉜다. 첫째, 서린이 사굴의 뱀을 죽이려고 출정하기 전날 밤 백발 노인이 꿈에 나타나 "뱀을 죽이고 돌아올 때 어떤 일이 있어도 뒤를 돌아보지 마라"는 말을 남기고 사라졌다. 서린이 뱀을 죽이고 돌아오는 도중 뒤에서 "서린아 서린아" 하는 소리에 서린이 무의식중에 돌아보니 자기가 죽인 큰 뱀이 검은 구름을 타고 뒤쫓아오고 있었다. 놀란 서린은 말을 달려 관아까지 왔으나 정신을 잃고 쓰러져 시름시름 앓다가 10여 일 만에 죽었다.

둘째, 뱀이 쫓아오는 것을 본 무당이 "빨리 말을 달려 성 안으로 들어가되 어떤 일이 있어도 뒤를 돌아보면 안 됩니다"고 말했다. 이에 서린은 말을 달려 무사히 성 동문 밖에 이르렀는데 군졸 한 명이 "뒤에서 피비가 내립니다" 하고 외쳤다. 이에 서린이 "피비가 오는 법이 어디 있는가?" 하며 무심코 뒤를 돌아보는 순간 그 자리에 쓰러져 죽고 말았다. 뱀이 죽자 그 피가 하늘로 올라 비가 되어 서린을 뒤쫓아온 것이다.

서린이 아니라 이삼만이란 사람이 사굴의 뱀을 퇴치했다는 이야기도 내려온다. 전설의 내용도 엇비슷한데 김녕사굴에 사는 큰 뱀이 매년 농사를 망치자 한 스님이 지나가면서 처녀를 한 사람씩 제물로 올리면 무사할 것이라

■ 김녕굴은 동굴의 모양이 구불구불해 뱀과 같은 모양을 하고 있어 김녕사굴 또는 뱀굴이라고도 불린다. 김녕굴 입구와 내부 모습.

고 알려주었다. 그때부터 스님의 말대로 제사를 지냈더니 과연 무사했다. 그런데 사람을 뱀에게 준다는 소식에 분개한 이삼만이 김녕으로 왔다. 한 점쟁이는 이삼만을 보고 계획이 성공할 수 있지만 뱀을 퇴치한 후 빨리 달려 성안으로 돌아가야 하며 어떤 일이 있더라도 뒤를 돌아보아서는 안 된다고 말했다. 결론은 이삼만 역시 뒤를 돌아다보았기 때문에 죽었다는 것이다. 이들 전설이 사실이든 아니든 김녕굴 입구에는 서린의 공적비가 세워져 있다.

서린은 고려시대 서희 장군의 17세손으로 조선 중종 때 판관으로 부임했던 실존 인물로 공적비에도 뱀을 죽여 처녀를 제물로 바쳐 제사를 지내던 폐단을 막았다고 적혀 있다. 그는 19세에 제주 판관으로 발탁되어 22세에 제주에서 재임 중에 사망했는데, 김녕사굴의 뱀을 퇴치한 후 사망했다는 전설에 대해서는 색다른 설명이 있다.

서린이 뱀의 흉험으로 죽었다는 것은 그렇게 죽기를 바랐던 제주 민중의 소망을 의미했다는 것이다. 서린은 제주도에 부임한 후 제주 사람들의 고유한 정체성을 파괴했다. 바로 무속이다. 서린에 의해 제주도의 토종 무속이 박해를 받게 되자 멀쩡하게 병으로 사망한 서린을 뱀의 저주에 엮어 가상공간에서나마 제주도인의 애환을 통쾌하게 표현했다는 것이다. 용암이 흘러내려온 상류 쪽(만장굴 방향)은 통로가 점점 좁아지면서 막혀 있으며 하류 쪽의 끝부분은 탄산염 퇴적물(조개껍데기처럼 석회성분을 가진 여러 생물의 골격물)로 채워져 있다.

과거에 김녕굴의 길이는 총 600미터로 알려졌으나 1981년 1월 '제2차한일합동조사' 결과 동굴의 규모는 제1동굴 52미터, 제2동굴의 상층부 54미터,

하층부 156미터, 제3동굴 352미터로 지표 함몰부를 합해 총 길이는 705미터임이 확인되었다. 동굴의 형태는 사행천meander 유동 형태의 S자형 동굴이다. 동굴 천장이 무너져 형성된 동굴의 입구들은 해안성 사구에 의해 매몰되어 있다.

동굴 내부에는 용암선반과 이에 부착된 규산화가 특징적인 동굴생성물이며 대규모의 용암폭포, 용암종유, 용암산호 등의 동굴생성물이 보존되어 있다. 용암폭포의 경관이 훌륭하며 광대한 용암이 흘러나간 동굴 바닥도 장관이다. 김녕굴은 선단부 쪽은 천연림이, 말단부 쪽은 사구층이 형성되어 있으며, 동굴 내부로도 바닥에 많은 양의 모래가 유입되어 있으며 유기물의 유입이 적어 동굴 생물의 서식 환경은 좋지 못하지만 22종의 생물이 서식하고 있다.

벵뒤굴

벵뒤굴(제주도기념물 제52호)은 제주시 조천읍 선흘2리 지경 윗밤오름, 우전제비, 거문오름 사이의 거문오름 용암동굴계 전면에 있다. 벵뒤굴의 '벵뒤'는 순수 제주어로 중산간 지역의 널따란 벌판, 평평한 대지를 뜻한다. 광대한 용암대지가 형성된 곳을 일컫는다고 할 수 있다.

파호이호이 용암에 의해 약 30만~10만 년 전 사이에 형성되었으며 동굴의 해발고도는 300~350미터이고 현재까지 확인된 동굴의 총 길이는 약 4,481미터로 제주도 용암동굴 가운데 4위 규모다. 2007년 국제동굴학회 화산동굴위원회는 세계 용암동굴 가운데 21번째로 길다고 발표했다. 벵뒤굴은

■ 벵뒤굴의 '벵뒤'는 순수 제주어로 중산간 지역의 널따란 벌판, 평평한 대지를 뜻한다. 광대한 용암대지
　가 형성된 곳을 일컫는다. 벵뒤굴의 용암 기둥.

1987년 8월 동국대학교 동굴탐험연구회가 선흘리 일대를 탐사하던 중 마을
주민의 제보로 최초 탐사가 이루어졌다.

　　벵뒤굴은 거문오름에서 약 800미터 떨어져 있는데 제주도에 분포하고
있는 용암동굴 중에서 가장 복잡한 구조를 갖는 미로형 또는 난망상형을 이
루고 있다. 즉, 거문오름에서 용출한 용암이 북-북서-북동 방향으로 반복적
으로 유출되면서 형성된 동굴이므로 주굴과 지구굴의 구별이 어렵다. 또한

용암이 분기했다가 다시 합류하는 과정이 수없이 반복되었으며 동시대의 2차, 3차 용암이 계속 충진되어 복잡한 구조를 갖고 있다.

그러므로 동굴은 나뭇가지처럼 상하좌우와 사통팔달형으로 국내 최대의 미로형 동굴이다. 용암동굴 내부에는 수평형, 수직형, 통과형, 개방형 등 다양한 구조가 발달하고 있으며 곳곳에 2층, 3층 굴이 보인다. 70여 개의 용암석주와 동굴광장, 용암석순, 용암교, 용암선반과 같은 미지형微地形이 잘 보존되어 있으며 규산화와 같은 2차 동굴생성물이 있다.

벵뒤굴은 지표면 가까이에 형성되어 있어 동굴 천장이 무너져 내려 외부에 노출된 천창skylight이 23개소다. 제주도의 다른 어느 동굴보다도 많은 18개의 입구를 갖고 있는데, 이 중에서 13개 지점은 출입이 가능하다. 이는 분화구에서 용암 유출이 많지 않았다는 것을 알려주는데, 제주도 화산도의 특징인 매우 얇은 용암류 단위thin lava flow unit가 잘 발달된 예다.

동굴 내부는 부분적으로 점토와 유기물의 유입이 많고 구아노도 다량 퇴적되어 있으며 작은 수로도 형성되어 있는 등 대체로 동굴생물의 서식 환경과 조건이 양호하다. 그러므로 벵뒤굴 내부에는 사람이 거주했던 흔적뿐만 아니라 탄피, 유리병, 냄비, 철제도구 등과 같은 유물들이 남아 있다.

벵뒤굴 지상 주위에는 울창한 숲, 연못, 습지가 있고 동굴 내부에는 지상에서 유입된 점토가 깊숙이 퇴적된 곳이 많다. 또 박쥐의 배설물인 구아노 등 유기물도 비교적 풍부하다. 이 동굴에는 모두 37종의 동굴생물이 보고되었으며 그중에서 곤봉털띠노래기, 성굴통거미, 제주동굴거미, 제주관박쥐, 제주굴아기거미, 한국농발거미 등은 제주도에만 알려져 있는 고유종이다.

용천동굴

용천동굴(천연기념물 제466호)은 한라산 화산체 동북사면의 매우 완만한 경사의 현무암 용암대지가 분포하는 당처물동굴과 인접해 있다. 2005년 5월 전신주 공사 도중 우연히 발견되었다. 동굴은 전체적으로 돔 형태를 띠는 전형적인 용암동굴이다. 동굴의 통로는 폭 7~15미터, 높이 1.5~20미터 정도다. 동굴 전체 형태와 내부 지형은 잘 보존되어 있는데 용암이 흘러내린 동굴의 끝 부분에 길이 250미터 이상 되는 호수가 있다. 동굴 내부에는 용암유선, 용암선반, 용암두루마리, 용암폭포 등의 지형이 발달되어 있다. 또한 용암종류와 용암석순과 같은 용암 동굴생성물의 발달도 뛰어나다.

그런데 용천동굴은 지표에 퇴적된 모래층부터 석회성분이 동굴 내부로 유입되어 방해석으로 이루어진 다양한 동굴생성물이 성장하는 석회장식 용암동굴이라는 데 특이성이 있다. 당처물동굴도 같은 맥락이다.

원래 용암동굴은 석회동굴과 같이 화려한 종유석과 석순 등이 많지 않다. 석회동굴은 먼저 동굴이 형성된 다음에 2차적으로 그것도 계속적으로 종유석과 석순 등이 자란다. 석회동굴을 '살아 있는 동굴'이라고도 부르는 이유다. 그러나 화산동굴은 용암이 흘러내릴 때 일단 냉각되어 굳어지면 이때 생긴 종유나 석순들은 그대로 남지만 그 이후에는 냉각되어버리기 때문에 계속 성장하지 않는다.

그런데 화산동굴은 1차 생성으로 끝나는 것이 일반적인데, 용천동굴은 이런 관례와는 달리 석회동굴과 같은 결과물도 함께 갖고 있다. 동굴 내에는 종유관, 종유석, 석순, 석주, 휴석(바닥을 흐르는 물에 방해석이 침전되어 계단식

논두렁과 같은 형태를 이룬 것), 동굴산호(단괴나 혹같이 생긴 수지상 생성물로 물의 직접적 영향 없는 곳에서 성장), 동굴진주(물이 떨어져 작은 홈을 만들고 이 홈 속에 있는 입자들 주위에 방해석이 성장한 것), 커튼(동굴 내로 침투하는 지하수가 절리나 균열대와 같은 틈 사이로 경사진 천장이나 벽면을 따라 흘러내릴 때 생성되며 일반적으로 판상으로 자람) 등 석회동굴에서 흔히 볼 수 있는 다양한 동굴생성물이 성장하고 있다.

물론 엄밀하게 보면 석회동굴의 것과 차이가 있다. 석회질 종유석이 천장에 죽죽 늘어져 있지만 석회동굴과는 다르다. 동굴산호와 곡석도 표면으로 나타나는 형태에 작은 차이가 있다. 석회동굴에서 석회암은 1차 생성물이고, 석회암이 녹은 상태인 $Ca(HCO_3)_2$, 즉 이온 상태의 중탄산칼슘 용액에서 점적漸積의 조화로 만들어진 종유석과 석순, 석주, 유석를 비롯한 동굴 내의 모든 퇴적물이 2차생성경관이다.

그런데 용천동굴은 1차 생성물은 없는 반면 용암동굴이란 화산성동굴을 빌려 용암동굴 위를 덮고 있는 조개껍질 기원의 모래가 1차 생성물을 대신한 중탄산칼슘용액을 만들어 용암동굴의 절리면을 따라 천장에서 점적되거나 동벽을 따라 흐르면서 2차원의 위종유동僞鍾乳洞, pseudo calcareous cavern이 생성된 것이다. 이런 결과는 김녕해수욕장 배후지로서 패각사구지대에 입지하고 있기 때문이다.

연체동물의 피각을 중심으로 생성된 조개껍질석회암을 통상 코퀴나석회암coquina limestone이라고 부르는데, 이와 같은 원료물질인 조개껍질에서 탄산칼슘이 용탈되어 위종유동이 만들어진다. 이 밖에도 산호, 다슬기, 유공충,

■ 용천동굴은 전형적인 용암동굴로 동굴 내에는 종유관, 종유석, 석순, 석주, 동굴산호, 동굴진주 등 석회동굴에서 흔히 볼 수 있는 다양한 동굴생성물이 성장하고 있다.

홍조류가 석회암을 만든다. 즉, 약한 산성을 띤 빗물에 패각사shelly sand의 주성분인 탄산칼슘, 즉 칼사이트($CaCO_3$)가 용해되어 중탄산칼슘 용액 상태로 용암동굴의 현무암 절리면을 따라 용암동굴 내로 삼투되어 천장에는 종유관과 종유석을 만들고, 바닥에는 석순과 종유석을 결합해 석주를 만드는 것이다.

서무송 교수는 용암동굴 내에 2차 생성물을 발달시킨 용암동굴 지표부에는 최소한 5미터 이상의 두꺼운 패각사가 피복되어 있어야 동굴 내부에 지속적인 중탄산칼슘 용액의 공급이 가능한데, 용천동굴에서 당처물동굴에 이르는 부근 일대에는 사구지형이 발달해 이런 결과를 얻을 수 있다고 발표했다. 특히 나무 뿌리를 따라 유입된 석회성분이 광물로 자라난 석회동굴에서는 볼 수 없는 기묘한 형태의 동굴생성물은 용천동굴만이 갖고 있는 자랑으로 전문가들은 용천동굴이야말로 전 세계에서 가장 아름다운 용암동굴이라고 평가한다. 또한 용암이 흘러내린 동굴의 끝 부분에 길이 250미터 이상 되는 호수가 있다.

　　특이한 것은 동굴 내부에 토기, 돌탑, 전복껍질, 숯 등 과거 인간이 출입했던 흔적과 동물 뼈가 발견된다는 점이다. 이러한 흔적으로 보아 김녕굴과의 사이에 있던 입구가 모래층에 의해 막히면서 더는 사람의 출입이 불가능해진 것으로 보인다.

　　동굴의 지표상과 그 주변에는 인접한 해변에서 형성되어 북서계절풍에 의해 내륙 쪽으로 이동해 퇴적된 사구층이 1~7미터의 두께로 분포한다. 사구층의 사질 퇴적물 입자의 구성 비율은 연체동물, 홍조류, 성개류, 유공충류, 태선류 등에서 유래된 탄산염 각질이 95퍼센트 정도 차지하며 나머지는 화산암편이나 쇄설성 광물편으로 구성된다. 이 탄산염 퇴적물들은 동굴 내부에 2차적인 탄산염 동굴생성물의 생성에 결정적인 역할을 하고 있다.

　　용천동굴의 미지형과 지물은 용암선반, 용암단구, 용암종유, 용암석순, 용암두루마리, 용암폭포, 용천호수 등 다양하다. 또한 용암동굴이면서 2차적

으로 생성된 탄산염 동굴생성물을 갖고 있는 것이 특징이다. 이 2차적 동굴
생성물은 동굴 위를 피복하거나 그 주변의 지표상에 분포하는 사구층의 탄
산염 사질퇴적층에서 탄산염 성분들이 지하수에 의해 용해되어 현무암층에
발달하는 주상절리면을 따라 동굴 내부로 공급·침전되어 형성된 것이다.

용천굴에는 용천굴 호수에서 채집된 갈고리노벌레, 검물벼룩, 큰이마공
벌레, 곤봉떨띠노래기 등 4종의 동굴생물이 서식하고 있으며, 이 중 곤봉떨
띠노래기는 제주도의 동굴을 모식산지로 기록된 제주도의 고유종으로 제주
도 동굴의 가장 대표적인 진동굴성 생물이다.

당처물동굴

당처물동굴(천연기념물 제384호)은 1995년 밭을 갈던 지역 주민에 의해
우연히 발견되었는데, 20만~10만 년 전에 분출한 알칼리 감람석 현무암 용
암이 남쪽에서 북쪽을 향해 흐르면서 형성된 용암동굴이다. 동굴 내에는 용
암이 흐르면서 남긴 지형이 잘 보존되어 있으며 특히 천장에는 용암곡석이
많이 발달되어 있다.

또한 주변의 얕은 바다에 퇴적되었던 탄산염 퇴적물이 바람에 날려와
이 동굴 위에 사구로 퇴적된 후 빗물에 녹은 석회성분이 동굴 속으로 유입되
고 다시 침전되면서 수많은 석회질 동굴생성물이 성장하고 있다. 통상적인
석회동굴, 즉 종유동굴calcareous cavern처럼 두터운 암석층을 통과하는 지속적
인 삼투수가 벽면을 흐르거나 쌓인 것이 아니라, 이곳에서는 간헐적인 유출
이 2차 생성에 큰 영향을 준다.

특히 식물의 뿌리를 따라 유입된 빗물에서 탄산칼슘(CaCO₃)으로 구성된 방해석이 식물 뿌리 주위에 침전되면서 매우 다양한 형태의 동굴생성물을 만들어주고 있다. 동굴 자체는 크지 않지만 당처물동굴 내에서 자라고 있는 수많은 석회질 동굴생성물은 용천동굴과 함께 세계적으로 유일하다고 알려진다.

동굴은 지표에서 5~6미터 깊이에 있다. 동굴의 길이는 110미터이고 폭과 높이는 각각 5.5~18.4미터, 0.3~2.7미터로 협소한 편이다. 동굴의 횡단면은 대체로 사다리꼴 또는 아치형을 이루고 있으며 동벽의 하단부는 수직 또는 급사면을 이루거나 천장과 동상이 맞닿아 동벽이 발달하지 않은 곳도 있다. 천장과 지표면 사이의 용암 단위층 두께는 1~4.8미터이며 동상은 북쪽으로 1~3도 경사져 있다.

용암곡석 또는 고사리 모양의 용암종유는 동굴 천장에 군집을 이루며 그 직경은 대부분 1.5센티미터 미만이고 최대 30센티미터에 달하는 것도 있다. 고사리상 종유의 일부는 표면이 2차적인 탄산염 광물의 침전에 의해 피복되어 있다. 용암의 상면 침하와 유출 에피소드를 지시하는 용암 찰흔擦痕은 동상에서 약 1.5미터부터 50센티미터 높이까지 10여 회에서 수십 회에 걸쳐 동벽에 나타난다.

당처물동굴의 특징은 용천동굴과 마찬가지로 용암동굴이지만, 석회동굴에서 발견되는 탄산염 광물로 구성된 2차적 동굴생성물들이 다양하게 생성되어 장관을 이룬다는 것이다. 이 2차적 동굴생성물들은 동굴 위를 피복하거나 그 주변의 지표상에서 분포하는 사구층의 탄산염 사질퇴적층의 탄산염 성분들이 지하수에 의해 용해되어 현무암층에 발달하는 절리면을 따라 동굴 내부로 공급·침전되어 형성된 것이다.

동굴생성물은 천장에 발달된 절리면을 따라 형성되어 있으며, 그 밀도는 절리의 발생빈도에 따라 천장과 바닥에 수 퍼센트에서 거의 100퍼센트에 달한다. 그리고 동굴생성물의 색은 밝은 백색 또는 옅은 황갈색으로 아마도 지표에서 공급된 지하수 내에 포함되어 있던 유기물이나 금속이온의 영향은 거의 없었던 것으로 추정된다.

동굴의 천장에 빽빽하게 군집을 이루면서 생성되어 있는 종유석은 그 형태가 하나의 종유석이 여러 개의 가지로 분리되어 성장한 것, 2개의 종유석이 하나로 합쳐진 것, 수직이 아닌 방향으로 성장한 것, 그물 구조처럼 서로 엉켜 있는 것 등 기형적인 형태가 많이 있다. 이것은 나무 뿌리에 따라 종유석이 자라면서 생성되었기 때문이며 종유석 내에 나무 뿌리가 있던 자리로 판단되는 빈 관이 수 밀리미터 정도의 직경을 갖고 하나 또는 여러 개가 동시에 존재해 일반적인 석회동굴에서 발견되는 것들과 다른 조직과 형태를 보인다.

당처물동굴의 석순은 그 형태와 성인成因에서 두 가지로 구분한다. 첫째는 석회동굴의 것과 유사하게 천장에서 떨어지는 동굴 수에 의해 생성된 상부가 편평한 평정석순이다. 천장에서 공급된 동굴 수가 많아지는 곳에서는 그 측면에 방해석이 성장해 완만한 경사를 이루거나 석순 옆에 휴석이 성장되어 있기도 하며 물의 공급이 중단된 곳에서는 석순 위에 동굴산호가 성장하고 있다.

■ 당처물동굴의 천장에 빽빽하게 군집을 이루면서 생성되어 있는 종유석은 그 형태가 다양하면서 기형적인 형태가 많이 있다.

둘째는 석순이 나무 뿌리에 의해 성장한 경우로 대부분 기형의 형태를 갖는다. 이들 석주는 성장하던 석주가 나무 뿌리가 부패되어 없어지면서 끝이 뾰족한 첨탑 모양을 이루고 있거나 여러 갈래의 나무 뿌리를 따라 형성되어 아래쪽으로 가지상의 모양을 갖는다.

특히 일반 석회동굴에서 발견되는 석주는 직경이 균일하게 유지되는 데 반해 이 동굴에 생성된 석주는 대부분 하부로 가면서 그 직경이 증가한다. 일부 석주는 나중에 천장에서 침투한 나무 뿌리로 인해 석주 측면에 종유석이나 동굴산호가 생성된 것도 있다. 동굴산호의 기저는 얇은 관으로 되어 있기도 하며 하부는 담갈색을 띠고 상부로 가면서 유백색으로 변한다.

당처물동굴에서 발견되는 석화石花(종유석 끝이나 바닥 등에 나타나는 석고의 결정으로 꽃처럼 생겼다)는 모두 독립적으로 나타나는 주상의 방해석 결정으로 이루어져 있으며, 동굴 바닥의 휴석소(동굴 바닥에서 물이 흘러내려 여러 개로 나뉜 작은 호수를 형성한 것)에만 형성되어 있는 것이 특징이다. 따라서 그 성장 형태는 일반 석회동굴의 석화와 비슷하나 휴석소 내에 방해석이 주상으로 성장한 기형의 동굴팝콘이라 할 수 있다.

휴석은 동굴 바닥에 소규모로 발달하고 있으며 일부는 수면을 따라 성장한 봉암이 발견된다. 휴석이 나타나는 부근에는 직경이 1~2센티미터인 타원체 형태의 동굴진주가 발견된다. 동굴진주는 동굴 천장에서 물이 바닥으로 떨어지면서 작은 홈을 만들고 이 홈 내의 작은 모래 크기의 입자들 주위에 방해석이 성장해 생성된 것이다. 또한 물이 계속 홈으로 떨어져 동굴진주가 움직이면 바닥과의 마찰에 의해 표면이 반들반들해진다.

용암곡석은 동굴의 천장에서만 발견되는데 담갈색 또는 암갈색을 띠고 길이는 수 센티미터에서 수십 센티미터에 이르는 것도 있다. 용암곡석의 성분은 사장석이며 일부 표면은 지하수에 의해 공급된 백색의 방해석으로 피복되어 있고 밑부분이 종유관으로 변화하기도 한다.

내부는 유기물의 유입이 극히 적으므로 동굴생물의 서식환경은 열악하다. 총 13종의 동굴생물이 서식하고 있는 것으로 확인되었는데, 이 중 제주굴아기거미는 제주도의 동굴을 모식산지로 기록된 제주도 고유종으로 가장 대표적인 호동굴성 생물이다.

참고자료

제8장 강화 · 고창 · 화순 고인돌 유적

국립제주박물관, 『유네스코 지정 한국의 세계유산』, 서경문화사, 2007년.
김홍균, 「고인돌: 삶과 죽음의 공존」, 『내셔널지오그래픽』, 2009년 5월.
유태용, 「지석묘는 무엇을 말하는가?」, 『대한문화재신문』, 제16호, 2004년 7월 15일.
유홍준, 「청동기 주역 '퉁구스 예맥족'이 주역」, 『문화일보』, 2004년 11월 25일.
이선복, 『이선복 교수의 고고학 이야기』, 뿌리와이파리, 2005년.
이영문, 「인류의 역사를 간직한 한국의 고인돌」, 『문화재사랑』, 2008년 11월.
최무장, 『한국선사 고고학개론』, 백산자료원, 2004년.
최준식 외, 『유네스코가 보호하는 우리 문화유산 열두 가지』, 시공사, 2002년.
KBS 역사스페셜, 「고인돌 왕궁─고조선」, 『역사 스페셜 4』, 효형출판, 2003년.
편경범, 「고인돌: 삶과 죽음의 공존」, 『동북아역사재단』, 2015년 5월 10일.
「화순 고인돌에 대하여」, 네이버neverfell81, 2004년 3월 16일.
황규호, 「한반도 거석 기념물 고인돌」, 『내셔널지오그래픽』, 2003년 10월.

제9장 조선 왕릉

강석경, 「우주의 질서 보여주는 풍광, 생과 사 공존하는 고도」, 『월간중앙』, 2013년 5월호.
강신몽, 『타살의 흔적』, 시공사, 2010년.
김두규, 「왕(王)을 만나다 25] 영릉(효종 · 인선왕후)」, 『경인일보』, 2010년 3월 18일.
───, 「왕(王)을 만나다 30] 장릉(추존 원종 · 인헌왕후)」, 『경인일보』, 2010년 4월 22일.
───, 「왕(王)을 만나다 34] 유릉(순종황제 · 순명효 · 순정효황후)」, 『경인일보』, 2010년 5월 20일.
김범, 「단종」, 『네이버캐스트』, 2011년 8월 8일.
김정미, 「문정왕후」, 『네이버캐스트』, 2010년 7월 9일.

김진섭, 『우리 문화 이야기』, 초당, 2001년.

김흥년, 「의릉 개방 10년을 맞이하여」, 문화재청, 2006년 9월 15일.

「문화유산 보존 관리에 주력해야」, 『연합뉴스』, 2009년 6월 28일.

문화재청, 『조선 왕릉 답사 수첩』, 미술문화, 2006년.

박택규 · 이종호, 『명예의 전당에 오른 한국의 과학자들』, 책바치, 2004년.

『선릉 정릉』, 문화재청, 2012년.

신영훈, 『한옥의 조형의식』, 대원사, 2001년.

안덕균, 「조선조 명의 전순의에 관한 의사학적 고찰」, "조선초 과학영농온실 복원기념 학술 심포지움", 한국농업
    사학회 외, 2002년.

연갑수, 「동구릉의 주인과 그 시대」, 『동구릉학술대회 2』, 2007년.

염상균, 「왕(王)을 만나다 13」 서삼릉−예릉(철종 · 철인왕후), 『경인일보』, 2009년 12월 10일.

──── , 「왕(王)을 만나다 16」 서오릉−경릉(추존 덕종 · 소혜왕후)」, 『경인일보』, 2010년 1월 14일.

──── , 「왕(王)을 만나다 19」 서오릉−익릉(숙종의 제1왕비 인경왕후)」, 『경인일보』, 2010년 2월 4일.

──── , 「왕(王)을 만나다 37」 온릉(중종의 원비 단경왕후)」, 『경인일보』, 2010년 6월 17일.

염상수, 「왕(王)을 만나다 32」 인릉(순조 · 순원왕후)」, 『경인일보』, 2010년 5월 6일.

예병일, 『의학사의 숨은 이야기』, 한울, 1999년.

오진희, 「[서울 스토리] ⑬ 단군 이래 가장 슬픈 과부 숭인동에서 울고 있었네」, 『아시아경제』, 2012년 9월 21일.

유봉학, 『꿈의 문화유산, 화성』, 신구문화사, 1996년.

윤완준, 「조선 왕릉엔 '다빈치 코드' 뺨치는 '컬처 코드'가…」, 『동아일보』, 2009년 6월 29일.

이규태, 『이규태 코너』, 조선일보사, 1985년.

이덕일 외, 『우리 역사의 수수께끼(전2권)』, 김영사, 1999년.

이민식, 「왕(王)을 만나다 4」 동구릉−경릉(헌종, 효현 · 효정왕후의 능)」, 『경인일보』, 2009년 10월 8일.

──── , 「왕(王)을 만나다 10」 파주 삼릉−영릉(추존 진종 · 효순왕후)」, 『경인일보』, 2009년 11월 19일.

──── , 「왕(王)을 만나다 12」 파주 삼릉−순릉(성종의 원비 공혜왕후)」, 『경인일보』, 2009년 12월 3일.

──── , 「왕(王)을 만나다 23」 강릉(명종 · 인순왕후)」, 『경인일보』, 2010년 3월 4일.

──── , 「왕(王)을 만나다 27」 융릉(추존 장조 · 헌경왕후)」, 『경인일보』, 2010년 4월 1일.

──── , 「왕(王)을 만나다 33」 홍릉(고종 · 명성황후)」, 『경인일보』, 2010년 5월 13일.

──── , 「왕(王)을 만나다 36」 정릉(태조의 계비 신덕왕후)」, 『경인일보』, 2010년 6월 10일.

──── , 「왕(王)을 만나다 38」 장릉(인조 · 인열왕후)」, 『경인일보』, 2010년 6월 24일.

이상용, 『왕릉』, 한국문원, 1997년.

이정하, 「정조대왕 초장지 최초 발견」, 『뉴시스』, 2011년 11월 30일.

이종호, 「동양의학으로 보는 문종의 의문사에 대하여」, 『백산학보』, 제83호, 백산서당, 2009년 4월.

──── , 「풍수지리는 위선사」, 『내일신문』, 2001년 9월 17일.

이창균, 「왕(王)을 만나다 18」 서오릉−홍릉(영조의 원비 정성왕후)」, 『경인일보』, 2010년 1월 28일.

이창환, 「25년 세자…8개월 재위 꿈을 펼 기회도 없었다」, 『주간동아』, 2010년 8월 9일.

──── , 「시어머니 장희빈 몰락…고추보다 매웠던 구중궁궐」, 『주간동아』, 2010년 11월 22일.

──── , 「[신의 정원 조선 왕릉 ③] 수릉 대신 도성 밖 10리에 새 왕조 시작 의미 담아 조성」, 『주간동아』, 2010년
    4월 6일.

──── , 「왕(王)을 만나다 5」 동구릉−혜릉(경종의 원비 단의왕후)」, 『경인일보』, 2009년 10월 15일.

———, 「「왕(王)을 만나다 11」 파주 삼릉-공릉(예종의 원비 장순왕후)」, 『경인일보』, 2009년 11월 26일.

———, 「「왕(王)을 만나다 24」 태릉(중종의 제2계비 문정왕후)」, 『경인일보』, 2010년 3월 11일.

———, 「「왕(王)을 만나다 29」 장릉(단종)」, 『경인일보』, 2010년 4월 15일.

———, 「「왕(王)을 만나다 35」 사릉(단종의 정비 정순왕후)」, 『경인일보』, 2010년 5월 26일.

———, 「「왕(王)을 만나다 39」 의릉(경종·계비 선의왕후)」, 『경인일보』, 2010년 7월 8일.

———, 「18살에 급서한 효명세자 '문조'로 거한 대우를 받다」, 『주간동아』, 2011년 1월 31일.

———, 「8년간 끔찍한 볼모 생활 자나깨나 '북벌의 꿈' 꾸었다」, 『주간동아』, 2010년 10월 11일.

———, 「국모 시해…강제 하야…힘없이 나라 잃은 설움이여!」, 『주간동아』, 2011년 3월 21일.

———, 「권신들 횡포와 국정 혼란 허수아비 왕권에 '눈물'」, 『주간동아』, 2010년 8월 23일.

———, 「그저 놀 수밖에 없었던 '강화도령' 백성만 삼정 문란에 신음」, 『주간동아』, 2011년 2월 28일.

———, 「근대 물결 거센 파도 치는데 치마폭에 싸인 힘없는 왕」, 『주간동아』, 2011년 2월 21일.

———, 「꽃다운 19살 왕비 '마마'의 습격에 스러지다.」, 『주간동아』, 2010년 11월 1일.

———, 「두 능에 하나의 정자각…천연박물관 광릉숲 거느려」, 『주간동아』, 2010년 5월 17일.

———, 「뒤주에서 8일간 절규한 세자 "하늘이시여, 살려주옵소서!"」, 『주간동아』, 2011년 1월 3일.

———, 「무지개가 잡아준 왕릉터 우상좌하, 우왕좌비 배치(왕은 오른쪽, 왕비는 왼쪽)」, 『주간동아』, 2010년 5월 4일.

———, 「반정(反正)에 '죄인의 딸'로 둔갑 7일간 왕비, 49년간 폐비 비운」, 『주간동아』, 2010년 7월 19일.

———, 「살아선 왕실의 살림꾼 죽어선 시부모 다섯 분 모셔」, 『주간동아』, 2010년 12월 13일.

———, 「수렴청정과 세도정치 왕은 허수아비 신세였다」, 『주간동아』, 2011년 1월 24일.

———, 「숙의에서 행운의 왕비로…인종 낳고 산후병으로 승하」, 『주간동아』, 2010년 7월 26일.

———, 「실물 크기 '석물'은 숙종 시대 알고 있다」, 『주간동아』, 2010년 10월 25일.

———, 「왕권(王權)의 무게가 너무 컸을까 13개월 통치, 19세 요절」, 『주간동아』, 2010년 5월 31일.

———, 「왕권강화 정치적 신념 아들을 뒤주에 가둬 죽였다」, 『주간동아』, 2010년 12월 6일.

———, 「임진왜란에 상처 난 왕권(王權) 능침 조성으로 만회하려 했나」, 『주간동아』, 2010년 8월 30일.

———, 「장순왕후와 자매간 요절에 후손 못 남긴 것도 닮아」, 『주간동아』, 2010년 6월 28일.

———, 「조선 왕실의 측천무후 50여 년간 국정 쥐락펴락」, 『주간동아』, 2010년 8월 2일.

———, 「태조 승하 후 파묘 이장 석물은 광통교 축조에 사용」, 『주간동아』, 2010년 4월 13일.

———, 「폐위된 황제 장례식 날 6·10 만세운동 들불 타올라」, 『주간동아』, 2011년 4월 4일.

———, 「포근한 매화낙지형 터 대원군 묘제에 맞춰 조성」, 『주간동아』, 2010년 9월 6일.

———, 「한명회 셋째 딸로 살다 세조의 큰며느리로 죽다」, 『주간동아』, 2010년 6월 7일.

이한우, 『성종: 조선의 태평을 누리다』, 해냄, 2006년.

장동민, 「부왕(父王) 죽음에 굶다가 비위 상해 요절」, 『문화일보』, 2012년 6월 5일.

정성화, 「인수대비」, 『네이버캐스트』, 2011년 12월 19일.

정성희, 「임꺽정」, 『네이버캐스트』, 2010년 7월 12일.

정종수, 「「왕(王)을 만나다 7」 동구릉 현릉 5(문종·현덕왕후)」, 『경인일보』, 2009년 10월 29일.

———, 「「왕(王)을 만나다 15」 서삼릉-희릉(중종의 계비 장경왕후)」, 『경인일보』, 2010년 1월 7일.

———, 「「왕(王)을 만나다 26」 영릉(세종·소헌왕후)」, 『경인일보』, 2010년 3월 25일.

———, 「「왕(王)을 만나다 31」 헌릉(태종·원경왕후)」, 『경인일보』, 2010년 4월 29일.

조홍섭, 「광릉숲」, 『네이버캐스트』, 2011년 7월 29일.

하일식, 『경주역사기행』, 아이북닷스토어, 2000년.

한국과학문화재단, 『교양으로 읽는 과학의 모든 것』(전2권), 미래M&B, 2006년.
한국문화유산답사회, 『답사여행의 길잡이 3 : 동해 · 설악』, 돌베개, 1997년.
————————, 『답사여행의 길잡이 7 : 경기 남부와 남한강』, 돌베개, 1999년.
————————, 『답사여행의 길잡이 9 : 경기 북부와 북한강』, 돌베개, 1997년.
『한국민족문화대백과』, 한국학중앙연구원, 2010년.
허윤희, 「500년 왕조(王朝)의 무덤이 모두 남아 있다니…세계가 놀랐다」, 『조선일보』, 2009년 5월 14일.
홍순민, 『우리 궁궐 이야기』, 청년사, 1999년.

제10장 불국사와 석굴암

강우방, 「불국사와 석불사」, 『한국사 시민강좌』, 제23집, 일조각, 1998년.
97문화유산의해조직위원회, 『한국의 세계문화유산』, 삼성문화재단, 1997년.
국립문화재연구소, 『문화유산에 숨겨진 과학의 비밀』, 고래실, 2007년.
김기철, 「상륜부, 벼락 맞아 400년간 사라졌다 1970년 복원」, 『조선일보』, 2012년 9월 28일.
김태식, 「서기 1038년 불국사 석가탑 중수기 발견」, 『연합뉴스』, 2005년 9월 14일.
김형자, 「비트루비우스의 균제비례를 가진 석굴암」, 『과학향기』, 2004년 10월 20일.
남문현 · 손욱, 『전통 속의 첨단 공학기술』, 김영사, 2002년.
송지혜, 「1000년 만의 대수술 불국사 석가탑 2년 뒤 다시 만나요」, 『중앙일보』, 2012년 9월 28일.
신영훈, 『진천 보탑사와 목탑』, 조선일보사, 1999년.
심주완, 「정토신앙과 미술」, 『직장불교』, 2009년 여름호.
유석재, 「석가탑 되어진 742년, 탑 속에 넣은 듯」, 『조선일보』, 2013년 7월 20일.
유석재, 「다라니경은 세계 최고(最古) 목판인쇄물 확실」, 『조선일보』, 2009년 4월 18일.
이동식, 『길이 멀어 못 갈 곳 없네』, 어진소리, 2004년.
장콩, 『외우지 않아도 저절로 이해되는 우리 역사 이야기 1』, 살림, 2004년.
전국역사교사모임, 『미술로 보는 우리 역사』, 푸른나무, 1998년.
정선중, 『경주여행 109선』, 혜지원, 2007년.
정수일, 『한국 속의 세계』(상 · 하), 창비, 2005년.
조영선, 「1200년 된 석굴암에 습기 차지 않는 이유는?」, 『조선일보』, 2014년 5월 6일.
천혜봉, 『한국금속활자본』, 범우사, 1993년.
최영창, 「다라니경 제작연대 다시 수면 위로」, 『문화일보』, 2005년 9월 15일.
최준식 외, 『유네스코가 보호하는 우리 문화유산 열두 가지』, 시공사, 2002년.
최준식, 『세계인과 함께 보는 한국 문화 교과서』, 소나무, 2011년.
편집부, 『상식 속의 놀라운 세계』, 두산동아, 1996년.
한국문화유산답사회, 『답사여행의 길잡이 2 : 경주』, 돌베개, 1997년.
『한지-보존과 과학』, Centre de recherches sur la conservation des documents graphique, CNRS
        (Paris), 2006.

강석경, 「우주의 질서 보여주는 풍광, 생과사 공존하는 고도」, 『월간중앙』, 2013년 5월호.

강우방 외, 『불교 조각 2 : 통일신라 고려 조선시대』, 솔, 2003년.

『경주 이야기』, 국립경주박물관, 1991년.

곽동석 외, 『돌의 미를 찾아서』, 다른세상, 2000년.

국민대학교국사학과, 『우리 역사문화의 갈래를 찾아서 : 경주문화권』, 역사공간, 2004년.

김영태, 「신라 대왕흥륜사 창건의 역사성」, 『신라문화』, 제20집, 2002년.

김태식, 「경산서 적석목곽묘 무더기 확인」, 『연합뉴스』, 2004년 1월 19일.

나일성, 「신라 첨성대」, 『한국사 시민강좌』, 제23집, 일조각, 1998년.

남문현 · 손욱, 『전통 속의 첨단 공학기술』, 김영사, 2002년.

「바둑과 정신건강」, 『윤숙이의 바둑블로그』, 2004년 4월 26일.

「바위에 새긴 우리 조상들의 바둑, 석국(石局)」, cjs2704, Nate 지식 Q&A, 2009년 2월 28일.

박상진, 『역사가 새겨진 나무 이야기』, 김영사, 2004년.

박홍국, 『한국의 전탑 연구』, 학연문화사, 2000년.

송석상 · 이강승, 『그림으로 배우는 우리의 문화유산』, 학연문화사, 1996년.

신동원 엮음, 『우리 과학의 수수께끼』, 한겨레출판, 2006년.

신영훈, 『사원 건축』, 대원사, 1997년.

안길수, 「첨성대, 천문대 아닌 선덕여왕 권위 상징물」, 『서울경제』, 2009년 9월 20일.

요시미즈 쓰네오, 오근영 옮김, 『로마문화 왕국, 신라』, 씨앗을뿌리는사람, 2002년.

윤경렬, 『경주 남산』(전2권), 대원사, 1990년.

윤형원, 「신라-흉노의 무덤 구조 비교 검토」, "국제학술회의 유라시아 문명과 실크로드", 동국대학교 외, 2014년
　　　12월 10일.

이광표, 『국보 이야기』, 작은박물관, 2005년.

이윤희, 「잠자던 금동 천마도(天馬圖)…1500년 만에 모습 드러내다」, 『조선일보』, 2014년 3월 4일.

이종호, 「게르만 민족 대이동을 촉발시킨 훈족과 한민족의 친연성에 관한 연구」, 『백산학보』, 제66호, 백산서당,
　　　2003년.

──, 「고구려와 흉노의 친연성에 관한 연구」, 『백산학보』, 제67호, 백산서당, 2003년.

──, 「북방 기마민족의 가야 · 신라로 동천에 관한 연구」, 『백산학보』, 제70호, 백산서당, 2004년.

──, 「흉노(匈奴)의 휴저왕(休屠王) 태자 김일제(金日磾, 金日)에 관한 연구(硏究)」, 『백산학보』, 제88호, 백산서
　　　당, 2010년.

──, 『과학 삼국유사』, 동아시아, 2011년.

──, 『한국 7대 불가사의』, 역사의아침, 2007년.

──, 『황금보검의 비밀』, 북카라반, 2013년.

이한상, 『황금의 나라 신라』, 김영사, 2004년.

이형석, 『이형석의 문화유산 답사기』(전2권), 홍익재, 1997년.

정만진, 「4.5m 크기인데, 세계에서 가장 높은 탑?」, 『한겨레』, 2012년 10월 26일.

──, 「불탄 황룡사 9층 목탑, 여기서 볼 수 있구나」, 『한겨레』, 2012년 10월 23일.

──, 「신라 천년의 역사가 태동한 세 곳」, 『한겨레』, 2012년 10월 22일.

———, 「오금이 저려 포기하려고요? 후회할 겁니다」, 『한겨레』, 2012년 10월 25일.

———, 「천마총, 이건 무덤이라기보다 산이구만!」, 『한겨레』, 2012년 12월 5일.

정선중, 『경주 여행 109선』, 혜지원, 2007년.

조갑제, 「기마 흉노국가 신라 연구」, 『월간조선』, 2004년 3월호.

최병준, 「마음속 부처를 만나러 갑니다: 경주 남산」, 『경향신문』, 2005년 5월 10일.

하일식, 『경주역사기행』, 아이북닷스토어, 2000년.

한국문화유산답사회, 『답사여행의 길잡이 2 : 경주』, 돌베개, 1997년.

한병삼, 「신라 고분의 양식과 편년」, 『고분미술』, 중앙일보사, 1985년.

함인영, 『신라 과학기술의 비밀』, 삶과꿈, 1998년.

제12장 제주 화산섬과 용암동굴

강만생, 『거문오름』, 한라일보, 2008년.

———, 「세계자연유산 제주 화산섬과 용암동굴」, 한라일보, 2007년.

강홍균, 「제주 벵뒤굴」, 『네이버캐스트』, 2013년 10월 24일.

『거문오름』, 세계자연유산거문오름국제트레킹위원회, 2014년.

데이비드 해리스, 「동굴의 세계」, 『GEO』, 1996년 4월.

박은호, 「더워지는 한라산 구상나무 숲 사라진다」, 『조선일보』, 2009년 3월 14일.

사런, 「걷고 싶은 한국의 숲길 13 : 제주도 거문오름」, 『네이버포스트』, 2013년 9월 2일(http://m.post.naver.
    com/viewer/postView.nhn?volumeNo=3833&memberNo=1327&vType=VERTICAL)

서무송, 『카르스트지형과 동굴 연구』, 푸른길, 2010년.

「선문대할머니」, 한국콘텐츠진흥원 문화콘텐츠닷컴, 2004년.

이영권, 『제주 역사 기행』, 한겨레신문사, 2004년.

이종호, 『현대 과학으로 다시 보는 한국의 유산 21가지』, 새로운사람들, 1999년.

『제주도지』, 제주도, 2006년.

최용근, 『동굴을 찾아서』, 한림미디어, 1999년.

한국문화유산답사회, 『답사여행의 길잡이 11 : 한려수도와 제주도』, 돌베개, 1998년.

홍시환, 「제주도의 화산동굴」, 『뉴턴』, 1992년 11월.

———, 『한국동굴대관』, 삼주출판사, 1990년.

『화산이 빚은 제주도 지질 공원』, 제주특별자치도, 2015년.

유네스코 선정
한국의 세계문화유산 2
ⓒ 이종호, 2015

초판 1쇄 2015년 11월 17일 찍음
초판 1쇄 2015년 11월 25일 펴냄

지은이 | 이종호
펴낸이 | 이태준
기획 · 편집 | 박상문, 박지석, 박효주, 김환표
디자인 | 이은혜, 최진영
마케팅 | 박상철
인쇄 · 제본 | 대정인쇄공사

펴낸곳 | 북카라반
출판등록 | 제17-332호 2002년 10월 18일

주소 | (121-839) 서울시 마포구 서교동 392-4 삼양E&R빌딩 2층
전화 | 02-486-0385
팩스 | 02-474-1413
www.inmul.co.kr | cntbooks@gmail.com

ISBN 978-89-91945-91-3 04910
         978-89-91945-89-0 (세트)

값 18,000원

이 도서의 국립중앙도서관 출판시도서목록(CIP)은 서지정보유통지원시스템 홈페이지
(http://seoji.nl.go.kr)와 국가자료공동목록시스템(http://www.nl.go.kr/kolisnet)에서
이용하실 수 있습니다. (CIP제어번호 : CIP2015030523)